Die Geschichte Mecklenburgs
von den Anfängen bis zur Gegenwart

Die Geschichte Mecklenburgs

von den Anfängen bis zur Gegenwart

Wolf Karge

Ernst Münch

Hartmut Schmied

HINSTORFF

Die Deutsche Bibliothek - CIP-Einheitsaufnahme

Die Geschichte Mecklenburgs / Wolf Karge ; Ernst Münch ; Hartmut Schmied. -
4. erweiterte Aufl. - Rostock : Hinstorff, 2004
ISBN 3-356-01039-5

NE: Karge, Wolf; Münch, Ernst; Schmied, Hartmut

© Hinstorff Verlag GmbH, Rostock 1993
4. erweiterte Auflage 2004
Druck und Bindung: EBNER & SPIEGEL GmbH, Ulm
Printed in Germany
ISBN 3-356-01039-5

Inhalt

Vorwort
11

Ernst Münch

**Ur- und frühgeschichtliche Zeit um 10.000 v. u. Z. –
Beginn des 6. Jahrhunderts**
12

Anfänge der menschlichen Geschichte in der Stein- und
Bronzezeit auf dem Gebiet des heutigen Mecklenburg
um 10.000 – 600 v. u. Z.
12

Die Germanen in vorrömischer und römischer Eisenzeit
im späteren Mecklenburg
um 600 v. u. Z. – Beginn des 6. Jahrhunderts
13

**Die Slawenzeit – Landnahme,
Lutizenbund und Obotritenreich
Ende 6. Jahrhundert – Mitte 12. Jahrhundert**
16

Die slawische Besiedlung durch Obotriten
und Wilzen/Lutizen
16

Konflikte mit den Nachbarn im Westen,
Norden und Osten
18

Obotritische Burgherrschaft und obotritische Reichsbildung
19

Wirtschaft, Kultur und Religion in slawischer Zeit
22

**Begründung des mecklenburgischen Territorialstaates
1160/67–1348**
25

Die Eroberung durch Heinrich den Löwen und die Begründung
der mecklenburgischen slawischen Fürstendynastie
der Pribisliden im deutschen Lehnsstaat 1160–1167
25

Territoriale Zersplitterung und Aufkommen der Stände
im 13./14. Jahrhundert
27

Bauern und Bürger – der „Neustamm" der Mecklenburger:
deutsche Siedler und Assimilation der slawischen Bevölkerung
32

Siegeszug der Christianisierung:
Bistümer, Klöster, Kirchspielnetz
36

**Glanz und Elend des spätmittelalterlichen Herzogtums
Mecklenburg 1348–1477**
42

Herzogswürde, Scheitern der „Nordischen" Politik, Landeseinheit
42

Höhepunkt der Hansezeit: Blüte der Wirtschaft und Kultur
48

Krisenerscheinungen, Alltag und Mentalität im
spätmittelalterlichen Mecklenburg
51

**Mecklenburgs widerspruchsvoller Übergang
in die frühe Neuzeit 1477–1621**
57

Scheitern früher absolutistischer Tendenzen,
landständische Union und Aufstieg der Ritterschaft
57

Die Reformation und ihre Folgen
62

Weg in die Rückständigkeit: Die langen Schatten der
Refeudalisierung, der Gutsherrschaft und der Leibeigenschaft
65

Hartmut Schmied

Mecklenburg im Dreißigjährigen Krieg 1618–1648
69

Politik der Herzöge zu Beginn des Krieges 1618–1627
69

Wallensteins Truppen im Lande von 1627–1631
70

Rückkehr der Herzöge und Verwüstung des Landes durch
Schweden und Kaiserliche 1631–1648
73

Westfälischer Frieden 1648
76

Wirtschaftliche und soziale Folgen des Krieges
77

Scheitern des Absolutismus 1648–1755
80
Fast ein Franzose – Herzog Christian I. Louis 1658–1692
80

Dritte Hauptlandesteilung 1701
83

Ansatz einer absolutistischen Politik – Herzog Friedrich Wilhelm
von Mecklenburg-Schwerin 1692–1713
86

Verfehlte Politik der Stärke – Herzog Karl Leopold 1713–1747
88

Landesgrundgesetzlicher Erbvergleich von 1755
91

Niedergang der Städte
95

**Vom Landesgrundgesetzlichen Erbvergleich zum
Reichsdeputationshauptschluß 1755–1803**
99

Preußische Werbungen und Siebenjähriger Krieg bis 1763
99

Innerständische Konflikte und neue Auseinandersetzungen
zwischen Landesherrschaft und Ständen
103

Schweriner und Strelitzer Herzöge zwischen
Frömmelei und Aufgeklärtheit
105

Die Französische Revolution und Mecklenburg 1789–1803
107

Veränderungen in der Landwirtschaft Mecklenburgs
109

Wolf Karge

Napoleonische Zeit und Befreiungskriege 1806–1815
112

Französische Besetzung und Rheinbundbeitritt 1806–1812
112

Befreiung von der napoleonischen Fremdherrschaft 1813–1815
117

**Bürgertum und Ritterschaft im Ringen um die Macht
1816–1871**
120

Konservatives Denken und erste kritische Ansätze des
Bürgertums in Stadt und Land 1816–1847
120

Die Revolution von 1848/49–50
126

Politische Reaktion und Vorabend der
Reichseinigung 1851–1871
128

Integration in das Deutsche Reich 1871–1918
132

Liberalismus, Industrialisierung und ritterschaftlicher
Kompromiß 1871–1900
132

Ankunft im Deutschen Reich 1900–1914
140

Im Ersten Weltkrieg 1914–1918
144

Demokratie und Diktatur 1919–1945
148

Die Freistaaten Mecklenburg-Schwerin und
Mecklenburg-Strelitz 1919–1932
148

Wirtschaftlicher Aufschwung und Diktatur 1933–1939
156

Im Zweiten Weltkrieg 1939–1945
162

Besatzungsmacht und Neubeginn 1945–1952
167

Die Nordbezirke in der DDR 1952–1989
181

Planwirtschaft und Sozialismus 1952–1971
181

Zentralismus und regionale Nischen in der DDR 1971–1989
190

**Aufbruch, Demokratie und Ankunft in der Bundesrepublik
Deutschland 1989–2000**
195

Stammtafel der mecklenburgischen Fürsten
203

Zeittafel
204

Ortsregister
223

Personenregister
230

Sachregister
238

Autoren
246

Vorwort

Die umfassende Geschichte Mecklenburgs muß erst noch geschrieben werden. Zahlreiche „weiße Flecken" sind dazu nicht nur aus der jüngeren Geschichte aufzuarbeiten. Der vorliegende Band gibt aber erstmals bis 2000 und zum ersten Mal wieder seit etwa 80 Jahren einen geschlossenen Überblick für den historisch Interessierten, für den Lokalhistoriker oder den Studenten und liefert Anhaltspunkte, um konkrete Ereignisse einordnen zu können. Mecklenburg bietet aufgrund eines relativ konstanten Territoriums die Möglichkeit, Regionalgeschichte geographisch behandeln zu können. Das belegen die eingefügten Karten zu den wichtigsten Gebietsveränderungen. Der Tatsache, daß nach 1945 Vorpommern diesem Territorium zugeordnet wird, konnte dagegen nur unzureichend Rechnung getragen werden. Um für den Zeitabschnitt bis 1952 nicht immer Rückgriffe auf die ältere pommersche Geschichte vornehmen zu müssen, wurde auf lokale Beispiele aus diesem Raum verzichtet. Die Behandlung dieses Territoriums muß Gegenstand einer vorpommerschen Geschichte sein.

Für die bessere Handhabbarkeit haben die Verfasser Personen mit Lebensdaten (soweit feststellbar) genannt, eine Zeittafel sowie ein Sach-, Orts- und Personenregister angefügt.

Auf eine Auswahlbibliographie wurde absichtlich verzichtet, da sie für dieses komplexe Thema zu umfangreich sein müßte. Hier kann nur auf bestehende Bibliographien verwiesen werden.

Ur- und frühgeschichtliche Zeit
um 10 000 v. u. Z. – Beginn des 6. Jahrhunderts

Mecklenburg als Territorium und Mecklenburger als seine Bewohner gibt es im eigentlichen Sinne frühestens seit dem hohen Mittelalter. Selbstverständlich hat dieser Entstehungsprozeß weiter zurückreichende Anfänge und Wurzeln. Fragen wir nach den Anfängen menschlicher Geschichte in den Räumen des späteren Mecklenburg generell, so müssen wir unseren Blick um viele weitere Jahrhunderte und Jahrtausende zurückwenden.

Anfänge der menschlichen Geschichte in der Stein- und
Bronzezeit auf dem Gebiet des heutigen Mecklenburg
um 10 000 – 600 v. u. Z.

Landschaftlich wurde Mecklenburg mit bis heute reizvollen Ergebnissen geprägt durch die Eiszeit in ihrer nord-südlichen Abfolge von Grund-, Endmoräne- und Sandergebieten. Nachdem vor ca. 16 000 Jahren vermutlich erstmalig Menschen (Rentierjäger) im späteren Mecklenburg vereinzelt nachweisbar sind, trat eine grundlegende Veränderung erst im Gefolge des zurückweichenden Eises nach 10 000 v. u. Z. ein. Seit der Mittelsteinzeit (Mesolithikum), im 8. Jahrtausend v. u. Z., wurden die nunmehr stark bewaldeten Räume durch Menschen besiedelt, die sich ihren Lebensunterhalt durch Sammeln, Jagen, Fischen verschafften und demgemäß kein seßhaftes Leben führten. Von ihren steinernen Werkzeugen, die in großer Zahl überliefert sind, und der Gesamtperiode den Namen gaben, zeigen sich als besonders typisch die ältesten Beile, die Kern- und Scheibenbeile. Einen relativ guten Einblick in die mittelsteinzeitliche Lebenswelt gab die große Grabung bei Hohen Viecheln – in einem Raum, der später für die Begründung der mecklenburgischen Geschichte bedeutsam werden sollte. Naturgemäß wissen wir wenig über die geistige Welt der Mittelsteinzeitmenschen: Jagdzauber sollte möglicherweise den Widrigkeiten ihres Lebens zu begegnen helfen.

Noch bedeutsamer als der Schritt von der Altstein- zur Mittelsteinzeit war um 3000 v. u. Z. der Übergang zur Jungsteinzeit (Neolithikum). Dieser Übergang (neolithische Revolution) gilt mit Recht als eine der gravierenden Zäsuren in der Menschheitsgeschichte überhaupt: Mit ihm trat die bäuerliche Lebensweise in die Weltgeschichte ein, die gerade für Mecklenburg über Jahrtausende hinweg prägend bleiben sollte. Bodenbauer und Viehhalter entwickelten nunmehr eine seßhafte Siedlungsweise. Entsprechend der Gestalt ihrer Keramik werden sie als Trichterbecherleute bezeichnet. Mit ihnen verband sich auch die Bestattungssitte der großen Gräber aus Steinblöcken (sogenannte Hünengräber). Besonders gehäufte und stattliche Beispiele fanden sich z. B. bei Everstorf und Friedrichsruhe. Im Ausgang der Jungsteinzeit ersetzte die Einzelgrabbestattung die Großsteingräber. Die Bevölkerung wuchs an – in frühen Epochen der Menschheitsgeschichte immer ein Ausdruck ökonomischen Aufschwungs. Die Organisation des menschlichen Zusammenlebens erreichte das Niveau der Stammesbildung.

In der Bronzezeit (2. Jahrtausend – ca. 600 v. u. Z.) mußte im späteren Mecklenburg der Tauschhandel eine wachsende Rolle spielen, da die Ausgangsmetalle der Bronze in den behandelten Räumen nicht vorhanden waren. In der bronzezeitlichen Bevölkerung bildeten sich allmählich differenzierte soziale Schichten heraus (vgl. etwa das sogenannte Königsgrab von Seddin, Kr. Prignitz). Am Ende der Bronzezeit wurden die Einzelgrabhügel der Jungsteinzeit durch Flachgräberfelder abgelöst, nachdem sich die Brandbestattung durchgesetzt hatte. Der Übergang zur Eisenzeit kündigte sich an.

*Die Germanen in vorrömischer und römischer Eisenzeit im
späteren Mecklenburg um 600 v. u. Z. – Beginn
des 6. Jahrhunderts u. Z.*

Auch die Germanenzeit zählt noch nicht zu den unmittelbaren Anfängen der Geschichte des späteren Mecklenburg, obwohl in früheren Jahrzehnten auch noch unseres Jahrhunderts die ahistorische Auffassung große Verbreitung fand, daß die hoch- und spätmittelalterliche Entwicklung Mecklenburgs eine germanische bzw. gar deutsche Wiederbesiedlung darstellte. Davon kann, wie noch zu zeigen sein wird, keine Rede sein. Auch als historischer Raum und bezüglich der Bevölkerung stellte das spätere Mecklenburg in diesem Zeitraum noch keine Einheit dar, sondern ordnete sich ein in übergreifende Strukturen der Gebiete an der Südwestküste der Ostsee und ihres Hinterlandes in südlicher Richtung (Jastorf-Kultur).

Im Unterschied zu den bronzenen Gegenständen, Werkzeugen und Geräten, deren Ausgangsmetalle eingeführt werden mußten, kam es seit der vorrömischen Eisenzeit auch im behandelten Raum zur Verhüttung einheimischen Raseneisensteins. Erneut stiegen die Bevölkerungszahlen. Bis in das letzte Jahrhundert vor der Zeitenwende hinein hatten sich die germanischen Stämme herausgebildet. Zugleich gerieten sie in Bewegung und damit in deutlichere Kontakte zur Entwicklung in den südlicheren Gebieten Europas. Letztere Gebiete wurden mehr und mehr dominiert durch das expandierende römische Weltreich, dessen Auswirkungen das spätere Mecklenburg immerhin so betrafen, daß auch hier die Unterteilung der Eisenzeit in eine vorrömische und eine römische Etappe einen Sinn macht. Die germanischen Wanderungen seit den letzten Jahrhunderten vor der Zeitenwende führten zur Ausdünnung der Besiedlung in unserem Raum. Durch die zumeist kriegerischen Kontakte mit den Römern wurden durch letztere – ähnlich wie später für die slawischen Stämme durch deren Nachbarn – die Namen einzelner Stämme überliefert. Für das spätere Mecklenburg wurden bedeutsam u. a. die Langobarden, Warnen und Semnonen, eventuell noch die Sachsen. Nicht zuletzt die zahlreichen kriegerischen Aktivitäten beförderten die Entwicklung von Großstämmen, Stammesverbänden, des Gefolgschaftswesens und des Königtums.

Als dann die klassische Zeit der Völkerwanderung Ende des 4. Jahrhunderts u. Z. begann, verließen offenbar nach und nach ebenfalls die germanischen Stämme des zukünftig mecklenburgischen Raumes ihre bisherigen Siedlungsräume, um im südlicheren Europa bzw. im Nordwesten andere, zum Teil schon spätantik geprägte Siedlungsräume für sich zu gewinnen. Für unseren Raum ging die germanische Zeit zuende. Einige germanische Siedlungsreste verblieben zwischen den nunmehr ihre Landnahme beginnenden slawischen Stammesverbänden.

Die Slawenzeit – Landnahme, Lutizenbund und Obotritenreich Ende 6. – Mitte 12. Jahrhundert

Eigentlicher Ausgangspunkt der mecklenburgischen Geschichte war die zum Teil gewaltsam herbeigeführte Verschmelzung deutscher und slawischer gesellschaftlicher Verhältnisse und Strukturen. Hierbei dominierten zwar von der Initialzündung der Entwicklung her sowie von ihrem Ablauf und ihren Ergebnissen eindeutig die deutschen Aspekte, aber auch die Resultate der bis ins 12. Jahrhundert währenden eigenständigen slawischen Entwicklung verschwanden nicht spurlos. Daher fassen wir mit der Behandlung der Slawenzeit eine der Wurzeln der späteren mecklenburgischen Geschichte. Das beginnt schon mit den Umrissen der räumlichen Ausgestaltung des künftigen Territoriums, für deren Spezifik die slawische Besiedlung nicht unwichtige Voraussetzungen schuf.

Die slawische Besiedlung durch Obotriten und Wilzen/Lutizen

Ähnlich wie für die Geschichte der Germanen in der ersten Hälfte des 1. Jahrtausends u. Z. kommt für die Geschichte der Slawen in Mitteleuropa seit der zweiten Hälfte des genannten Jahrtausends den archäologischen Quellen überragende Bedeutung zu. Gerade für die unter dem Gesichtspunkt der späteren mecklenburgischen Geschichte wichtigen Nordwestslawen blieben für lange Zeit schriftliche Quellen nur der Nachbarn von Bedeutung, verbunden mit all den Problemen, die eine solche Betrachtungsweise „von außen" zwangsläufig mit sich bringen mußte.

Primär aus archäologischen Quellen kann geschlossen werden, daß vermutlich seit dem 6. Jahrhundert aus östlicher Richtung der Stammesverband der Obotriten und seit dem 7. Jahrhundert aus südöstlicher Richtung der Stammesverband der Wilzen (seit dem Ende des 10. Jahrhunderts Lutizen genannt) das spätere Mecklenburg besiedelten. Im 8. Jahrhundert wurden beide großen Stammesverbände auch in den schriftlichen Quellen bezeugt. Detaillierte, wenn auch immer noch relativ unsichere Angaben bot der „Bayerische Geograph" um 850. Bei Obotriten und Wilzen/Lutizen wurden jeweils vier Teilstämme von besonderer Bedeutung, die – mit Ausnahme der Wagrier und des westlichen Teils des Siedlungsgebietes der Polaben – im wesentlichen das Territorium des späteren Mecklenburg sowie große Teile des späteren Vorpommern mit slawischer Bevölkerung füllten. Neben den ostholsteinischen Wagriern waren dies bei den Obotriten die Polaben, (den slawischen Namen für die Elbe enthaltend) südlich von Lübeck über Ratzeburger und Schaalsee bis an die Elbe, die Obotriten (als Bezeichnung für einen Teilstamm) zwischen Wismarer Bucht und Südende des Schweriner Sees und schließlich die Warnower an der oberen Warnow und an der Mildenitz, deren Name vom gleichnamigen Fluß stammte, eventuell auch an die germanischen Warnen dieses Gebietes anknüpfte.

Weiter nach Osten, insbesondere Südosten, schlossen sich die vier hauptsächlichen Teilstämme der Wilzen/Lutizen mit ihren Siedlungsgebieten an: Südlich des Breitlings beim späteren Rostock und um das spätere Dorf Kessin wurden die gleichnamigen Kessiner lokalisiert. In südöstlicher Richtung folgten jenseits der Recknitz und nordwestlich des Malchiner und Kummerower Sees die Zirzipanen. An der Tollense siedelten die gleichnamigen Tollenser. Südlich schlossen an der oberen Havel die Redarier an, die von größter Bedeutung für die wilzisch-lutizischen Stämme werden sollten. Eine größere Selbständigkeit gegenüber den großen Stammesverbänden wiesen offenbar im Südwesten des späteren Mecklenburg die Linonen und die Müritzer am gleichnamigen See auf. So zeichnete sich, insbesondere durch die großen Stammesverbände der Obotriten und Lutizen, über das generell slawische Ethnikum der Bevölkerung hinaus seit dem 6./7. Jhd. ein gewisses Zusammenwachsen der späteren mecklenburgischen Gebiete und ihrer Bewohner gegenüber anderen slawischen und deutschen Nachbarn ab. Noch aber waren im Innern – ungeachtet der Rodungstätigkeit der Slawen – die Siedlungsgefilde voneinander durch riesige Grenzwälder getrennt. Aber auch gegenüber den benachbarten slawischen Stämmen im Westen, Süden und Osten existierten die späteren Grenzräume Mecklenburgs noch nicht in dieser mehr oder weniger klaren Eigenschaft.

War die slawische Landnahme zumindest bei den Nordwestslawen nach Überlieferung der schriftlichen Quellen im 6./7. Jahrhundert relativ geräuschlos vonstatten gegangen, so traten in den Berichten der Nachbarn alsbald Erwähnungen im Zusammenhang mit kriegerischen Ereignissen in den Vordergrund. Der Krieg galt als legitimes Mittel der Politik, sowohl auf Seiten der Nordwestslawen als auch ihrer Nachbarn im Westen, Norden und Osten. Allerdings machte sich für die Nordwestslawen auf die Dauer gesehen eine Unterlegenheit auf militärischem Gebiet bemerkbar. So standen den wiederholten Übergriffen der Nordwestslawen je länger je mehr gezielte und sich intensivierende Militäraktionen ihrer Nachbarn gegenüber, deren Sinn in der Unterwerfung der Nordwestslawen bestand. Die im Vergleich mit den Obotriten und besonders den Lutizen früh konsolidierten Reiche im fränkisch-deutschen Bereich, in Polen und Dänemark vereitelten, in Parallele mit inneren Auseinandersetzungen zwischen Obotriten und Lutizen, aufs Ganze gesehen die Vollendung und Erhaltung einer nordwestslawischen Reichsbildung. Von den Nachbarn hatte in dieser Hinsicht letztlich das fränkisch-deutsche Reich den entscheidenden Anteil. Aber auch hier zeigten sich über längere Zeit wechselnde Frontstellungen. Gegen gemeinsame dritte Feinde kam es mitunter gar zum Zusammengehen von Obotriten bzw. Lutizen und dem karolingischen bzw. frühen deutschen Reich, z. B. in den Sachsenkriegen Karls des Großen (742–814) oder Anfang des 11. Jahrhunderts unter Heinrich II. (973–1024) gegen Polen. Als aber die Reichsgrenze nach der Unterwerfung der Sachsen direkt an die Siedlungsgebiete der Obotriten herangerückt war (Limes Saxoniae), gerieten Obotriten und Wilzen/Lutizen immer mehr in das Blickfeld fränkisch-deutscher Expansionsabsichten. Ihren ersten Höhepunkt erlebten diese Bestrebungen unter den Königen und Kaisern aus dem sächsischen Hause im Verlaufe des 10. Jahrhunderts. Der gewaltsame Versuch der Unterwerfung auch der Obotriten und Lutizen durch die Kombination militärisch-politischer und geistlicher Mittel in Gestalt von Marken- und Burgwardensystem sowie Christianisierung scheiterte jedoch durch den großen Aufstand der Lutizen 983, an dem sich auch die Obotriten beteiligten und dessen Erfolg 990 durch einen Obotritenaufstand nochmals erhärtet wurde. Insbesondere die vier Teilstämme der Wilzen waren der Kern des Aufstandes von 983. Seither wurden sie als Lutizen bezeichnet. Der Erfolg ihres Bundes ermöglichte 983 nicht nur für ca. 150 Jahre eine erneute eigenständige Entwicklung bei den Lutizen, Obotriten und anderen Nordwestslawen, sondern war auch für die weitere Konsolidierung etwa des westslawischen Reiches der Polen von nicht zu unterschätzender Bedeutung.

Dennoch kamen die militärischen Auseinandersetzungen auch in der Folgezeit nicht völlig zum Erliegen. So versuchte der junge Otto III. (980–1002) für das sächsische Kaiserhaus relativ unwirksam, bei den Nordwestslawen verlorengegangene Positionen zurückzugewinnen. Hierher gehörte nun jener Kriegszug aus dem Jahre 995, in dessen Verlauf er die berühmt gewordene Urkunde ausstellte, die zum ersten Mal die „Michelenburg" (beim heutigen Dorf Mecklenburg/Wismar) erwähnt. Auf dieses Ereignis ging das Mecklenburg-Jubiläum des Jahres 1995 zurück. Es hatte seine relative Berechtigung darin, daß damit nicht nur der urkundlichen Ersterwähnung der namengebenden Burg der Herrschaft Mecklenburg als einem Kern des späteren Landes Mecklenburg Rechnung getragen wurde, sondern auch in dem, wenn auch in diesem Falle episodenhaften Zusammentreffen slawischer und deutscher Verhältnisse und Strukturen, aus denen zwei Jahrhunderte später die eigentliche mecklenburgische Geschichte erwachsen sollte. Insofern entbehrte auch die vermutlich deutsche Bezeichnung einer slawischen Burg nicht ihres Reizes.

Obotritische Burgherrschaft und obotritische Reichsbildung

Die urkundliche Ersterwähnung der Burg Mecklenburg gibt uns die Gelegenheit, die innere politisch-staatliche Entwicklung bei den Nordwestslawen zu erörtern, die – ungeachtet der inneren und äußeren Auseinandersetzungen und Gefährdungen – namentlich bei den Obotriten nachweisbar war. Daß es eine solche Entwicklung in der Slawenzeit gab, spiegelte sich nicht nur in der archäo-

Burgwall der Obotritenburg Mecklenburg

logischen Differenzierung etwa der Keramik in altslawisch bzw. frühslawisch und jungslawisch bzw. spätslawisch. Auch bezüglich der Herrschaftsverhältnisse als Kern der damaligen politisch-staatlichen Strukturen können Entwicklungsetappen unterschieden werden. Mit Recht berühmt geworden sind besonders die slawischen Burganlagen, deren Überreste neben vielen anderen materiellen Funden und einer Vielzahl von Ortsnamen noch heute zu den bekannten Zeugen der slawischen Vergangenheit auch Mecklenburgs zählen. Gemäß der gesamten gesellschaftlichen Entwicklung wurden die Stammes-, Volks- oder Fluchtburgen der frühen slawischen Zeit mehr und mehr durch die Fürstenburgen abgelöst. Parallel entwickelten sich fürstliche Dynastien u. a. bei den Obotriten, während bei den Lutizen die soziale Differenzierung zumindest in dieser Hinsicht eher schwächer ausgeprägt blieb. Vermutlich hängt hiermit auch zusammen, daß wir für die obotritischen Wagrier mit Oldenburg, für die Polaben mit Ratzeburg, für die Obotriten (im engeren Sinne) mit der Mecklenburg, für die Warnower wohl bei Friedrichsruhe/Parchim Burgen als Hauptorte überliefert finden, während als Hauptort der Lutizen bezeichnenderweise das noch immer nur unsicher, wahrscheinlich am Südende des Tollensesees lokalisierte Heiligtum Rethra bekannt wurde. Große Burganlagen wie bei Behren-Lübchin und Teterow erlebten ihren Höhepunkt erst mit der Unterwerfung der Lutizen durch das Obotritenreich. Weit weniger deutlich, nicht nur für die Lutizen, sondern auch die Obotriten, waren die Ansätze einer breiten Adelsschicht unterhalb der fürstlichen Dynastien. Demgegenüber wurden Namen obotritischer Fürsten schon aus der Zeit Karls des Großen überliefert. Seit dem 10. Jahrhundert bekannten sich viele derselben auch schon zum christlichen Glauben, was immer wieder zu inneren Kämpfen mit der übrigen slawischen Bevölkerung sowie besonders mit den Lutizen führte. Auch kam es zu Auseinandersetzungen zwischen den Fürsten der obotritischen Wagrier (Ostholstein), der Polaben (Lauenburg) und der Obotriten im engeren Sinne (Mecklenburg). Unter Gottschalk (gest. 1066) und dem königgleichen Heinrich (gest. 1127) wurden dann seit der zweiten Hälfte des 11. Jahrhunderts bis zum Tode Heinrichs 1127 Wagrien und die Burg Alt Lübeck zu den Kerngebieten eines durchaus auch für die dänischen und deutschen Nachbarn ernstzunehmenden Obotritenreiches, in das auch Lutizen bis zur Peene einbezogen werden konnten. Nachdem 1066 Gottschalk im Verlaufe eines großen Aufstandes der Obotriten unter Mitwirkung der Lutizen getötet worden war und Kruto (gest. um 1093) sich in den Kämpfen um die Nachfolge durchgesetzt hatte, führte das obotritische Teilfürstentum in Westmecklenburg zunächst innerhalb des größeren Obotritenreiches ein allmählich deutlicher werdendes Eigenleben. Dies wurde offenkundig, als nach dem Tode des Obotritenkönigs Heinrich und blutigen Nachfolgekämpfen der spätere Kaiser Lothar (1075–1137) das Obotritenreich seines verstorbenen Verbündeten und zugleich Abhängigen zwischen zwei obotritischen Fürsten teilte: in Wagrien und Polabien Heinrichs Neffe Pribislaw (gest. um 1156) und in Obotritien (Westmecklenburg) der dort schon länger herrschende Niklot (gest. 1160). Letzterer verblieb 1142 als einziger relativ selbständiger obotritischer Herrscher, nachdem der junge Heinrich der Löwe (1129–1195) als Herzog von Sachsen Wagrien an den Grafen Adolf II. (gest. 1164) von Holstein und Polabien als Grafschaft Ratzeburg an Heinrich von Badewide (gest. um 1164) vergeben hatte. So gewann nicht nur die Herrschaft Mecklenburg um die gleichnamige Burg neuer-

lich deutliche Konturen, sondern zugleich erwuchs der obotritischen Herrschaft in Mecklenburg an ihrer Westgrenze der Gegner,
der ihrer relativen Eigenständigkeit den Todesstoß versetzen sollte.

Wirtschaft, Kultur und Religion in slawischer Zeit

Gerade im wirtschaftlich-kulturellen Bereich war lange Zeit der
Vergleich des historischen Entwicklungsniveaus zwischen West-
und Osteuropa bzw. zwischen dem germanisch-romanischen und
dem slawischen Bereich durch eindeutige Unterschätzung bzw.
deutliche Abwertung der slawischen Verhältnisse gekennzeichnet.
Ein sachlicher Vergleich der Verhältnisse in der Slawenzeit des
späteren Mecklenburg mit den Standards seiner westlichen
Nachbarn kann sowohl Gemeinsamkeiten und Parallelen als auch
Besonderheiten, zeitliche Phasenverschiebungen und schwächere
Ausprägungen bzw. eindeutige Rückstände konstatieren. Gegen
die unsachliche These von der Kulturlosigkeit, generellen Rückständigkeit oder gar Unfähigkeit der Slawen (insbesondere der
Nordwestslawen) zur gesellschaftlichen Entwicklung spricht schon
die komplizierte Erscheinung, daß offenbar die Unterschiede im
slawischen Bereich im Vergleich mit dem germanisch-romanischen Bereich im früheren Mittelalter weniger deutlich waren und
erst im Zeitraum des Übergangs Europas in seine hochmittelalterli-
che Epoche an Bedeutung gewannen.
Selbstverständlich dürfen zwei äußere Faktoren nicht außer acht
gelassen werden, die die innere Entwicklung namentlich der Nordwestslawen hemmten. Es sind dies erstens der fehlende spätantike
west- oder oströmische kulturelle Einfluß und zweitens je länger
desto mehr die politisch-staatlich-militärische Bedrängnis durch
die westlichen, nördlichen und östlichen Nachbarn.
Parallelen zur westeuropäischen Entwicklung zeigten sich besonders im Bereich des Bodenbaus und der Viehhaltung als den
Hauptzweigen der Ökonomie sowie in der Rolle des Handels und
der handwerklichen Produktion. Gerade für die Nordwestslawen
im späteren Mecklenburg dominierten die genannten landwirtschaftlichen Bereiche gegenüber den lange Zeit in der Einschät-

zung überbewerteten, wenn auch durchaus bedeutungsvollen Aktivitäten auf den Gebieten des Fischfangs, der Jagd, der Imkerei und des Seeraubs. Die Bevorzugung leichterer Böden und der Wassernähe slawischer Siedlungen darf nicht darüber hinwegtäuschen, daß seit der Landnahmezeit der Nordwestslawen im späteren Mecklenburg beachtliche landwirtschaftliche Leistungen etwa im Bereich der Rodungen oder des verbreiteten Roggenanbaus vollbracht wurden. Nicht nur Silberschatzfunde, wie der berühmte von Schwaan aus dem 11. Jahrhundert, wiesen auf beträchtliche Handelsaktivitäten im slawischen Raum hin. Gleiches galt auch für ein spezialisiertes Handwerk und frühstädtische Ansätze. Zeugten schon die großen Burgenbauten von hoher handwerklicher Fertigkeit der Slawen etwa in der Holzverarbeitung, so betraf dies gleichermaßen die mit Recht berühmte Schmuckproduktion. In der Nähe der großen Burgen als politisch-staatlichen Zentren entstanden Suburbien als frühstädtische Konzentrationspunkte von Handwerker- bzw. Kaufleutesiedlungen und Märkten. Neben Oldenburg und Alt Lübeck bei den Wagriern in Ostholstein kam hierbei wiederum Mecklenburg und dem noch nicht genau lokalisierten Reric (vermutlich Groß Strömkendorf) in Nordwestmecklenburg besondere Bedeutung zu. Für die Wilzen/Lutizen hatte u. a. vermutlich das Gebiet um das spätere Rostock einen entsprechenden Stellenwert. Daß die deutschen Eroberer und Siedler im 12. Jahrhundert demgegenüber in mancherlei wirtschaftlicher und rechtlicher Hinsicht Verbesserungen mit sich brachten und somit zumindest partiell den gesellschaftlichen Fortschritt beförderten, kann aber nicht nur aus dem gewalttätigen Abbruch der eigenständigen Entwicklung der Nordwestslawen erklärt werden.

Spätestens seit der Jahrtausendwende (um 1000) blieben die Nordwestslawen hinter einigen Aspekten der westeuropäischen Entwicklung zurück (Bodenwendepflug, Hufenverfassung, Stallviehhaltung, differenzierte Bauerngehöftsstruktur). Es ist umstritten, ob dies möglicherweise mit der schwächeren oder besonderen Ausprägung sowohl des Eigentums an Grund und Boden als auch der privaten Grundherrschaften bei den Slawen zusammenhängt.

Lange Zeit widerstand besonders die Mehrheit der einfachen slawischen Bevölkerungsteile der Christianisierung. Hierin wurzeln auch im geistigen Bereich die wiederholten erfolgreichen Aufstände insbesondere gegen christliche Obotritenfürsten und christliche Nachbarn, die als Eroberer ins spätere Mecklenburg zogen. Statt des christlichen Monotheismus hingen die Obotriten und Lutizen religiösen Vorstellungen an, die für die einzelnen Stammesverbände bzw. Teilstämme verschiedene Hauptgottheiten aufwiesen. Ihre Tempel waren – oft in Verbindung mit Burganlagen – nicht nur wichtige religiöse Zentren der jeweiligen Region. Bei den Obotriten um Mecklenburg kam dem Gott Radigost (an den noch verschiedene Ortsnamen erinnern) eine besondere Bedeutung zu. Noch wichtiger war das Heiligtum des wilzischen Hauptgottes Svarozic im berühmten Rethra. Von den dortigen Priestern gingen die geistigen Vorbereitungen für alle großen Aufstände der Lutizen und Obotriten aus. Daher zog die Tempelburg Rethra den unversöhnlichen Haß christlicher, weltlicher wie geistlicher, Machthaber auf sich und wurde endlich so gründlich zerstört, daß sie bis heute noch nicht wieder mit Sicherheit aufgefunden werden konnte. Dieses Schicksal war aber bei weitem nicht allen Strukturen und Ergebnissen der Slawenzeit im späteren Mecklenburg beschieden.

Die Begründung des mecklenburgischen Territorialstaates 1160/67–1348

Die Eroberung durch Heinrich den Löwen und die Begründung
der mecklenburgischen slawischen Fürstendynastie der
Pribisliden im deutschen Lehnsstaat 1160–1167

Der letzte Akt der Vorgeschichte der Begründung des mecklenburgischen Fürstentums als Bestandteil des römisch-deutschen Reiches war durch den erbitterten Kampf Heinrichs des Löwen mit dem Obotritenfürsten Niklot gekennzeichnet. Die verschlungenen Wege der geschichtlichen Entwicklung brachten es mit sich, daß nicht der in diesem blutigen Kampf siegende Heinrich der Löwe, sondern die Nachfahren des getöteten Niklot die landesherrliche Macht im sich allmählich entwickelnden mecklenburgischen Territorium erringen und bis zum Jahre 1918 bewahren sollten. Ungeachtet der Beseitigung slawischer Herrschaft in Wagrien und Polabien 1142/43 sowie der Lehnsabhängigkeit Niklots im verbleibenden obotritischen Herrschaftsbereich gegenüber dem machtvollen Herzog Heinrich dem Löwen vermochte Niklot dem Sachsenherzog noch knapp zwei Jahrzehnte erfolgreich die Stirn zu bieten. Besonders deutlich wurde dies im gerade für das spätere Mecklenburg kläglichen Scheitern des Wendenkreuzzuges von 1147, dessen zum Teil nur notdürftige religiöse Drapierung selbst zeitgenössische christliche Chronisten wie etwa Helmold von Bosau (um 1120–um 1177) in seiner berühmten Slawenchronik brandmarkten. Über Heinrich den Löwen hieß es dort unmißverständlich, daß auf seinen Feldzügen gegen die Slawen „keine Rede vom Christentum, sondern nur vom Gelde" war. In geschicktem Wechsel zwischen Offensive und Defensive trat nunmehr Niklot besonders im nordwestmecklenburgischen Raum um die Mecklenburg auf. Zugleich zeichnete sich aber eine auf die Dauer tödliche Einkreisung der letzten obotritischen Herrschaft mit dem Schwerpunkt in Westmecklenburg ab: Im Westen der Welfe Heinrich der Löwe, im Süden der Askanier und zukünftige Markgraf von Brandenburg

Albrecht der Bär (1100–1170), im Osten die Pommernfürsten zum Teil als verlängerter Arm des polnischen Reiches und im Norden das dänische Königtum. Konflikte der Obotriten mit letzterem nahm Heinrich der Löwe zum Anlaß, um 1160 im Bunde mit ihnen, denen u. a. die Burg Roztoc zum Opfer fiel, den entscheidenden Schlag gegen Niklot zu führen. Dessen Tod im Gefolge einer Kriegslist vor der Burg Werle (bei Schwaan) leitete den Zusammenbruch des obotritischen Widerstandes ein. Ungeachtet neu aufflammender Kämpfe, in deren Verlauf Heinrich der Löwe den gefangenen Niklotsohn Wertislaw (gest. 1164) hinrichten ließ, und des verzweifelten Ringens seines Bruders Pribislaw (gest. 1178), wären dessen Aussichten auf die Bewahrung bzw. Wiederherstellung der fürstlichen Position wohl sehr trübe gewesen, wenn ihm nicht ungewollt die maßlose Machtpolitik Herzog Heinrich des Löwen geholfen hätte. So erfolgte 1167 die entscheidende Weichenstellung für das Abstecken der territorialen Konturen eines mecklenburgischen Fürstenhauses mit slawischer Dynastie: Um die Hände gegen seine Feinde im Westen freizubekommen, belehnte Herzog Heinrich der Löwe den Niklotsohn Pribislaw mit einem Großteil der obotritischen Herrschaft seines Vaters, deren Kern die Herrschaft um die Mecklenburg bildete. Zwar fehlten dieser Herrschaft in Richtung Osten, Südosten, Westen und besonders durch die eigenständige Grafschaft Schwerin mit einem deutschen Lehnsträger des sächsischen Herzogs noch wesentliche Teile des späteren mecklenburgischen Territoriums. Doch fand die Existenz eines mecklenburgischen Fürstenhauses bzw. eines mecklenburgischen Fürsten in Gestalt von Pribislaw seit diesem Zeitraum auch ihren urkundlichen Niederschlag, wo er 1171 als Pribezlaus de Mikelenburg bezeichnet wurde. So entstanden Kerngebiete mecklenburgischer Geschichte unter äußerem Druck durch die Schrumpfung des ehemals umfänglichen Obotritenreiches einerseits und die Ausdehnung der Burgherrschaft um die Mecklenburg andererseits.

Territoriale Zersplitterung und Aufkommen der Stände im 13./14. Jahrhundert

Wenn Heinrich der Löwe auch den Sohn seines ehemaligen Hauptfeindes im Obotritenland als Fürst von Meckenburg bestätigte, so waren doch der Position des Pribislaw als lehnsabhängigem Vasall des Herzogs von Sachsen bis zum Tode dieses Niklotsohnes 1178 enge Grenzen gesetzt. Jedoch auch der zunächst so glänzend und vollkommen erscheinende Triumph Heinrichs des Löwen, der schon durch die Vorgänge von 1167 gedämpft worden war, sollte nicht lange währen. Nach seiner spektakulären Niederlage gegen Kaiser Friedrich Barbarossa (1122–1190) konnte der tief fallende Heinrich der Löwe keinen Einfluß mehr auf den weiteren Gang der beginnenden Geschichte Mecklenburgs ausüben. Hauptnutznießer des staufisch-welfischen Gegensatzes und seiner Begleiterscheinungen wurde in Norddeutschland zunächst das dänische Königtum. Bis in die Anfänge des 13. Jahrhunderts gelang es ihm, seine Herrschaft über die Territorien an der südwestlichen Ostseeküste zu installieren. Die slawischen Fürsten von Mecklenburg profitierten hierbei durch die weitgehende Zerschlagung des ehedem so machtvollen sächsischen Stammesherzogtums und seiner Territorien, in deren Verlauf auch die Grafschaft Ratzeburg aufgeteilt wurde. So fiel 1203 das Land Gadebusch an Mecklenburg. Allerdings konkurrierte in Westmecklenburg die Grafschaft Schwerin mit den Fürsten von Mecklenburg: Die Grafschaft erhielt 1203 das Land Wittenburg neu und das Land Boizenburg bestätigt. Noch ungünstiger wirkten sich aber für das mecklenburgische Fürstenhaus aus dem Geschlecht Niklots und Pribislaws die Kämpfe innerhalb dieses Hauses aus, die bereits zwischen dem Sohn Pribislaws, Heinrich Borwin I. (gest. 1227), und seinem Neffen, dem Sohn des von Heinrich dem Löwen gehängten Wertislaw, Nikolaus (gest. 1200), ihren Anfang nahmen, um dann im 13. Jahrhundert in noch gesteigerter Weise sich fortzusetzen. Als dänische Vasallen wurden Heinrich Borwin I. und Nikolaus mehrfach auch zu Kriegen Dänemarks aufgeboten und ihr Streit äußerlich so geschlichtet, daß Heinrich Borwin Westmecklenburg und Nikolaus den Osten erhielt. Durch den Tod von Nikolaus 1200

27

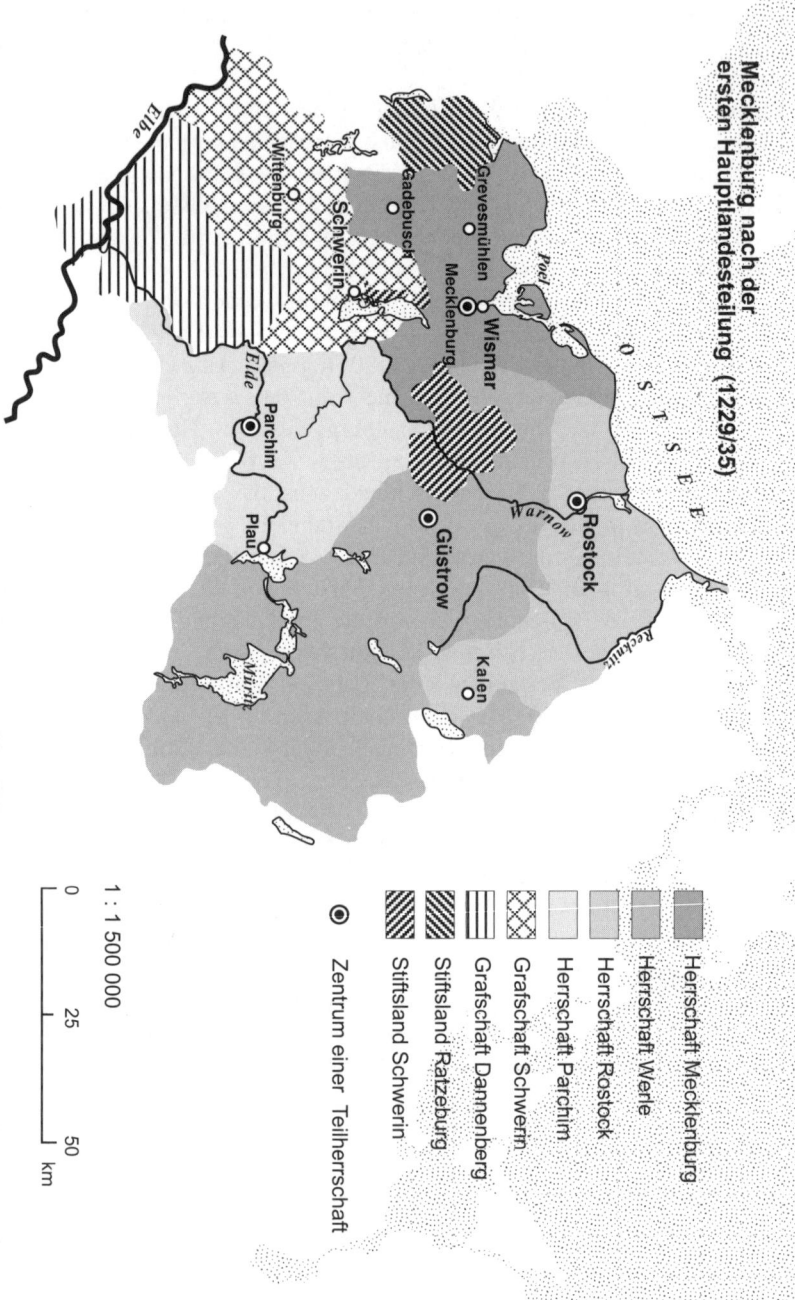

Mecklenburg nach der
ersten Hauptlandesteilung (1229/35)

1 : 1 500 000

0   25   50
                        km

◉ Zentrum einer Teilherrschaft

Herrschaft Mecklenburg
Herrschaft Werle
Herrschaft Rostock
Herrschaft Parchim
Grafschaft Schwerin
Grafschaft Dannenberg
Grafschaft Ratzeburg
Stiftsland Ratzeburg
Stiftsland Schwerin

Elbe

Wittenburg

Schwerin

Gadebusch

Grevesmühlen

Mecklenburg
Wismar

Poel

Elde

Parchim

Plau

Müritz

Güstrow

Warnow

Rostock

Kalen

Recknitz

O S T S E E

in der Schlacht bei Waschow auf dänischer Seite vermochte dann aber Heinrich Borwin die Alleinherrschaft zu erringen. Seit dieser Zeit verstärkte sich die deutsche Besiedlung Mecklenburgs, immerhin war Heinrich Borwin ein Schwiegersohn Heinrichs des Löwen. Aus der Abhängigkeit von Dänemark konnte der Fürst von Mecklenburg sich befreien, als im Gefolge der handstreichartigen Gefangennahme des dänischen Königs Waldemar (1170–1241) durch den Grafen von Schwerin 1223 und die Entscheidungsschlacht bei Bornhöved 1227 die dänische Hoheit über Norddeutschland rasch zusammenbrach. Im selben Jahr starb aber Heinrich Borwin I. und wurde von vier Enkeln beerbt (sogenannte 1. Hauptlandesteilung 1229/35). Der kaum entstandene Territorialstaat Mecklenburg erlebte den Höhepunkt (eigentlich: Tiefpunkt) seiner territorialen Zersplitterung, der erst seit dem 14. Jahrhundert nach und nach überwunden wurde. Neben den sich entwickelnden Landesherrschaften der Bistümer Ratzeburg (um Schönberg) und Schwerin (um Bützow und Warin) und den Grafschaften Schwerin und Dannenberg verselbständigten sich die vier Teilherrschaften Mecklenburg (Nordwestmecklenburg), Rostock, Werle und Parchim. Auch an den Ostgrenzen des späteren Mecklenburgs kam es zu wichtigen Veränderungen: Während einige pommersche Gebiete an die mecklenburgischen Teilherrschaften fielen, gelangte 1236 das spätere südostmecklenburgische Land Stargard zunächst von Pommern an die Mark Brandenburg. Daß sich diese Teilherrschaften untereinander in nahezu ununterbrochenen Auseinandersetzungen befanden, gehörte zum Wesen dieser Entwicklung. Spätestens seit diesem Zeitraum wurde erkennbar, daß die Landesherren nicht die einzigen Herrschaftsträger im werdenden Mecklenburg darstellten. Neben den geistlichen Institutionen und aufkommenden Städten wurde allmählich auch die Position des weltlichen ländlichen Adels immer deutlicher, besonders der Ritter (milites) und Knappen (famuli). Sie waren sowohl deutscher wie slawischer Provenienz – in einem zahlenmäßigen Verhältnis, das bis heute nicht eindeutig aufgehellt werden konnte. Jedenfalls spielten neben den Landesherren weder slawische noch deutsche hochadlige Dynasten, wie etwa in einigen Nachbarterritorien, eine bedeutende Rolle. Dennoch darf die Position dieses ländlichen weltlichen Adels seit dem behandelten Zeitraum nicht unterschätzt werden, obwohl die Landesherren zunächst als Lehnsherren und vermutlich prinzipielle Obereigentümer des Grund und Bodens de jure und de facto dominierten. Administrative Anknüpfungspunkte für die sich entwickelnden Vogteien bzw. Länder (terrae) als landesherrlichen Verwaltungseinheiten bildeten hierbei oftmals die slawischen Burgbezirke. Gerade Phasen der Zersplitterung der landesherrlichen Gewalt und ihrer damit verbundenen Schwäche wurden von den fürstlichen Vasallen in den Teilherrschaften genutzt, um zunächst als landesherrlicher Beistand, gegebenenfalls aber auch als Konkurrent um grund- und gerichtsherrliche Rechte immer deutlicher in Erscheinung zu treten. Hiervon zeugte die offenbar im Vergleich mit anderen Territorien stattliche Reihe alter mecklenburgischer Adelsgeschlechter, die sich seit dem 13., spätestens dem 14. Jahrhundert in der Nähe zunächst der mecklenburgischen Teilherren fanden, um von dort aus über Jahrhunderte hinweg die Geschichte Mecklenburgs in vielerlei Hinsicht prägend zu beeinflussen. Genannt seien etwa für den Nordwesten die Geschlechter Plessen und Bülow, für den Südwesten Lützow und Pentz, für den Nordosten Moltke, Lühe, Bassewitz und Preen, für den Südosten Hahn, Malzahn, Flotow, Dewitz und Voß. Sie traten im Mittelalter wie in der Neuzeit immer wieder als Marschälle, Vögte, Amtshauptmänner und Landräte in Erscheinung.

Gemeinsamkeiten mit anderen Territorien zeigten sich ebenso im zeitlichen Ansatz, wenn wir dementsprechend auch für Mecklenburg bzw. seine Teilherrschaften am Ausgang des 13. Jahrhunderts die Entstehung ständischer Vertretungen (des ländlichen weltlichen Adels, der Geistlichkeit und zumindest einiger Städte) festhalten können. Auch die Ursachen bzw. Ansatzpunkte für das Aufkommen der Stände waren nicht spezifisch mecklenburgisch: finanzielle Probleme, namentlich bezüglich des Steuerwesens, Vormundschaftsregierungen für unmündige Landesherren bzw. Nachfolgestreitigkeiten. Besonders dramatisch entwickelten sich die Ereignisse in den Teilherrschaften Mecklenburg und Werle, nachdem der seine Möglichkeiten weit überschätzende Teilherrscher von Parchim-Richenberg seine Teilherrschaft schon zuvor durch militante Aktionen im Innern wie gegen alle Nachbarn verspielt hatte. In der Herrschaft Mecklenburg löste die siebenundzwanzigjährige Gefangenschaft des Landesherren Heinrich des Pilgers (gest. 1302) in Kairo schwere innere Unruhen und Machtkämpfe auch mit der Werler Linie aus, in deren Verlauf sich schon sein Sohn Heinrich II. der Löwe (um 1266–1329) die ersten Sporen verdienen konnte, bevor er dann im 14. Jahrhundert den Aufstieg der Herrschaft Mecklenburg (als deren Zentrum nun Wismar die Mecklenburg verdrängte) einzuleiten vermochte. In der südöstlichen Teilherrschaft Werle kam es in der Linie Werle-Güstrow 1291 gar zum sogenannten Werleschen Vatermord durch die Söhne des Landesherren Heinrich (gest. 1291), von dem die Linie Werle-Parchim profitierte. Da neben den Auseinandersetzungen innerhalb und zwischen den Teilherrschaften sowie der Grafschaft Schwerin und den Bistumsländern auch die weltlichen ländlichen Adligen jede Gelegenheit beim Schopfe faßten, um Fehden oder auch bloß Überfälle vom Zaune zu brechen, waren es besonders die aufblühenden Seestädte Rostock und Wismar, die sich dem Landfrieden (oder auch dem Seefrieden) annahmen, so in dem berühmten Rostocker Friedensbündnis von 1283.

Eine erneute Chance zur Festigung ihrer Position bot sich der Landesherrschaft, besonders der Teilherrschaft Mecklenburg, zu Beginn des 14. Jahrhunderts. Wie es ein Jahrhundert zuvor Heinrich Borwin gelungen war, sich im Schatten der dänischen Oberherrschaft in Norddeutschland faktisch aus der sächsischen Lehnshoheit zu befreien, so nutzte sein Ururenkel Heinrich II. der Löwe ähnliche dänische Ambitionen in den Anfängen des 14. Jahrhunderts, um seiner Mecklenburger Teilherrschaft endgültig die Überlegenheit gegenüber den anderen Teilherrschaften und Landesherrschaften in Mecklenburg zu sichern. Charakteristisch für seine Herrschaft war die Tatsache, daß den Rechtsansprüchen, mit denen er die Ausweitung seiner Macht begründete, jeweils der militärische Einsatz folgen mußte, um sie durchzusetzen. Dies gelang ihm 1317 bei der Erwerbung des Landes Stargard und 1323 bei der des Landes Rostock, deren Art und Weise aber typisch bleiben sollte für das auch in den folgenden Jahrhunderten zumeist gespannte Verhältnis der mecklenburgischen Landesherren und ihrer mächtigsten Stadt. Letztlich nutzlos war der langjährige militärische Einsatz Heinrichs II. um das Fürstentum Rügen und gar die Mark Brandenburg. Hier zeichnete sich bereits die Gefahr der Überbeanspruchung der mecklenburgischen Landesherrschaft ab, wie sie unter seinem Sohn und Enkel sich in ihrem vollen Lichte darstellen sollte.

Bauern und Bürger – der „Neustamm" der Mecklenburger: deutsche Siedler und Assimilation der slawischen Bevölkerung

Wurde schon im politisch-staatlichen Bereich deutlich, daß die mecklenburgische Geschichte seit der zweiten Hälfte des 12. und besonders seit dem 13. Jahrhundert in ihren Grundzügen wesentliche Gemeinsamkeiten mit der hochmittelalterlichen Entwicklung in West- und Mitteleuropa generell aufwies, so galt dies in besonderer Weise auch für die Entwicklung auf wirtschaftlich-sozialer Ebene. Allerdings waren hierbei die bis in die Gegenwart wirksame relativ geringe Bevölkerungsdichte und damit verbundene Schwächen im Grad der Urbanisierung zu berücksichtigen. Im Rahmen dieses Bedingungsgefüges aber und ungeachtet ihrer gewalttätigen Einleitung waren die hochmittelalterlichen Umgestaltungen und Entwicklungsschübe im agrarischen wie im städtischen Bereich unübersehbar und von weitreichender Bedeutung.

Die Bauern in Mecklenburg, seit der neolithischen Revolution über die germanische und slawische Zeit hinweg existent, blieben im Hoch- und Spätmittelalter nicht nur die Masse der Bevölkerung, sondern erlebten nunmehr auch eine Blütezeit. Neben die slawischen Bauern traten deutsche bäuerliche Siedler, die als wesentliche Neuerungen für die bis dahin ausschließlich slawischen Agrarverhältnisse die Hufenverfassung, den schweren Bodenwendepflug und eine entwickelte Dreifelderwirtschaft mit sich brachten. In Parallele zur militärischen Eroberung und zur politisch-staatlich-kirchlichen Einbeziehung der unterschiedlichen Gebiete Mecklenburgs vollzog sich diese Siedlungsbewegung von West nach Ost, wo sie durch einen süd-nördlichen Strom aus der Mark Brandenburg im Lande Stargard ergänzt wurde. Wie weit seit der zweiten Hälfte des 12. Jahrhunderts die Entwicklung um 1230 in Westmecklenburg gediehen war, zeigt die einmalige Quelle des Ratzeburger Zehntlehenregisters: Die Masse der aufgeführten mehreren hundert Dörfer war damals bereits verhuft. Nur einige ausschließlich von Slawen bewohnte Orte wiesen keine Hufenverfassung auf. Einen Höhepunkt erreichten in diesem Zeitraum auch die Rodungen. Die Konzentration der Hagenhufendörfer etwa zwischen Doberan, Rostock und Ribnitz in noch heute waldreichen Gebieten zeugte von der schweren Arbeit des Landesausbaus. Zwar gingen wesentliche Neuerungen von den deutschen Siedlern aus, doch die slawische Bevölkerung partizipierte hieran mehr und mehr, auch wenn anfangs in rein slawisch besiedelten Dörfern die Hufenverfassung fehlte bzw. deutsch besiedelte Dörfer zum Teil neben älteren slawischen Siedlungskernen angelegt wurden. Hieraus erwuchsen – keineswegs als einzige Entstehungsmöglichkeit – mitunter die Unterscheidung gleichnamiger Orte mit dem Zusatz „Deutsch" bzw. „Wendisch" oder „Groß" bzw. „Klein" oder „Neu" bzw. „Alt". So kam es ungeachtet der zum Teil erbitterten Kämpfe im Vorfeld der deutschen Siedlung zu keiner weitgehenden oder gar völligen Ausrottung der slawischen Bevölkerung. Vom Weiterleben ihres Erbes kündete die große Zahl slawischer Ortsnamen, denen gegenüber die deutschen Ortsnamenprägungen in der Minderzahl blieben. Von der Herkunft der deutschen Siedler bzw. vom Gang ihrer Siedlung gaben hier und da die Wiederholungen einzelner Ortsnamen bzw. einer Gruppe derselben Kunde, wenn man den sächsischen, lauenburgischen, ostholsteinischen oder altmärkischen Raum mit West- und Ostmecklenburg vergleicht, was sich teilweise bis nach Vor- und Hinterpommern fortsetzte (z. B. Grambow, Tessin, Schönfeld, Stove). Die Assimilation der slawischen Bevölkerung war nicht nur wirtschaftlich und sozial begründet, sondern auch durch die sprachliche und religiöse Anpassung an die veränderten Verhältnisse. Im 14. Jahrhundert traten slawische Rechtsverhältnisse im agrarischen Bereich Mecklenburgs in den schriftlichen Quellen nur noch als Ausnahme in Erscheinung. Lediglich slawische Personennamen waren dann noch ein relativ sicheres Indiz für die Slawizität ihrer Träger. Andere angeblich slawische „Relikte" im

Agrarwesen haben sich zumeist als irrig erwiesen. So z. B. die nicht nur für Mecklenburg typische hauptsächliche Schichtung der ländlichen Bevölkerung in Hufner und Kossäten bzw. Kätner. Letztere – häufig kleinere Bauern, aber auch Landhandwerker – waren keineswegs nur minderberechtigte Slawen. Von der wirtschaftlich, sozial und rechtlich relativ günstigen bäuerlichen Situation im Mecklenburg des hohen Mittelalters kündete die Bezeichnung „cives" für die Bauern insbesondere als Mitglieder der Dorfgemeinde, deren Existenz und Wirksamkeit ebenfalls einen Hinweis auf die gefestigten bäuerlichen Verhältnisse darstellten. Erbliches Besitzrecht und persönliche Freizügigkeit zählten weiterhin zu den Merkmalen der bäuerlichen Situation. Dennoch unterstanden die Bauern nicht nur der landesherrlichen Gerichts-, Steuer- und Diensthoheit, sondern mehr und mehr auch den grundherrlichen Befugnissen. Die vier hauptsächlichen Herrschaftsträger der Grundherrschaft in Mecklenburg waren: die Landesherren selbst, die Geistlichkeit, die Städte sowie – perspektivisch besonders bedeutungsvoll – der ländliche weltliche Adel. Für die Bauern bedeuteten nicht so sehr die zahlreichen relativ kleinen ritterlichen Eigenwirtschaften eine Gefahr für die zukünftige Entwicklung, sondern die im Zusammenhang mit dem Aufschwung der Stände einsetzende Veräußerung ehedem landesherrlicher Rechte an die Grundherren, besonders der Gerichtsbarkeit mit Anspruch auf Dienstleistungen. Denn unter einer Grundherrschaft saßen regelmäßig alle mecklenburgischen Bauern; sie waren keine Eigentümer ihres Grund und Bodens.

Der städtische Raum bildete den zweiten großen Bereich, in welchem sich die Veränderungen des hohen und späten Mittelalters auch in Mecklenburg wirtschaftlich und sozial, aber auch rechtlich besonders gravierend bemerkbar machten. Nach den sehr vagen Anfängen Schwerins 1160 durch Heinrich den Löwen als Stadt, die alsbald hinter ihrer Bedeutung als Bistumssitz (anstelle von Mecklenburg) und als Residenz zunächst der Grafen von Schwerin, dann der Herzöge von Mecklenburg, zurückblieb, wurde das 13. Jahrhundert zum eigentlichen Zeitraum der Stadtentstehung in der mecklenburgischen Geschichte. Den Reigen eröffnete sogleich die bedeutendste mecklenburgische Stadt, Rostock, 1218, aber auch alle anderen größeren mecklenburgischen Städte (Wismar, Güstrow, Parchim und Neubrandenburg) zählten – neben anderen – zu den Gründungen dieses Jahrhunderts. Den 29 Städten dieses Säkulums folgten nach einigen Gründungen des 14. Jahrhunderts nur noch vereinzelte Stadtrechtsverleihungen, in der Regel für kleine Städte. Dabei ist zweierlei zu beachten: Erstens waren die Städte in ihrer Entstehungsgeschichte zumeist älter als ihre Stadtrechtsverleihung, häufig anknüpfend an frühstädtische, in jedem Fall aber an zumindest dörfliche slawische Siedlungen, wovon u. a. schon die zumeist slawischen Ortsnamen der mecklenburgischen Städte ein beredtes Zeugnis ablegen. Bekanntlich stellte sich für dörfliche Siedlungen das mögliche zeitliche Auseinanderfallen von urkundlicher Ersterwähnung und tatsächlicher Entstehung des Ortes noch wesentlich komplizierter dar. Zweitens wies auch das mecklenburgische Städtewesen ungeachtet seines vergleichsweise geringen Umfangs eine starke innere Differenzierung auf. Die glanzvolle Krone gebührte Rostock und Wismar, Kernstädten des Wendischen Quartiers der Hanse neben Lübeck und Stralsund, unerreicht nicht nur von allen übrigen Städten Mecklenburgs, sondern in ihrer Autonomie auch von den Landesherren oftmals nur mit Mühe unter ihre Landeshoheit gezwungen. Eine zweite Gruppe bildeten die wichtigen Residenzstädte bzw. solche mit erheblicher zentralörtlicher Funktion wie Schwerin, Güstrow, Parchim und Neubrandenburg. Letztere Stadt bekundete schon in ihrem Namen den märkischen Einfluß auf die Siedlungsgeschichte des Landes Stargard. Die Masse der übrigen mecklenburgischen Städte hatte demgegenüber nicht nur wirtschaftlich, sondern gerade auch politisch-rechtlich schwer um eine, wie bescheiden auch immer ausfallende, Sonderstellung als Siedlung besonders gegenüber größeren Dörfern des Landes mit den Landesherren oder gar grundherrlichen adligen Gewalten zu ringen. Für die ständischen Vertretungen spielten nur die größeren Städte, namentlich Rostock und Wismar, eine bedeutendere Rolle. Dort vertraten sie selbstverständlich ihre eigenen Interessen, die je länger desto weniger mit denen der Masse der mecklenburgischen Kleinstädte übereinstimmten. Neben dem quantitativen Aufschwung des mecklenburgischen Städtewesens durch die deutsche

Siedlung waren gegenüber den slawischen frühstädtischen Siedlungen besonders die Entwicklungen im städtischen Rechtsbereich bemerkenswert, sowohl die Stellung der werdenden Städtebürger betreffend als auch die Stadtrechtskreise insgesamt, die sich in gewisser Weise an die Grenzen der Teilherrschaften anlehnten. So fand sich das Lübische Recht besonders in den Herrschaften Mecklenburg und Rostock, während das Schwerin-Güstrower, das Parchimer sowie das Brandenburger Recht in den entsprechenden anderen Teilherrschaften dominierte. Es spricht einiges dafür, daß durch den besonderen Grad der rechtlichen Privilegierung in den Städten hier die Assimilierung der slawischen Bevölkerung dem Prozeß auf dem platten Land nachstand. Dennoch bzw. gerade deshalb dominierte auch hier sehr rasch das deutsche Element in Sprache und Kultur. In Stadt und Land entwickelte sich aus deutschen und slawischen Wurzeln der sogenannte Neustamm der Mecklenburger als Teil des deutschen Volkes. Entscheidend gefördert wurde die dem zugrundeliegende Assimilierung der slawischen Bevölkerung durch den Siegeszug des Christentums in Mecklenburg.

Siegeszug der Christianisierung: Bistümer, Klöster, Kirchspielnetz

In den mit Unterbrechungen jahrhundertelangen Auseinandersetzungen zwischen der slawischen Bevölkerung des späteren Mecklenburg und ihren Nachbarn kam der Religion der Slawen eine entscheidende Bedeutung als geistiger Rückhalt der slawischen Aktivitäten zu. Früh wurde für alle Kontrahenten deutlich, daß an eine dauerhafte Unterwerfung und Eroberung von Obotriten und Lutizen nicht zu denken war, solange sie in ihrer eigenständigen religiösen Welt das mentale Rüstzeug für ihren Widerstand fanden. Von Anfang an gingen daher Eroberungs- und Missionierungsabsichten im Sinne der Christianisierung Hand in Hand. Dabei wurde bewußt an religiöse und politisch-staatliche Zentren der Slawen in Gestalt von Hauptheiligtümern und Hauptburgen angeknüpft. So bildeten sich nicht von ungefähr Oldenburg (später Lübeck), Ratzeburg und Mecklenburg (später Schwerin) als Bistumssitze im obotritischen Raum analog der

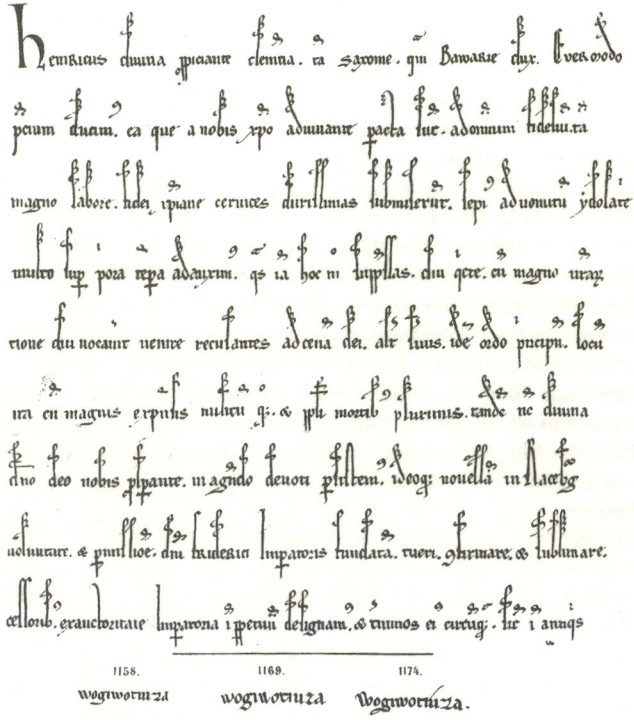

Urkunde des Herzogs Heinrich des Löwen für das Bistum Ratzeburg 1158 (Fälschung)

Herrschaftsgebiete der Wagrier, Polaben und Obotriten (i. e. S.) heraus. Ostmecklenburg mit seinen Lutizen stand darüber hinaus, da es für das mehrfach zerstörte lutizische Hauptheiligtum Rethra keine slawisch-deutsche Kontinuität des religiösen Zentrums gab, im Einflußbereich der Bistümer Kammin, Havelberg und Brandenburg. Es bedurfte aber eines dreimaligen Anlaufes, um die Siedlungsgebiete der Obotriten und Lutizen dauerhaft für das Christentum zu gewinnen. Im 10. Jahrhundert war man mit den

Missionsbistümern in Oldenburg, Brandenburg und Havelberg räumlich und inhaltlich von einer wirklichen Christianisierung des späteren Mecklenburg noch weit entfernt; der Aufstand von 983 bereitete den entsprechenden Versuchen nicht nur ein vorläufiges Ende, sondern deutete auch auf die typische geistige Vorbereitung derartiger Aufstände durch Priester der Slawen hin, weshalb gerade die Bistumssitze zu Hauptangriffspunkten der Slawenaufstände und christliche Geistliche zu ihren jeweiligen Opfern wurden. Der zweite Anlauf der christlichen Missionierung datierte aus dem 11. Jahrhundert, als namentlich der Obotritenfürst Gottschalk im Zusammenwirken mit dem Erzbistum Bremen in Gestalt des wiederhergestellten Oldenburg sowie Ratzeburg und Mecklenburg erneut Missionsbistümer einrichten und fördern ließ. Sein gewaltsames Ende 1066 im Verlaufe eines großen Slawenaufstandes trug wiederum die Handschrift der lutizischen Priester aus Rethra. Das Ende der Missionsbistümer in Ratzeburg und Mecklenburg wurde – wie schon 983 – durch das Blut der dort getöteten Geistlichen besiegelt.

Erst dem dritten gewaltsamen Anlauf im 12. Jahrhundert erlag die Religion der Nordwestslawen. Unter dem übermächtigen und den Bischöfen mitunter durchaus unangenehmen Schutz Herzog Heinrich des Löwen, der das eigentlich königliche Recht der Investitur in Anspruch nahm, wurden die Bistümer Ratzeburg, Oldenburg und Mecklenburg (letztere bald nach Lübeck bzw. Schwerin verlegt) nunmehr dauerhaft wiederhergestellt. Als eigentliche Begründung der mecklenburgischen christlichen Kirche galt daher die Einsetzung Bischof Evermods (gest. 1178) 1154 in das Bistum Ratzeburg. Da aber die Diözese Ratzeburg nur zum Teil mecklenburgisches Gebiet umfaßte, wurde zum „Apostel der Mecklenburger" Bischof Berno (gest. 1191) in Schwerin, mit dessen Wirken die Missionierung Innermecklenburgs ihre bleibenden Anfänge nahm. Mit dem Wirken Evermods, Bernos und schon früher Vicelins (gest. 1154) in Oldenburg als Bischöfe ist ein zweiter wichtiger Bereich der Christianisierung Mecklenburgs angesprochen: die Aktivität der Ende des 11., Anfang des 12. Jahrhunderts neuentstandenen klösterlichen Reformorden, die sich – zumindest in ihren Anfängen – die Zurückdrängung der Verweltlichung der römisch-katholischen Kirche angelegen sein ließen. Für Ratzeburg und Oldenburg spielten hierbei in Gestalt von Evermod und Vicelin die Prämonstratenser eine besondere Rolle, für das innere Mecklenburg namentlich die Zisterzienser, aus deren Reihen Berno hervorging. Die Gründung des Zisterzienserklosters in Althof 1171 (1186 erneuert in Doberan) eröffnete alsbald den Reigen der Anlage von Klöstern und Stiften im Innern Mecklenburgs, deren Ausbreitung an die mecklenburgischen Städtegründungen besonders des 13. Jahrhunderts erinnert. Althof wurde auch Ziel der letzten überlieferten größeren slawischen antichristlichen Aufstandsbewegung in Mecklenburg nach dem Tode Pribislaws 1179. Das zweite große mecklenburgische zisterziensische Feldkloster – wie Althof in bewußter Distanz zu den Zentren menschlicher Siedlungen 1172 in Dargun angelegt – bedurfte ebenfalls einer zweiten Gründung, nicht zuletzt wegen der pommersch-mecklenburgischen Grenzkämpfe. Neben die Mönchsklöster traten im 13. Jahrhundert auch Nonnenklöster. Ähnlich wie Doberan und Dargun ragten hier Neukloster (1219 dorthin verlegt) und Dobbertin (1234 Umwandlung in ein Nonnenkloster) heraus. Gemeinsam mit den Klöstern Malchow und Ribnitz aus der zweiten Hälfte des 13. bzw. dem Anfang des 14. Jahrhunderts repräsentieren sie zugleich geistliche Grundherrschaften mit erheblichem, zum Teil arrondierten Grundbesitz, der für die spätere Ämterorganisation Mecklenburgs bedeutungsvoll werden sollte. Nicht zu übersehen war die Leistung dieser und anderer Klöster und Stifte – neben der Bedeutung für die Missionierung – gleichfalls auf kulturellem und wirtschaftlichem Gebiet generell. Wie in großen Teilen des europäischen Hoch- und Spätmittelalters taten sich hierbei besonders die Zisterzienser hervor. Gerade für die Landwirtschaft, aber auch den Handel und den Marktverkehr kam ihnen vielfach eine Pionierrolle bezüglich des Landesausbaus, der Anlage von Siedlungen sowie von klösterlichen Ackerhöfen (Grangien) und Stadthöfen zu. In Gestalt der Laienbrüder (conversi) lebte zeitweilig in den Grangien das Ideal der eigenen Handarbeit der Mönche wieder auf. Die seit dem 13. Jahrhundert entstandenen Bettelorden fanden neben Hospitalhäusern auch in den mecklenburgischen Städten eine Heimstatt. Gerade die bei allen Bevölkerungsschichten sehr beliebten Franziskaner erfreuten sich zahlreicher Zuwendung, was den regulären Pfarrkirchen mitunter ein Dorn im Auge war.

Mit den letztgenannten Pfarrkirchen berühren wir das Feld, auf dem der eigentliche Triumph der christlichen Kirche auch in Mecklenburg sichergestellt wurde: die Begründung und der Ausbau der Kirchspielorganisation. Erst durch ihr relativ engmaschiges Netz, dessen Aufbau besonders seit Bischof Brunward (gest. 1237) von Schwerin zu Beginn des 13. Jahrhunderts datierte, konnten die Bewohner des platten Landes sowie der Städte dauerhaft mit dem Christentum vertraut gemacht und in die kirchliche Gemeindeorganisation einbezogen werden. Die Fortschritte im Ausbau der Kirchspielorganisation sowie ihre Spezifik in den einzelnen Regionen Mecklenburgs hingen eng zusammen mit dem Gang ihrer Eroberung und ihrer siedlungsgeschichtlichen Entwicklung. So nimmt es nicht wunder, daß ausgehend vom Bistum Ratzeburg die frühesten Pfarrbezirke sich in Westmecklenburg bildeten. Hier machten häufig circa zehn zumeist kleinere Orte ein Kirchspiel aus. In den späteren Kirchspielgründungen und namentlich im Osten Mecklenburgs waren die Kirchspiele in der Regel wesentlich kleiner, zum Teil fanden sich Mutter- bzw. Tochterkirchen (Filialen) fast in jedem der hier oft weit voneinander entfernten Orte. In den Städten, in denen die Bevölkerungszahl und -dichte regelmäßig höher war als in den Siedlungen des platten Landes, reichte häufig eine einzelne Pfarrkirche pro Stadt nicht aus: Rostock wies bereits im 13. Jahrhundert derer vier auf (St. Petri, St. Nikolai, St. Marien, St. Jakobi). Unterschiede gab es auch in der materiellen Ausstattung der Pfarreien und ihrer kirchenherrlichen Zuordnung. Die älteren Kirchgründungen hatten zumeist mehrere Hufen als Landausstattung der Pfarrer und die Landesherren als Patronatsherren, die jüngeren regelmäßig eine geringere Hufenzahl und mitunter schon einen grundherrlichen Patron. Als Orte mit Pfarr- bzw. Filialkirchen kamen in erster Linie größere Siedlungen auch auf dem platten Lande in Frage – oder andersherum: Kirchspielzentren entwickelten sich in der Folgezeit zu derartigen größeren Siedlungen, was sich in der Einwohner-, Hufen- und Katenzahl, einer frühzeitigen Differenzierung der Bevölkerung und ihrer wirtschaftlichen Struktur (u. a. der Existenz von Krügen) zeigte. Ähnlich wie die dörfliche und die städtische Gemeinde bildete auch die Pfarrgemeinde ein Pendant zur herrschaftlichen Strukturierung der Siedlungen, indem neben Pfarrer und Patron als Repräsentanten der Herrschaft die Kirchenvorsteher die Mitverantwortung und zugleich Mitwirkungsmöglichkeiten der Gemeinde dokumentierten.

Glanz und Elend des spätmittelalterlichen Herzogtums Mecklenburg 1348–1477

Herzogswürde, Scheitern der „Nordischen" Politik, Landeseinheit

Nach dem Tode seines Vaters Heinrich II. (des Löwen) und einer mehrjährigen Vormundschaftsregierung übernahm Albrecht II. (1318–1379) 1336 die Regierung in der Herrschaft Mecklenburg. Er ist mit Recht als der bedeutendste mittelalterliche mecklenburgische Herrscher bezeichnet worden – ein Urteil, das vielleicht auch bei Einbeziehung der folgenden Herzöge und Großherzöge aus dem Geschlecht der Pribisliden bis 1918 aufrechterhalten werden kann. Ob damit der mitunter ihm beigelegte Zuname „der Große" gerechtfertigt ist, dürfte für Albrecht II. noch schwieriger zu beantworten sein als für viele andere – weit bedeutendere – Herrscher, Monarchen und historische Persönlichkeiten der europäischen und der Weltgeschichte.

Ohne Zweifel errang aber unter Albrechts Herrschaft Mecklenburg unter den norddeutschen Fürstentümern einen Stellenwert, den es weder vorher noch nachher je wieder erreicht hat. Eine wichtige Rolle spielte hierbei die endgültige, jetzt auch de jure erfolgende Abschüttelung der schon lange eher bedeutungslosen Lehnshoheit Sachsens gegenüber Mecklenburg. Noch geschickter als sein Vater Heinrich II. der Löwe brachte hierbei Albrecht II. seine diplomatischen Fähigkeiten ins Spiel, indem er durch Anlehnung an das römisch-deutsche Königtum Karls IV. (1316–1378) die Streitigkeiten der Askanier in Sachsen und die komplizierte Situation der Wittelsbacher in der Mark Brandenburg zu seinen Gunsten nutzte. Als Lohn für das Zusammengehen mit Karl IV. beseitigte dieser die sächsische Lehnshoheit über Mecklenburg und erhob 1348 Albrecht II. und seinen Bruder Johann (gest. 1391/93) zu reichsunmittelbaren Fürsten, verbunden mit der Herzogswürde. Dieses war keineswegs nur ein äußerlicher Vorgang, sondern entsprach durchaus auch einer Konsolidierung der inneren Verhältnisse der Landesherrschaft. Überdies gelang Albrecht II. noch eine gewich-

Großes Siegel des Herzogs Albrecht II. 1366

tige Erweiterung seiner Herrschaft in Mecklenburg selbst. Unter
Übergehung besser begründeter anderslautender Erbansprüche und
durchaus mit Gewaltanwendung konnte er 1358 die Grafschaft
Schwerin, die durch ständige Teilungen und innere Kämpfe der
Grafenfamilie seit langem geschwächt war, an das Herzogtum
Mecklenburg bringen. Allerdings ging dem 1352 schon wieder
eine erneute Teilung der Herrschaft Mecklenburg, zu der seit
Beginn des 14. Jahrhunderts ja auch die Länder Rostock und
Stargard gekommen waren, voraus: Albrechts Bruder Johann er-
hielt den Ostteil (hauptsächlich das Land Stargard), aber auch
Sternberg, während Albrecht besonders über die ehemaligen
Kerngebiete der Herrschaft Mecklenburg im Westen verfügte.

Damit zeichneten sich nicht nur die Konturen der später in Mecklenburg verbleibenden zwei Landesherrschaften ab (Mecklenburg-Schwerin und Mecklenburg-Stargard bzw. Strelitz), sondern auch die inneren Probleme, die sich etwa im 15. Jahrhundert durch die Besitzungen um Sternberg ergaben. So konnte sich die eigenartige Situation entwickeln, daß in der mittelalterlichen Geschichte Mecklenburgs nicht sein bedeutendster Herzog, Albrecht II., sondern ein Jahrhundert später einer der vermutlich mit Recht am wenigsten angesehenen Fürsten dieses Hauses, Heinrich IV. der Dicke (1417–1477), einen Höhepunkt in der Landeseinheit erleben sollte, bezeichnenderweise durch eine Reihe für ihn günstiger Zufälle.

Doch bevor es soweit war, schickte sich das mecklenburgische Herzogshaus an, direkt in die Geschichte Nordeuropas einzugreifen. Die formale Grundlage hierfür boten Erbansprüche, da die mecklenburgischen Fürsten – wie allgemein üblich – nicht nur mit den anderen nord- und mitteldeutschen Fürstenhäusern, sondern auch mit den dänischen und den schwedischen Königshäusern durch Eheschließungen verbunden waren. Letztlich zum eigenen Schaden seines Hauses hatte sich Albrecht II. bemüht, seinen Söhnen bzw. Enkeln sowohl die dänische als auch die schwedische Krone zu verschaffen. Erbansprüche bildeten aber – so berechtigt sie auch sein mochten – nur die eine Seite der Medaille in derartigen Bestrebungen. Die andere waren die realen machtpolitischen Konstellationen und Möglichkeiten. So ist der mecklenburgische Anspruch auf den dänischen Thron weder im Mittelalter noch später, ungeachtet aller Bemühungen, durchgesetzt worden. Man darf die berechtigte Frage aufwerfen, ob es für die Geschichte beider Länder günstig war, daß im Falle Schwedens der mecklenburgische Anspruch immerhin für zweieinhalb Jahrzehnte Wirklichkeit wurde. Denn 1363 konnte Albrecht II. für seinen Sohn Albrecht III. (gest. 1412) die schwedische Krone gewinnen. Von Anfang an war die Herrschaft der Mecklenburger in Schweden eine Angelegenheit mit sehr großen Unwägbarkeiten, zu denen die Politik der Nachbarn, besonders Dänemarks, des Deutschen Ordens und der Hansestädte, genauso zählte wie die Haltung der schwedischen Bevölkerung, besonders auch des Adels, gegenüber dem Ausländer auf dem Thron. Für die mecklenburgische Geschichte jedenfalls – und nur sie soll uns hier interessieren – blieb das Königtum Albrechts III. eher eine Episode mit vorwiegend negativen Resultaten für die Position der Landesherrschaft. 1389 endete sie für Albrecht III. und seinen Sohn zunächst in der mehrjährigen Gefangenschaft unter ihrer Hauptfeindin Margarete (1353–1412) von Dänemark und Norwegen.

Solange Albrecht II. noch am Leben war (bis 1379), hatte er in Mecklenburg dem Sohn den Rücken freihalten und Unterstützung leisten können. Zwar versuchten Johann von Mecklenburg – Stargard und seine Neffen in Mecklenburg – Schwerin, dies auch in der Zeit der Gefangenschaft Albrechts III. fortzusetzen. Aber allmählich entarteten die Kämpfe auf der Ostsee immer mehr zur Piraterie, nicht zuletzt unter Mitwirkung mecklenburgischer adliger Hauptleute. Auch im Innern Mecklenburgs tat sich der Adel erneut durch Fehdeunwesen und Überfälle hervor. Einem der Söhne Albrechts II., Herzog Heinrich dem Hänger (gest. 1383), hat der Versuch ihrer energischen Bekämpfung und konsequenten Bestrafung gar seinen eigenartig anmutenden Beinamen eingebracht. Nach der Rückkehr Albrechts III. 1395 aus seiner Kerkerhaft, nicht ohne kräftige Mitwirkung der Hansestädte erreicht, mußte er daher nicht nur alle Träume auf Krone und Reich in Schweden endgültig begraben, sondern führte auch sein mecklenburgisches Herzogtum in ein sehr ungewisses neues Jahrhundert. Als er 1412 starb, traten die Hohenzollern ihre Herrschaft in der Mark Brandenburg an: Das zukünftig führende Territorium Norddeutschlands wurde auch für Mecklenburg zum entscheidenden Nachbarn.

In Mecklenburg dagegen folgte auf die übermäßige Kraftanstrengung der „Nordischen" Politik für die Landesherrschaft eine Phase der Erschöpfung und neuer innerer Wirren. Besonders an den Grenzen zu Brandenburg und Pommern entwickelten sich zahllose gegenseitige Überfälle und Räubereien des Adels, die jeweils wieder zum Ausgangspunkt entsprechender Vergeltungsaktionen wurden. Zu den dabei gemachten Gefangenen zählte auch ein Vertreter der Stargarder Linie (Johann III. gest. 1439), so daß 1423 für beide mecklenburgische Linien (Schwerin und Stargard) kein erwachsener Landesherr zur Verfügung stand. Ähnlich wie ein Jahrhundert zuvor (1329–1336) wurde eine vormundschaftliche Regierung notwendig. Wiederum kam den Ständen, insbesondere der Ritterschaft, hierfür besondere Bedeutung zu. Aber auch die Herzogswitwe Katharina (gest. 1448) war nicht nur formell Haupt dieser Regierung für ihre beiden unmündigen Söhne und brauchte einen Vergleich mit bemerkenswerten Vertretern des mecklenburgischen Fürstenhauses keineswegs zu scheuen. Dennoch deuteten die Namen der Geschlechter, denen die ritterschaftlichen Hauptleute des vormundschaftlichen Landesrates entstammten, und die ihnen zugeordneten Bezirke an, wie sich der Kern des alten mecklenburgischen Adels in seinen nicht nur mehr grundherrschaftlichen Positionen verfestigte: Lützow, Halberstadt, Plessen, Sperling, Axekow, Stralendorff, Vieregge, Kardorff und Moltke.

1436 endete die Vormundschaftsregierung durch die Herrschaftsübernahme seitens Heinrich IV. (des Dicken) und seines wenige Jahre später verstorbenen Bruders. Was vielen wesentlich befähigteren Fürsten vor und nach ihm nicht gelang, fiel Heinrich dem Dicken mehr oder weniger in den Schoß: die Landeseinheit (abgesehen noch von den Stiftsländern der Bistümer Schwerin und Ratzeburg).

Bereits zu Beginn seiner Regierung 1436 konnte Heinrich – vorerst gemeinsam mit seinem Bruder und den Stargarder Verwandten – die ehemals Werleschen Teilherrschaften erwerben, nachdem der letzte männliche Sproß des Werleschen Hauses verstorben war. Die Herren von Werle hatten zwar noch 1418 den Titel Fürsten von Wenden angenommen, jedoch entsprach diese erwünschte Rangerhöhung keiner wirklichen Positionsverbesserung. Mehrfache Teilungen ihrer Teilherrschaften vergrößerten ihre innere Schwäche. Hinzu kam das bedrohliche Ansteigen der hohenzollerschen Macht in der unmittelbar benachbarten Mark. Aufgrund entsprechend entstandener brandenburgischer Erbansprüche gegenüber dem Lande Wenden sahen sich die Schweriner und Stargarder Herzöge 1442 daher veranlaßt, den brandenburgischen Kurfürsten das Erbrecht in Mecklenburg im Falle des Aussterbens beider verbliebener mecklenburgischer Fürstenlinien zuzuerkennen, um die kurfürstlichen Ambitionen auf das Land Wenden abzufinden (Wittstocker Vertrag). Dieser Erbfall trat nie ein, dennoch spielte seitdem die brandenburgisch-mecklenburgische Beziehung durchgängig eine entscheidende Rolle in der mecklenburgischen Geschichte. Die weitere Herrschaft sowohl in der Schweriner als auch in der Stargarder Linie verlief in vielen inneren und äußeren Konflikten im wesentlichen erfolglos. Daß Heinrich der Dicke 1471 dann aber auch noch die Stargarder Herrschaft erwerben konnte, war wiederum kein eigenes Verdienst. Im Gegenteil, Ende der 1460er Jahre mußte er, als damals auch die Vertreter beider Linien aneinandergeraten waren, vor Sternberg eine schimpfliche Niederlage hinnehmen. Erneut half ihm ein Todesfall: 1471 starb der letzte Stargarder Herzog Ulrich II. ohne männliche Erben. Das ihm zugeschriebene letzte Wort auf seinem Totenbett könnte als Motto über der Herrschaft vieler – nicht nur mecklenburgischer – Fürsten seines Jahrhunderts stehen: „O Gott, wie hat man gekämpft und gerannt um vier Bretter und ein Laken!" Heinrich IV. hatte nun in seiner Person vereint, was in der frühen Neuzeit die Titulatur der mecklenburgischen Herzöge ausmachen sollte: Herzog von Mecklenburg, Fürst von Wenden, Graf von Schwerin, der Lande Rostock und Stargard Herr. Der äußere Rahmen der künftigen mecklenburgischen Geschichte stellte sich als relativ konsolidiert dar. Ausgefüllt war er aber zur Zeit des Todes Heinrichs des Dicken 1477 von einem Übermaß innerer Probleme für die Landesherrschaft im Verhältnis zur Ritterschaft, zu den Seestädten Rostock und Wismar, durch Schulden und die Verpfändung ganzer Ämter besonders an Angehörige der alten mecklenburgischen Adelsgeschlechter. Sollten die mecklenburgischen Herzöge in der damals in den meisten deutschen Territorien brisanten Frage nach dem Verhältnis von Landesherr und Landständen noch eine Chance haben, bedurfte es einer grundlegenden Wende in der fürstlichen Politik. Die Nachfolger Heinrichs des Dicken haben entsprechende Versuche unternommen.

Nicht nur durch die Politik und die Verbindungen des frischge-
backenen mecklenburgischen Herzogshauses wurden für die
mecklenburgische Geschichte gerade seit dem 14. Jahrhundert
Einflüsse von außen und nach außen, in Richtung der benachbarten Territorien des römisch-deutschen Reiches, aber auch anderer
Reiche des spätmittelalterlichen Europas besonders bedeutungsvoll. Davon zeugten schon die mitteldeutsche Herkunft des Autors
und die prachtvolle Ausstattung einer der berühmtesten
Geschichtsquellen Mecklenburgs im Mittelalter: der wohl von
Albrecht II. veranlaßten Reimchronik des Ernst von Kirchberg
(vor 1335 – um 1384). Steigendes Repräsentationsbedürfnis bzw.
ein deutlicher Zug zum Repräsentativen charakterisierten aber
nicht nur das mecklenburgische Fürstenhaus in seinen unterschiedlichen Zweigen, sondern auch die übrigen Herrschaftsträger im
Lande: den Adel, die Geistlichkeit und die Städte. Noch heute
sichtbare Zeugen dessen sind nicht von ungefähr städtische und
geistliche Bauwerke namentlich des späten Mittelalters, seien es
Stadt- und Dorfkirchen, Rathäuser, Bürgerhäuser, Stadttore, Dome
oder Klosterkirchen. Bezeichnenderweise ist von den offenbar in
ihrem architektonischen, nicht aber ihrem gesellschaftlichen Rang
her gesehenen weniger bedeutenden adligen befestigten
Rittersitzen des platten Landes an sichtbaren Spuren sehr viel weniger erhalten geblieben. In noch viel stärkerem Maße galt dies für
die Behausungen der Masse der Bevölkerung in Stadt und Land.
Repräsentation war kostspielig und setzte darüber hinaus entsprechende Rechte bzw. Privilegien voraus. So nimmt es nicht wunder,
daß neben den Landesherren zunächst die begüterten geistlichen
Institutionen sowie Städtebürger auch kulturell tonangebend waren. Durch die Einbindung zumindest der beiden Seestädte,
Rostock und Wismar, in die Hanse sowie der Geistlichkeit, gerade
auch der Reformorden, in die römische Kirche war hier die
Einwirkung allgemeineuropäischer Tendenzen besonders deutlich
gegeben. Zudem befanden sich namentlich der städtische sowie
der geistliche Bereich durchaus noch im Aufwind: Nach dem entscheidenden Zeitraum der Gründungen, dem 13. Jahrhundert, wur-

de diesbezüglich erst im folgenden 14. Jahrhundert wirtschaftlich wie kulturell die eigentliche Konsolidierung und Entfaltung erreicht, die auch durch die Pestwellen seit der Mitte dieses Säkulums zunächst keine grundsätzliche Beeinträchtigung erfuhr. Die beiden Seestädte Rostock und Wismar trotzten aufgrund ihrer Einbettung in die Hanse seit der zweiten Hälfte des 13. Jahrhunderts und ihres rasanten wirtschaftlichen Aufschwungs in der zweiten Hälfte des 14. Jahrhunderts den Landesherren sogar die Vogteirechte ab und erreichten damit beinahe die vollständige Autonomie. Die schwindelerregende Höhe der Schiffe in der monumentalen Marienkirche in Rostock und der Nikolaikirche in Wismar aus der Folgezeit entsprachen vollauf diesem schier grenzenlosen Aufwärtsstreben des hansischen Städtebürgertums. Mit einer fünfstelligen Bevölkerungszahl klopfte Rostock in seinen besten Zeiten wiederholt an die Pforten des Kreises der mittelalterlichen Großstädte. Für den Norwegen- und Rigahandel kam beiden mecklenburgischen Seestädten lange Zeit große Bedeutung zu. Auch sie befanden sich 1370 beim spektakulären Hansesieg über Dänemark, besiegelt im Stralsunder Frieden, auf dem Höhepunkt der Hanse. Nicht zuletzt ihre Wirtschaftskraft wurde zu einem wichtigen Faktor in der „Nordischen" Politik ihrer mecklenburgischen Landesherren, in deren Verlauf sie während der Kämpfe um die Freilassung Albrechts III. aus seiner Gefangenschaft unter Margarete von Dänemark sogar auf eigene Faust zeitweilig aus der allgemeinen hansischen Front ausbrachen. Vorher wie nachher hatte ihr Wort nach Lübeck und neben Stralsund als Kernstädten des Wendischen Quartiers erhebliches Gewicht in den hansischen Belangen.

Parallel zu den Hochleistungen der mecklenburgischen Seestädte auf dem Gebiet der Wirtschaft und Kultur zeigten sich solche auch auf Seiten der geistlichen Institutionen. Gerade in den bedeutenden Klostergründungen bildeten u. a. umfänglicher Grundbesitz und entsprechende Einkünfte die Basis für großartige Bauwerke. Zwar erlebten im Gegensatz zum frühen und relativ bescheiden bleibenden Ratzeburger Dom auch die Dome in Schwerin und Güstrow im 14. Jahrhundert erhebliche Veränderungen. Die Krone der norddeutschen Backsteingotik gebührte jedoch der Doberaner

Großes Siegel der Universität Rostock 1419

Klosterkirche von 1368, in der allgemeineuropäische und spezifische norddeutsche Einflüsse und Elemente in bewunderungswürdiger Schönheit verschmolzen.

In diese kulturelle Hochzeit des spätmittelalterlichen Mecklenburg fiel auch noch jenes folgenreiche Ereignis, in welchem sich – selten und kurzzeitig genug – Landesherren, Geistlichkeit und Städtebürgertum zu gemeinsamem Handeln zusammenfanden, um dem Bildungswesen nicht nur Mecklenburgs einen wichtigen Akzent zu verleihen. 1419 nämlich genehmigte Papst Martin V. (1368–1431) die Gründung einer Universität in Rostock. Der Zustrom der Studenten war von vornherein während des 15. Jahrhunderts relativ groß und keineswegs auf Mecklenburg oder die benachbarten Territorien des römisch-deutschen Reiches beschränkt. Die Nachfrage besonders nach gut ausgebildeten Geistlichen und Juristen seitens der Kirche, der Hansestädte und der Landesherren wuchs ständig. Zudem war Rostock die erste Universitätsgründung in Norddeutschland und in Nordeuropa, Nordwesteuropa ausgenommen. Daß in diesem Raum relativ rasch weitere Gründungen folgten und sich als lebensfähig erwiesen (Greifswald, Upsala, Kopenhagen), deutete einerseits den bemerkenswerten Bedarf an Hochschulen nun auch in dieser Region an, andererseits aber auch die zukünftigen Probleme und Konkurrenzsituationen für die Rostocker alma mater. Denn die drei Kräfte, die an der Gründung der Universität beteiligt waren, sollten sich von vornherein in ihrer zumeist divergierenden Interessenlage als bestimmend für das Schicksal der Hochschule erweisen. Das begann schon mit der Bewilligung einer theologischen Fakultät erst im Jahre 1432 durch den Papst, so daß zunächst nur drei (Artisten, Juristen, Mediziner) der vier klassischen Fakultäten existierten. Auch die Reihe der Auszüge der Universität aus Rostock setzte bereits wenige Jahre nach ihrer Gründung ein, immer als Ausdruck von Konflikten mit oder zwischen den „Gründern". Ein bleibendes Ergebnis des ersten dieser Auszüge war die Gründung der Universität Greifswald 1456. Somit stellte die Universität Rostock das vermutlich eindrucksvollste Beispiel dafür dar, wie Mecklenburg im Spätmittelalter nicht nur kulturelle Einflüsse anderer Teile des römisch-deutschen Reiches und in gewisser Weise Europas aufnahm, sondern sie bis zu einem bestimmten Grade auch eigenständig zu verarbeiten und weiterzugeben vermochte. Allerdings verlief dies angesichts deutlicher Krisenerscheinungen in allen Bereichen der Gesellschaft alles andere als problem- oder konfliktlos.

Krisenerscheinungen, Alltag und Mentalität im spätmittelalterlichen Mecklenburg

Nicht nur in Hinblick auf die Lichtseiten des späten Mittelalters, sondern auch bezüglich seiner Schattenseiten erwies sich die Geschichte Mecklenburgs in diesem Zeitraum in bemerkenswerter

Übereinstimmung mit allgemeinen Entwicklungstendenzen. Auch wenn für die nachfolgenden, jahrhundertelangen Auseinandersetzungen zwischen Landesherrschaft, Ritter- und Landschaft der Kaiser und die späteren Institutionen Reichshofrat und Reichskammergericht als Appellationsinstanzen von Bedeutung bleiben sollten, war auch für Mecklenburg die Bindung an Kaiser und Reich erheblich lockerer geworden. Immer deutlicher schälte sich das jeweilige Kräfteverhältnis zwischen Herzögen und Landständen zunächst der Teilherrschaften, dann des gesamten Herzogtums als Kern der politisch-staatlichen Belange heraus. Als Positivum konnte am Ausgang des Mittelalters immerhin die Einheit des Landes durch Überwindung der Teilungen unter Führung der ehemaligen Herrschaft Mecklenburg konstatiert werden. Zugleich war Mecklenburg als Territorium auch nach außen hin durch nunmehr relativ stabile Grenzen gekennzeichnet. Für seine weitere Geschichte mußten jetzt die inneren Entwicklungen entscheidend werden. Eine ernsthafte Schwächung und Gefährdung der landesherrlichen Position der Herzöge stellten hierbei nicht die Landesherrschaften der Schweriner und Ratzeburger Stiftsländer um Bützow – Warin und Schönberg – Stove dar, obwohl sie zum Teil noch Inseln innerhalb Mecklenburgs bildeten. Perspektivisch viel komplizierter für die Herzöge sollte die Konsolidierung der Ritterschaft werden. Obwohl Angehörige derselben nicht selten auch in städtischen Siedlungen ansässig waren, bildete ihre entscheidende Grundlage das platte Land. Spätestens seit dem 14. Jahrhundert wohnten sie regelmäßig in befestigten Sitzen in oder neben Dörfern, die ihnen zum Teil bzw. insgesamt grundherrschaftlich unterstanden. Aber nicht nur durch ihre Behausungen und ihre grundherrliche Stellung wurde immer deutlicher, daß die ländlichen Adligen nicht nur bloße Nachbarn der Bauern waren und Mecklenburg auch damals keineswegs ein reines Bauernland darstellte. Denn die kriegerischen mecklenburgischen Fürsten und Herzöge des 14./15. Jahrhunderts waren militärisch, finanziell und in der Administration immer wieder auf ihre Ritter als Vasallen angewiesen. Als Belohnung wurden der Ritterschaft wichtige Positionen als Räte, Vögte, Amtmänner zuteil, aber auch die Verpfändung ganzer Ämter und insbesondere

Ansprüche auf ehedem landesherrliche Rechte (Hochgerichts-
barkeit, Steuern, Kirchenpatronat etc.). Bei wichtigen Entscheidungen der Landesherren traten immer wieder die Namen der
Vertreter des Kerns alter mecklenburgischer Adelsgeschlechter
auf. Namentlich in den von den Landesherren weit entfernten
Grenzräumen Mecklenburgs hausten sie selbstherrlich auf trotzi-
gen Befestigungen und behelligten nicht nur die Nachbarterritorien
durch Überfälle, sondern auch Kaufleute großer und kleiner, fremder wie einheimischer Städte sowie die Landbevölkerung und
nicht selten auch die Landesherren des eigenen Landes. Städte und
Flecken in ihrem Einflußbereich, wie etwa Sülze, Marlow,
Penzlin, Malchow, Lübtheen, Dassow und Klütz, mußten mit ihren
Herrschaftsansprüchen rechnen.
Doch nicht nur der gesellschaftliche Abstand zwischen Bauern und
Rittern wuchs. Auch andere Indizien sprachen dafür, daß die bäuerliche Situation im Vergleich zu dem vorhergehenden Zeitraum
keine weitere Verbesserung erfahren hatte. Das zeigte schon die
Quellensprache: Zwar wurden die mecklenburgischen Bauern
noch nicht als arme Leute bezeichnet, wie häufig in den folgenden
Jahrhunderten, aber der ehedem auf sie angewendete Begriff der
cives blieb nun den Stadtbürgern vorbehalten. Tendenziell ver-
schlechterten sich die Zuzugsmöglichkeiten von Landbewohnern
in die Städte, während wachsende Marktabhängigkeit, sinkende
Getreidepreise und die Auswirkungen der großen Seuchen sowie
der zahllosen Fehden und Überfälle des Spätmittelalters das verstärkte Wüstwerden einzelner bäuerlicher Wirtschaften und ganzer
ländlicher Siedlungen auch in Mecklenburg – in bisher nur unge-
nau bekanntem Umfang – bewirkten. Allerdings bestand möglicherweise die perspektische Hauptgefahr für die bäuerliche
Situation in dem zunehmenden Erwerb der Gerichtsrechte und damit des Anspruchs auf Dienste durch die Grundherren. Auf diesem Wege wurde ein wichtiger Faktor für die Entstehung der neuzeitlichen Gutsherrschaft geschaffen. Welche Bedeutung hierbei
dem Spätmittelalter zukam, zeigte in für die bäuerliche Situation
positiver Hinsicht das ratzeburgische Stiftsland um Schönberg.
Hier kauften nicht die adligen Grundherren den Landesherren die
Rechte ab, sondern es kam umgekehrt zum Auskauf der adligen

Grundherren. Das war sicherlich eine Wurzel für die sozial, wirtschaftlich und kulturell stark bleibende Position der Schönberger Bauern in den folgenden Jahrhunderten.

Doch auch in anderen Regionen Mecklenburgs nahm die bäuerliche Bevölkerung die aus ihrer differenzierten herrschaftlichen Einbindung sich ergebenden Lasten offenbar nicht ohne weiteres hin. Zahlreiche Urkunden enthalten Vorsorgebestimmungen – zumeist mit der Pfändung als angedrohter Strafe – für bäuerliche Pflichtverletzungen. Dabei ging es auch um Dienste etwa beim Burgen- und Brückenbau und der Landesdefension, deren Beseitigung in den Quellen oft als Befreiung der Bauern bezeichnet wurde. Vermutlich erkannten die Bauern nicht, daß mit der Unterbrechung dieser direkten Verbindung zum Landesherrn zukünftig die Rolle der Grundherren für sie gefahrvoll wachsen konnte. Entsprechend der vergleichsweise geringen Bevölkerungszahl Mecklenburgs (um 1500 etwa 130 000 Einwohner) waren auch die Einwohnerzahlen der ländlichen Siedlungen relativ klein. Dörfer mit mehr als zwanzig Hufen zählten schon zu den größeren Dörfern (häufig Kirchdörfern). Neben Hufenbauern und Kätnern – letztere in der Regel noch weniger zahlreich als die Hüfner – hielten sich die Zahlen weiterer Landbewohner sehr in Grenzen. An den Ufern der Ostseeküste sowie der größeren Binnenseen existierten oft spezielle Kossätendörfer, für deren Bewohner der Fischfang erhebliche Bedeutung hatte. Ansonsten zeigte sich eine stärkere wirtschaftliche und soziale Differenzierung der Landbevölkerung außer in den größeren Dörfern – oft mit Pfarr- oder Filialkirchen ausgestattet – mit ihren diversen Dorfhandwerkern namentlich in der Nähe der Städte und ihrer Stadtfeldmarken.

Noch deutlicher war eine solche Differenzierung selbstverständlich in den Städten selbst, zumal sie nicht nur in quantitativer Hinsicht, also die Bevölkerungszahl betreffend, sondern auch bezüglich des qualitativen Stellenwertes von Handel und handwerklichem Gewerbe sich von den ländlichen Siedlungen unterschieden. Damit soll aber nicht die Tatsache geleugnet werden, daß namentlich die kleinen, ja selbst noch die größeren mecklenburgischen Städte einen bemerkenswerten agrarischen Bereich und entsprechende Analogien zu größeren Dörfern aufwiesen. Der eigentliche Unterschied zum platten Land trat erst dann deutlicher in Erscheinung, wenn mit wirtschaftlichen und sozialen Spezifika der städtischen Entwicklung parallele Besonderheiten im Sinne differenzierter Stufen ihrer Autonomie auf rechtlicher und administrativer Ebene Hand in Hand gingen. Hier galt, was generell für die Glanzlichter auch des norddeutschen spätmittelalterlichen Städtewesens, die Hansestädte, zutraf: Die Wende vom 14. zum 15. Jahrhundert bedeutete nicht nur Höhe-, sondern auch Wendepunkt ihrer Entwicklung. Hatten schon die beiden Seestädte Rostock und Wismar Mühe, den Ende des 14. Jahrhunderts errungenen Grad der Autonomie gegenüber der Landesherrschaft in der Folgezeit zu behaupten, so war die Situation für die übrigen mecklenburgischen Städte von vornherein noch weitaus komplizierter, da sie nicht nur starke landesherrliche, sondern zum Teil sogar adliggrundherrliche Herrschaftsansprüche zu gewärtigen hatten.

Hinzu kamen deutliche soziale Spannungen innerhalb der Städte, die sich naturgemäß besonders in den größeren Städten in bemerkenswerter Schärfe darstellten. Dort dominierte – soweit vorhanden – die fernhändlerische Oberschicht als Patriziat nicht nur die Ratsverfassung der Städte, sondern erwarb auch außerhalb der Städte nicht unbeträchtlichen Grundbesitz, den sie ebenso grundherrschaftlich nutzte wie die Landesherren, die Geistlichkeit und der ländliche Adel. Ihr wachsendes Streben nach Exklusivität, ihre Vetternwirtschaft riefen den zunehmenden Widerstand der übrigen Stadtbevölkerung hervor, in der Regel geführt von durchaus wohlhabenden, aber nicht im Rat vertretenen Kaufleuten und Handwerksmeistern, und über die übrigen Angehörigen der Ämter (Zünfte) bis hin zu den allmählich zahlenmäßig stark ansteigenden städtischen Unterschichten (Plebejer) reichend. In Rostock beispielsweise überlappten sich bereits seit dem ausgehenden 13. Jahrhundert die Bestrebungen um städtische Autonomie mit frühen Regungen dieser innerstädtischen Opposition gegen den Rat. Ähnlich wie in Wismar rissen die daraus erwachsenden Bewegungen auch in den folgenden Jahrhunderten nie ab und erreichten – oft im Zusammenhang mit der Städtepolitik der mecklenburgischen und auswärtigen Fürsten – teilweise erhebliche Zuspitzungen, die mitunter die Repräsentanten der jeweiligen innerstädtischen Fronten sogar das Leben kosteten. Als Korrektiv gegenüber der Ratsherrschaft entstanden zeitweilig die Sechziger und ähnliche Vertretungen der Bürgerschaft.

Nicht unerwähnt sei in diesem Zusammenhang, daß mit Klaus Störtebeker (gest. 1401) und Godeke Michels (gest. 1401) zwei der Hauptleute der Vitalienbrüder vermutlich aus Wismar stammten, die nicht nur als Seeräuber in die Geschichte eingingen. Ihre historisch belegte Bezeichnung als Likedeeler (Gleichteiler) führt uns zumindest ebenfalls auf das Feld sozialer Fragen. Ihre gleichfalls quellenmäßig belegbare Losung „Gottes Freunde und aller Welt Feinde" dagegen deutete nicht so sehr den sozialen Sprengstoff des späten Mittelalters an, sondern seine Religiosität, die sich gerade angesichts wachsender Spannungen und Krisenerscheinungen noch verstärkte. Sie bildete offenbar eine übergreifende Kehrseite ansonsten sehr unterschiedlicher Lebensformen, seien es kriegerische Landesherren oder Adlige, gewinnorientierte Kaufleute und andere Städtebürger oder um ihr tägliches Brot sich mühende Vertreter der Unterschichten bis hin zu den friedlichen und unfriedlichen, teilweise kriminellen Außenseitern der Gesellschaft. So standen die beiden abschließenden Jahrhunderte des Mittelalters auch im Zeichen der Wallfahrten, der Pilger und zahlloser Seelgerätstiftungen an Kirchen und Kapellen. Sie waren eine Ursache dafür, weshalb auch in der mecklenburgischen Geschichte des 16. Jahrhunderts das Ringen um die Reformation nicht nur die Geistlichkeit beschäftigen sollte.

Mecklenburgs widerspruchsvoller Übergang in die frühe Neuzeit 1477–1621

Scheitern früher absolutistischer Tendenzen, landständische Union und Aufstieg der Ritterschaft

Der Tod Heinrichs des Dicken 1477 bedeutete für Mecklenburg nicht nur den Beginn der Regierung neuer Landesherren, sondern einen grundlegenden Wandel landesherrlicher Politik. Hierfür stand die Persönlichkeit des bedeutendsten Sohnes Heinrichs des Dicken, Magnus II. (gest. 1503), der seinen auf Größe hinweisenden Namen nicht zu Unrecht trug. Mit ihm überschritt das Land die Schwelle sowohl zu einem neuen Jahrhundert als auch zu einer neuen Epoche, zu deren Beginn Mecklenburg noch immer in vielerlei Hinsicht Schritt hielt mit der Entwicklung in anderen Territorien und Regionen des Reiches und des nördlichen Mitteleuropas. Gegenüber dem vielfältige und unnütze Händel suchenden und findenden Heinrich dem Dicken mutete die Konzentration der Politik Magnus' auf die Felder der landesherrlichen Administration und der Finanzen geradezu modern an. Hier konnte er durch Ordnung und Straffung sowie Qualifizierung der Beamten auch deutliche Erfolge erzielen. Entscheidend für die zukünftige Position der Landesherren mußte aber – wie auch in den anderen deutschen Territorien – die Frage werden, welcher Stellenwert den sich konsolidierenden Landständen zukommen würde. So sehr sich ansonsten Herzog Magnus II. von seinem Vorgänger Heinrich dem Dicken unterschied, in der hartnäckigen und nur teilweise erfolgreichen Bekämpfung der Autonomiebestrebungen namentlich der Seestädte zeigte sich eine deutliche Kontinuität, die auch unter Magnus' Nachfolgern auf dem Herzogsstuhl erhalten bleiben sollte. Die mühevoll bewahrte landesherrliche Oberhoheit gerade über die bedeutendsten mecklenburgischen Städte hat deren weitgehende Autonomie nur bedingt brechen können und führte sie – besonders Rostock – späterhin oftmals im Gegensatz zur Masse der mecklenburgischen Landstädte an die Seite der Ritterschaft, die letztlich als lachender Dritter aus den Kämpfen zwischen Landesherren und Städten hervorging. Wie ein Prisma fing daher die Rostocker Domfehde der Jahre 1487–91 dieses Dilemma mecklenburgischer Geschichte ein. Zugleich bündelten sich in diesen durchaus blutigen Vorgängen nahezu sämtliche weitere Spannungen und Konflikte, die in Mecklenburg vom Mittelalter bis in die beginnende Neuzeit hineinragten: innerstädtische Kämpfe zwischen Rat und bürgerlicher wie plebejischer Opposition, antiklerikale Stimmungen, Argwohn zwischen Universität und Stadt, Abneigung zwischen Städtebürgertum und Adel.

Die der Domfehde zugrundeliegende Absicht Magnus', die Rostocker Jakobikirche in ein Domkollegiatstift umzuwandeln u. a. zur besseren materiellen Absicherung der Universität, wurde in Rostock mit sicherem Gespür als Vorhaben interpretiert, das zugleich den landesherrlichen Einfluß auf die Stadt verstärken sollte. Die Blutopfer auf allen Seiten der Fronten, beim schließlich doch eingerichteten Domkollegiatstift, bei der endlich niedergerungenen städtischen Opposition und auch beim Adel in dem für die Rostocker siegreichen Gefecht bei Pankelow 1487, machten deutlich, welchen Stellenwert die Zeitgenossen den damaligen Ereignissen beimaßen, in denen schon die Entwicklungen der Reformationszeit heraufdämmerten.

Den Bemühungen Magnus', auch den Adel in seine Schranken zu weisen, fehlten im Vergleich zu seiner Städtepolitik die dort anzutreffende Vehemenz und Hartnäckigkeit. Geradezu verhängnisvoll wirkten sich für die landesherrliche Position die unter seinen Nachfolgern erneut einsetzende Landesteilungspolitik der Herzöge, die anachronistische wiederbelebte „Nordische" Politik und die ständig wachsende Schuldenlast aus, nicht zuletzt durch ambitionierte Politik und Repräsentation verursacht. Während so die Herzöge sich in der Regel in nicht nur selbstsüchtigen, sondern auch unklugen Hauskämpfen verzettelten, ihre Möglichkeiten erschöpften und sich eine nach außen immer wieder notdürftig gekittete Landesteilung in einen Schwerpunkt mit Schwerin und einen mit Güstrow als Zentren abzuzeichnen begann, setzte sich Schritt für Schritt die Ritterschaft als entscheidender Teil der Landstände nicht nur gegenüber Prälaten und Städten, sondern zunehmend auch gegenüber den Landesherren selbst durch. Mit einer gewissen Berechtigung konnte die Ritterschaft hierbei für sich in Anspruch nehmen und für ihre wachsenden Ambitionen argumentativ benutzen, daß sie gegenüber der häufig sowohl kurzsichtigen, eigensüchtigen als auch zum Teil illusionären, überzogenen Politik der Landesfürsten die Einheit des Landes, seine Interessen und die Steuerung der Schuldenlast gewährleistete. Selbstverständlich erfolgte dies in erster Linie im wohlverstandenen eigenen ritterschaftlichen Interesse: Die Einheit des Landes bedeutete für sie zuallererst Einheit der ritterschaftlichen Standesvertretung gegenüber den zumeist zerstrittenen Landesherren. Das „Divide et impera" machte sich daher zunehmend die Ritterschaft gegenüber den Herzögen zunutze und nicht etwa umgekehrt.

Auch diese Entwicklung hatte bereits unter Magnus II. ein bemerkenswertes Zwischenergebnis erreicht, als sich 1484 zum ersten Mal ein Gesamtlandtag für ganz Mecklenburg zusammenfand. Geschickt nutzten die Stände dann die anhaltenden Attacken Herzog Albrechts VII. (1488–1547) gegen seinen Bruder Heinrich V. (1479–1552), einen anderen Magnussohn, um angesichts der drohenden, durch Albrecht VII. eifrig betriebenen Landesteilung in der sogenannten Landständischen Union des Jahres 1523 die Unteilbarkeit der Stände – und damit des Landes – zu betonen. Diese Union galt später als die Geburtsurkunde der landständischen Verfassung Mecklenburgs und hatte Parallelen in den Nachbarterritorien. Nicht nur zahlenmäßig dominierten als Unterzeichner der Union die Hauptvertreter der etwa 170 mecklenburgischen Adelsgeschlechter des 16. Jahrhunderts. Sie bildeten den Kern der Ritterschaft und galten später als eingeborener, alter mecklenburgischer Adel mit besonderen Privilegien nicht nur im Selbstverständnis seiner Angehörigen.

Doch auch die Machtdemonstration der Stände, namentlich der Ritterschaft, in der Union von 1523 bereitete den Auseinandersetzungen im Herzogshaus kein Ende. Zudem gefiel sich der hochfahrende Sinn Albrechts VII., ähnlich wie der seiner gleichnamigen Vorfahren in der zweiten Hälfte des 14. Jahrhunderts, in dem Gedanken, die dänische Krone zu erlangen – ein Vorhaben, das im

Bündnis mit Jürgen Wullenwever (1494–1537) in Lübeck nicht nur kläglich scheiterte, sondern wiederum große Summen verschlang. Die Spannungen zwischen den Herzögen trugen ebenfalls zu ihrer sehr zögerlichen Haltung gegenüber der Reformation bei. Nach dem Tod beider Herzöge wiederholte sich in der nächsten Generation die Konstellation der ersten Hälfte des 16. Jahrhunderts in seiner zweiten Hälfte. Nunmehr war es Herzog Ulrich (1527–1603), der seinem Bruder Herzog Johann Albrecht I. (1525–1576) gegenüber eine Teilung der Landesherrschaft forderte, die 1555 – zumindest faktisch – erfolgte: Ulrich erhielt den Güstrower und Johann Albrecht den Schweriner Teil.

Zur Behauptung der landesherrlichen Position wandte sich Johann Albrecht – ähnlich wie Herzog Magnus Ende des 15. Jahrhunderts – wiederum besonders gegen die Stadt Rostock. Wie durch Magnus wurde Rostock im Erbvertrag von 1573 durch Johann Albrecht und – nach seinem Tode – in einem neuerlichen Erbvertrag von 1584 durch seinen Bruder Ulrich unter die landesherrliche Oberhoheit gezwungen. Den weiteren Aufstieg der Ritterschaft konnte auch Johann Albrecht nicht verhindern: 1572 erhielt sie in den Sternberger Reversalen die Verfügung über die Klöster Ribnitz, Dobbertin und Malchow sowie deren beträchtlichen Grundbesitz.

Ein Ruhmesblatt in der mecklenburgischen Geschichte verdienten sich Johann Albrecht und in gewissem Maße auch Ulrich wegen ihrer engagierten und kenntnisreichen Förderung von Wissenschaft, Kunst und Kultur gerade in Schwerin, Güstrow und Rostock. Die Renaissanceschloßbauten in Schwerin, Güstrow und Wismar waren eindrucksvolle Zeugnisse, und die Namen des von den genannten Herzögen geförderten Baumeisters Franziskus Parr (gest. 1580) und des Mathematikers und Geometers Tilemann Stella (1524–1589) wurden weit über die Grenzen Mecklenburgs bekannt.

Am Ende des 16. und zu Beginn des 17. Jahrhunderts trübten erneut jahrelange Vormundschaftsregierungen der alternden Herzöge Ulrich bzw. Karl (1540–1610) für ihre unmündigen Neffen bzw. Großneffen das Bild der landesherrlichen Politik, zumal durch ihre Konzentration auf Güstrow der Schweriner Landesteil stark ver-

Zweite Hauptlandesteilung (1621)

Legend:
- Mecklenburg - Schwerin
- Mecklenburg - Güstrow
- gemeinsamer Besitz (Mecklenburg-Schwerin und Mecklenburg-Güstrow)
- Stiftsland Ratzeburg
- Stiftsland Schwerin
- gemischte Besitzverhältnisse
- pommerscher Besitz
- brandenburg - preußischer Besitz
- lübeckische Hospitaldörfer
- Hauptstadt bzw. -residenz

1 : 1 500 000

0   25   50
km

Map labels: Friedland, Neubrandenburg, Stargard, Woldegk, Penzlin, Strelitz, Wesenberg, Stavenhagen, Waren, Müritz, Röbel, Fürstenberg, Recknitz, Ribnitz, Marlow, Sülze, Tessin, Gnoien, Neukalen, Malchin, Laage, Teterow, Krakow, Malchow, Rostock, Warnow, Güstrow, Plau, Kröpelin, Neubukow, Schwaan, Bützow, Goldberg, Lübz, Parchim, Grabow, O S T S E E, Poel, Wismar, Warin, Brüel, Sternberg, Crivitz, Elde, Grevesmühlen, Rehna, Gadebusch, Schwerin, Wittenburg, Hagenow, Neustadt-Glewe, Schönberg, Boizenburg, Dömitz, Elbe nachlässigt wurde. Die dadurch zeitweilig zurücktretenden Teilungsambitionen im Herzogshaus lebten rasch wieder auf, als nach 1608 Adolf Friedrich I. (1588–1658) und sein jüngerer Bruder Johann Albrecht II. (1590–1636) für mündig erklärt worden waren. Ähnlich wie schon zwischen Heinrich V. und Albrecht VII. im 16. Jahrhundert verstärkte zwischen den ungleichen Brüdern ein konfessioneller Gegensatz die Spannungen – war es ein Jahrhundert zuvor das Verhältnis von Reformation und Katholizismus, ging es diesmal um die Konfrontation von Luthertum und Kalvinismus. Konsequent setzten die Stände, besonders die Ritterschaft, fort, was sie im 15./16. Jahrhundert begonnen hatten: Die Hauptlandesteilung von 1621, aus der Adolf Friedrich I. als Landesherr für Mecklenburg-Schwerin und Johann Albrecht II. für Mecklenburg-Güstrow hervorgingen, festigte das Steuerbewilligungsrecht der Landstände sowie ihre Funktion als selbsternannte Hüter der Landeseinheit, angefangen vom Territorium bis hin zur Konfession. Inkarnation des unübersehbar gewachsenen ständischen Einflusses auf die landesherrliche Politik wurde der nunmehr gebildete „Engere Ausschuß" der Ritter- und Landschaft, in welchem die Vertreter des alten, eingeborenen mecklenburgischen Adels tonangebend waren, und der alsbald über seine ursprüngliche Aufgabe hinaus, die landesherrliche Schuldentilgung, zu einer ernstzunehmenden Größe, einer Art Nebenregierung, im Lande werden sollte.

Zunächst aber hatte Mecklenburgs Bevölkerung, sowohl die Landesherren, die Landstände als auch die Masse der nichtprivilegierten Bewohner in Stadt und Land, eine alles überspannende Gefahr zu bestehen: Im Jahre 1618 begann der Dreißigjährige Krieg und warf seine Schatten nunmehr auch bedrohlich auf Norddeutschland.

Die Reformation und ihre Folgen

Ohne Zweifel zählte der konfessionelle Wandel des 16. Jahrhunderts auch in der Geschichte Mecklenburgs zu den entscheidenden historischen Prozessen im Übergang vom Mittelalter zur frühen Neuzeit. Nur wenige Jahrhunderte, seit dem hohen und späten Mittelalter, hatte die römisch-katholische Kirche Mecklenburgs Bevölkerung religiös geprägt, als ihre geistige Vormachtstellung nach teilweise zähem Ringen im Verlaufe des 16. Jahrhunderts zusammenbrach. Daß dies auch in Mecklenburg ein nicht nur kirchengeschichtlich erstrangiges Ereignis darstellte, hing mit der zentralen Stellung der christlichen Religion und ihrer katholischen Ausprägung in der mittelalterlichen Gesellschaft Europas zusammen. Die Krise der römisch-katholischen Kirche mußte daher die Gesellschaft in ihren Grundfesten bewegen. So auch in Mecklenburg. Für die Gläubigen, damals also die Masse der Bevölkerung, ging es in erster Linie – und in dieser Hinsicht unabhängig von ihrer sozialen Position – um das individuelle Seelenheil und die Wege zu seiner Erlangung. Zunächst in zweiter Linie ging es aber auch – und hier spielte die unterschiedliche soziale Position oftmals eine entscheidende Rolle – um die weltlichen Güter und die weltliche Macht der kriselnden römischen Kirche und ihrer Organisation. Das begann auf der untersten Ebene bei der Armen- und Krankenfürsorge und ihrer materiellen Grundlagen für die Unterschichten in Stadt und Land und reichte bis zur landesherrlichen Position von Bischöfen in den Stiftsländern, wie für Mecklenburg um Schönberg und Bützow -Warin. Diese häufig enge Verquickung von religiösen, politischen, sozialen und wirtschaftlichen Aspekten in den Auseinandersetzungen um Reformation und Gegenreformation erklärte zu einem guten Teil die Brisanz der Entwicklungen und auch die verbreitete Rigorosität auf beiden Seiten.

Daß die Reformation primär den geistlichen Bereich betraf und hier offenbar eine gewisse Intensität des religiösen und geistigen Lebens generell voraussetzte, zeigten auch ihre Anfänge in Mecklenburg. Sicher nicht von ungefähr gingen die größeren mecklenburgischen Städte voran, wo seit den 1520er Jahren Prediger mit der Lehre Luthers (1483–1546) ein sprunghaft wachsendes Echo fanden. Joachim Slüter (1491/92–1532) an der Rostocker Petrikirche eröffnete diese Reihe. Sein Zulauf gerade seitens der einfachen Stadtbevölkerung und die sich um seinen frühen Tod nach dem Sieg der Reformation in Rostock 1531 rankende Legende seiner angeblichen Vergiftung durch seine

Glaubensgegner waren Indizien für die auch in anderen Städten wie Wismar und Friedland deutlich werdende soziale Sprengkraft der reformatorischen Lehre und den anfänglich erheblichen Widerstand gerade im Bereich der Privilegierten und Herrschaftsträger. Nicht zuletzt der schwankenden Haltung der beiden mecklenburgischen Herzöge, Heinrichs V. und Albrechts VII., war es daher auch geschuldet, daß erst Jahrzehnte später (1549) die Reformation in Gestalt des Luthertums in Mecklenburg durch Übereinkunft von Landesherren und Landständen definitiv eingeführt wurde.

Damit war nicht nur der Konfessionswechsel für Mecklenburg festgeschrieben, sondern auch die Begründung einer auf das Territorium und die Landesherren zugeschnittenen Landeskirche, wie sie in Ansätzen schon Magnus II. vorschwebte. Erst als sich die Landesherren, namentlich Johann Albrecht I., als Vorreiter der Reformation betätigten, wurden die letzten Hochburgen des Katholizismus in Mecklenburg beseitigt, besonders in den Bistumszentren, den Stiftsländern und -kirchen, den Klöstern und der Universität Rostock. Die Rigorosität, mitunter Brutalität des Vorgehens gegen die „Papisten" nahm hierbei zum Teil schon die Intoleranz der lutherischen Orthodoxie späterer Zeiträume vorweg, in der sie dem Katholizismus und anderen Konfessionen in keiner Weise nachstand. Zudem traten im Zusammenhang mit der Säkularisation des kirchlichen Grundbesitzes im Ringen zwischen Landesherrschaft und Landständen materielle Erwägungen sehr deutlich zutage. Nachdem einige Klöster in den Städten bereits vorher eingegangen waren, wurde die Masse derselben ab 1552 aufgehoben. Aus dem Grundbesitz der größten Klöster entstanden landesherrliche Ämter bzw. die den Ständen 1572 übergebenen drei Klosterämter Ribnitz, Dobbertin und Malchow. Zu diesem Zeitpunkt hatte auch in den Bistumslanden Schwerin und Ratzeburg und ihren Zentren die Reformation gesiegt. Mecklenburgische Herzöge als Bischöfe bzw. Administratoren bereiteten überdies auch dem territorialen Anschluß der Stiftsländer an Mecklenburg den Weg.

Ungeachtet dieser und anderer materieller Komponenten hatte namentlich in den Anfängen der Reformation das geistig-kulturelle

Leben Mecklenburgs einen erheblichen Aufschwung genommen. Nicht zuletzt die Universität Rostock profitierte hiervon in ihrem Niveau und ihrer Ausstrahlung in Norddeutschland und Nordeuropa. Nach einem ersten Höhepunkt am Vorabend der Reformation – verbunden auch mit den Anfängen des mecklenburgischen Buchdrucks in Rostock und Einflüssen des Humanismus – erlebte die unter tätiger Mitwirkung Johann Albrechts I. durch die Formula concordiae von 1563 neugeordnete und auf veränderte materielle Grundlagen gestellte Universität Rostock seit der zweiten Hälfte des 16. Jahrhunderts ihre eigentliche Blütezeit. Eine besondere Bedeutung – nicht nur für das Universitätsleben – kam hierbei lutherischen Theologen als Universitätsprofessoren zu, wie Simon Pauli d. Ä. (1534–1591), den beiden Lucas Bacmeister d. Ä. (1530–1608) und d. J. (1578–1638) und dem alle überragenden, universellen Gelehrten David Chyträus (1531–1600).

Doch selbst in Glanzzeiten von Kultur und Wissenschaft im ausgehenden 15. Jahrhundert einerseits und Ende des 16. Jahrhunderts andererseits forderte religiöse und geistige Intoleranz ihre zum Teil blutigen Opfer. Waren es nach dem angeblichen Sternberger Hostienfrevel 1492 die Juden, so Ende des 16. Jahrhunderts als Hexen und Zauberer denunzierte Menschen, die – häufig abgesegnet durch Gutachten der juristischen Fakultäten in Greifswald und Rostock – Verfolgung und nicht selten auch den Tod erlitten.

Der Weg in die Rückständigkeit: Die langen Schatten der Refeudalisierung, der Gutsherrschaft und der Leibeigenschaft

Sicherlich stellte der Dreißigjährige Krieg mit seinen überaus negativen Entwicklungen und Folgen für große Teile des Heiligen Römischen Reiches Deutscher Nation und darunter auch für Mecklenburg eine epochale Zäsur dar. Dennoch konnten zumindest für die mecklenburgische Geschichte nicht alle Stagnationserscheinungen der Folgezeit ausschließlich als Resultate dieses opferreichen und in seinen Schrecknissen zur Legende gewordenen Krieges betrachtet werden. Denn in zeitlicher Parallele zum Sieg der Reformation im Herzogtum mit ihrem Aufschwung im geistig-religiösen Bereich zeichneten sich im Verlaufe des 16. Jahrhunderts doch schon unübersehbar negative Aspekte in vielen anderen Bereichen der Gesellschaft ab. Zudem waren angesichts der demographischen und ökonomischen Besonderheiten im Sinne einer vergleichsweise geringen Bevölkerungsdichte, Urbanisierung und städtisch-gewerblichen Produktion bereits zu Beginn der Neuzeit die Ausgangsbedingungen für den Weg in die entwickelteren gesellschaftlichen Verhältnisse der frühmodernen Zeit in Mecklenburg nicht besonders günstig. Zwar partizipierten gerade Rostock und Wismar noch bis in die Jahre des Dreißigjährigen Krieges in hohem Maße an dem nochmaligen Aufschwung des Ostseehandels in späthansischer Zeit, doch die neue, frühkapitalistische Entwicklung mit dem Verlags- und Manufaktursystem erreichte selbst diese Glanzpunkte des mecklenburgischen Städtewesens nicht.

Der Erlaß von Polizei- und Kirchenordnungen sowie die Visitationen der geistlichen Institutionen zeugten von den landesherrlichen Bestrebungen um Ordnung, Verrechtlichung und Abstellung von Mißständen in den zivilen und religiösen Verhältnissen; Elemente der Rezeption des römischen Rechts bargen aber gerade für die Agrarverhältnisse und namentlich die bäuerliche Bevölkerung erhebliche Gefahren in sich. Überhaupt wurden die markanten Veränderungen in diesem Hauptbereich des frühneuzeitlichen Mecklenburg zur entscheidenden Grundlage für die damals beginnende, später geradezu sprichwörtlich gewordene – obwohl mitunter übertrieben betonte – Rückständigkeit des Landes. Diese Entwicklung war unlösbar verknüpft mit dem erbitterten Ringen zwischen Landesherren und Landständen, besonders der immer mehr in den Vordergrund rückenden Ritterschaft, auf politisch-staatlich-rechtlicher Ebene. Den wirtschaftsgeschichtlichen Hintergrund bildete hierbei die europäische Agrarkonjunktur zu Beginn der frühen Neuzeit, die namentlich der getreidebauenden Landwirtschaft bedeutsamen Auftrieb brachte. Aus bis heute noch nicht endgültig geklärten Ursachen führte dies in der Folgezeit zur Ausprägung des agrarischen Dualismus zwischen dem west- und ostelbischen Europa. Östlich der Elbe – und damit auch in Mecklenburg – wuchs allmählich der Stellenwert der herrschaftlichen Eigenwirtschaften in bedrohlicher Weise zuungunsten der bäuerlichen Wirtschaften. In einem sich über Jahrhunderte hinziehenden Prozeß wurde so aus einem Land, das während des Mittelalters quantitativ zwar nicht ausschließlich, aber primär ein Bauernland gewesen war, ein klassisches Territorium des Großgrundbesitzes mit umfangreichen Gütern. Ausgangs- und Ansatzpunkte dieses Übergangs von der im wesentlichen auf bäuerlichen Abgaben beruhenden mittelalterlichen Grundherrschaft zur neuzeitlichen Gutsherrschaft mit einem wachsenden Stellenwert bäuerlicher Frondienstleistungen bildeten in der Regel die bereits aus dem Mittelalter überlieferten bzw. seit dem 15./16. Jahrhundert neu entstehenden Bauhöfe oder Meierhöfe der landesherrlichen Ämter, der ehemaligen Klöster, der Städte und besonders die Ritterhöfe. Spätestens seit dem 16. Jahrhundert mehrten sich die Beispiele ihrer Vergrößerung auf Kosten wüst gewordenen, ehedem von Bauern bewirtschafteten Landes sowie durch die direkte Absetzung der Bauern von ihren Wirtschaften, das berüchtigte sogenannte Bauernlegen. Die Steigerung der bäuerlichen Dienstleistungen wurde ermöglicht durch den Erwerb der Gerichtsbarkeit seitens der Grundherrschaften, der einen Anspruch auf Dienste beinhaltete und feudalrechtlich sanktionierte. Seit dem 16. Jahrhundert fand sich interessanterweise gehäuft die Bezeichnung der bäuerlichen Hufen als „Pflugdienste", wodurch die ökonomische Hauptbedeutung der Bauernwirtschaften aus der Sicht der werdenden Gutsherren ausgesprochen wurde. Übten die Gutsherren einerseits das grundherrschaftliche Recht des Auf- und Abstiftens ihrer Bauern nunmehr oftmals rigoros, um das bis dahin de jure oder zumindest doch de facto bestehende bäuerliche Erbrecht am Grund und Boden auszuhöhlen, so waren sie andererseits daran interessiert, durch die sogenannte Schollenbindung der auf ihren Wirtschaften verbleibenden oder neu angesetzten Bauern letztere ihrer persönlichen Freizügigkeit zu berauben. Schon im Ausgang des 16. Jahrhunderts lieferten römisch-rechtlich orientierte Juristen mit der Interpretation der mecklenburgischen Bauern als coloni im Sinne unfreier bäuerlicher Untertanen die gelehrte Argumentation für die seit dem 17. Jahrhundert endgültig erfolgende gesetzliche Fixierung der Leibeigenschaft, der Schollenbindung und der Ermöglichung des Bauernlegens. Obwohl diese bauernfeindliche Entwicklung auch im landesherrlichen Bereich, dem sogenannten Domanium, sowie in dem des städtischen Grundbesitzes auf dem platten Lande zu verzeichnen war, konzentrierten sich die gutsherrlichen Tendenzen doch eindeutig im Bereich der Ritterschaft, immerhin der Hälfte des mecklenburgischen Territoriums. Vorreiter waren auch hier die in vielerlei Hinsicht im Lande tonangebenden Vertreter der altadligen mecklenburgischen Familien etwa der Landmarschälle (besonders Lützow, Malzahn, Hahn) und der Landräte im Rahmen der Ritterschaft.

Zwar zeigten die Landesherren auch über das Domanium hinaus grundsätzlich Interesse an der Erhaltung des Bauernstandes als einer Hauptquelle der Steuereinnahmen, ihre weitgehende Kapitulation gegenüber den Landständen band ihnen jedoch immer stärker die Hände. Den Herrschaftsträgern erschienen die mecklenburgischen Bauern der Neuzeit zunehmend als „arme Leute", denen der Gutsherr in wachsender Personalunion als Grund-, Leib-, Gerichts- und eventuell auch als Patronatsherr in nahezu allen gesellschaftlichen Bereichen gegenübertrat.

Darin – und nicht so sehr auf der politischen Bühne des Gegensatzes von Landständen und Landesherrschaft – wurzelten entscheidende Ursachen für die deutliche Wende zur Rückständigkeit in der mecklenburgischen Geschichte der frühen Neuzeit, die allmählich zur weitgehenden Entmündigung eines großen Teils der Bevölkerung führen sollte.

Mecklenburg im Dreißigjährigen Krieg 1618–1648

Politik der Herzöge zu Beginn des Krieges 1618–1627

Große Zerstörungen und hohe Menschenopfer machten Mecklenburg neben der Pfalz und Württemberg zu den vom Kriege am schwersten betroffenen Regionen. Mecklenburg wurde zum Spielball zwischen den verfeindeten Lagern. Zunächst setzten sich die 1618 in Böhmen ausgelösten kriegerischen Auseinandersetzungen nur langsam nach Norden fort. Über die drohenden Gefahren war man sich innerhalb des niedersächsischen Kreises (mit den Herzogtümern Mecklenburg, Holstein und Braunschweig) uneinig.

Der katholisch geprägten Seite mit Österreich, Polen, italienischen Fürsten, dem Papst und der kaiserlichen Liga (1609–1635) stand die protestantisch-nordische Seite mit Schweden, Dänemark, Frankreich und den deutschen Reichsfürsten der Union (1608–1621) gegenüber. Nach Gebietslage und Konfession hätte sich Mecklenburg Dänemark anschließen müssen. Die Widersprüche zwischen Herzögen, Ständen und Hansestädten ließen aber eine Absage an den Kaiser nicht zu. Offen wurde eine neutrale Position von beiden Herzögen vertreten und gleichzeitig mit beiden Seiten verhandelt. So empfing im Mai 1620 Herzog Adolf Friedrich I. eine Gesandtschaft des Kaisers Ferdinand II. (1578–1637) auf seinem Schweriner Schloß, zur gleichen Zeit weilte dort der schwedische König Gustav Adolf (1594–1632). Zu einem Bündnis mit den Schweden war der Mecklenburger jedoch nicht zu bewegen.

Seine Ergebenheit versprach Adolf Friedrich im Glückwunschschreiben an den Kaiser aus Anlaß des Sieges von Tilly (1559–1632) am Weißen Berge bei Prag im Jahre 1620. Die Kriegsgefahr schien beseitigt. 1622/23 flammten die Kämpfe in der Pfalz wieder auf und im Februar 1623 beschlossen die Stände auf dem Landtag in Malchin die Aufstellung und Ausrüstung eigener Truppen für eine mögliche Verteidigung des Landes. Der schwedische König versuchte, die mecklenburgischen Herzöge für einen niederdeutschen Bund zu gewinnen, der auch gegen Dänemark antreten würde. Die Neutralität war kaum noch zu wahren. Norddeutschland wurde erst mit dem Kampf König Christians IV. von Dänemark (1577–1648) auf der Unionsseite mit dem Kriege konfrontiert.

Nach der verlorenen Schlacht bei Lutter am Barenberge im Jahre 1626 zog sich der von Tilly besiegte Dänenkönig Christian nach Norden zurück. Gefangene mecklenburgische Soldaten aus den Reihen des dänischen Heeres waren für den Kaiser Anlaß genug, den Herzögen Mecklenburgs Neutralitätsbruch vorzuwerfen. Tausende von Dänen lagerten monatelang im Südwesten des Landes, besonders bei Boizenburg, Parchim, Wittenburg und Bützow. Ende 1626 verstärkten sich die kaiserlichen Forderungen an die mecklenburgische Herzöge nach Abzug der dänischen Truppen. Diese wurden von den Herzögen unterstützt, um den Einmarsch der Kaiserlichen zu verhindern. Vermittlungen zwischen Tilly und König Christian schlugen fehl. Die politische Lage war durch das Lavieren der Herzöge und die Zerstrittenheit der Stände völlig verfahren. Das Spektrum der Interessengruppen reichte vom Kampf gegen beide Parteien über Unterstützung der Dänen bis zum Eintreten für den Kaiser.

Erst ein Ultimatum des Kaisers im Juli 1627 an die Herzöge und Stände und das Einrücken Tillys in das Land über Boizenburg brachte Entscheidungen. Am 28. Juli 1627 überschritten die Truppen der Liga die Elbe. Die Dänen zogen sich plündernd nach Poel und Bützow zurück, Adolf Friedrich wich nach Wismar aus. Die Herzöge gaben nach und versprachen Tilly die Vertreibung der Dänen sowie die Öffnung der Festungen. Die Bevölkerung stand aber teilweise auf der Seite der Dänen, und so brachen die Kämpfe offen aus.

Wallensteins Truppen im Lande von 1627–1631

Unterdessen gelangte in den Sommermonaten Juli/August 1627 Wallensteins (1583–1634) Vorhut unter Oberst Arnim kampflos in die Stadt Neubrandenburg. Ende August vereinigten sich die

Truppen von Arnim und Wallenstein vor Dömitz und übernahmen die Festung vom Kommandanten. Die Dänen wurden in Richtung Holstein verfolgt und gleichzeitig in den nach und nach kapitulierenden mecklenburgischen Städten wallensteinsche Soldaten einquartiert. In die Stadt Wismar zogen im Oktober 1000 Mann, in Schwerin waren es 400 im Dezember. Mit etwa 70 000 Soldaten war Wallenstein in den Norden gekommen. Stralsund konnte sich mit schwedischer Unterstützung erfolgreich gegen die Truppen von General Arnim wehren. Rostock hielt sich zunächst aus dem Krieg heraus und konnte sich mit 140 000 Reichstalern von der Besetzung freikaufen. Ende 1627 war Rostock die einzige mecklenburgische Stadt ohne wallensteinsche Garnison.

Wallenstein hatte seinen militärischen Konkurrenten Tilly wie auch die Dänen aus dem Lande gedrängt, das Land besetzt, Stände und Herzöge entmachtet und trachtete danach, Mecklenburg als Lehen vom Kaiser zu erhalten. Im Januar 1628 wurden Wallenstein beide mecklenburgischen Herzogtümer, das Bistum Schwerin und alle geistlichen Güter des Landes von Kaiser Ferdinand II. als Entschädigung für die entstandenen Kriegskosten übertragen. Ein kaiserliches Edikt vom ersten Februar befreite alle Untertanen von ihrem Eid gegenüber den Herzögen und forderte Gehorsam gegenüber dem neuen Landesherrn. Die Gesandten der Herzöge mit Protestschreiben wurden in Prag vom Kaiser nicht empfangen. Die verunsicherten Stände huldigten dem neuen Landesherrn erst nach der Entbindung von ihrem Eid durch die Herzöge und der Zusicherung ihrer Privilegien, ihrer Konfession und ihres Eigentums. Adolf Friedrich fand Zuflucht in Sachsen, Johann Albrecht II. von Mecklenburg-Güstrow zog nach Harzgerode zu Verwandten. Schon im Juli gingen beide nach Lübeck, wo ihr Onkel, der Erzbischof von Bremen und Bischof von Lübeck, Johann Friedrich von Holstein, ihnen Unterschlupf in Landesnähe gewährte. Wallenstein baute inzwischen seine Vormachtstellung aus. Festungsarbeiten zur Seeseite in Rostock, Wismar, Warnemünde und auf Poel wurden vorangetrieben. Im Oktober 1628 erschien Wallenstein mit Heeresmacht vor den Toren Rostocks und zwang die Stadt zur Kapitulation. Es wurden 1000 Soldaten einquartiert. Insgesamt blieben 6000 Mann zu Fuß und 600 Reiter zur

Sicherung im Lande, die anderen Truppen stationierte der neue Landesherr außerhalb Mecklenburgs, um die Belastungen für die Bevölkerung in seinem Herzogtum in Grenzen zu halten.

Das Interesse Wallensteins galt einer absolutistischen Politik unter weitestgehender Ausschaltung der Landstände bei prinzipieller Beibehaltung der landständischen Verfassung. Als Militär drohte er an, bei Widerspruch auch vor einer Beschlagnahmung adliger Güter nicht zurückzuschrecken. Das zeigte Wirkung. So konnte er eigene Vorstellungen ungehindert umsetzen. Die rechtliche Stellung der Stände blieb während seines dreijährigen Regimentes ungeklärt. Die Besteuerung wurde neu festgelegt und die Steuer nicht mehr nach Rostock, sondern nach Güstrow abgeführt. Die Hofhaltung im Güstrower Schloß soll prächtiger als die des Kaisers gewesen sein, wie Zeitgenossen berichten. Allein in seinem Marstall standen über 400 Pferde. Zwischen ausländischen Blumen, Gemüse und Fasanen konnte man im großzügig angelegten Garten lustwandeln. Der Astronomie frönte Wallenstein in einem der Schloßtürme. Als an der Wissenschaft Interessierter förderte er die Universität Rostock mit einer guten finanziellen und personellen Ausstattung. Die Berufung des Astronomen Johannes Kepler (1571–1630) stand schon fest und kam nur durch den Tod des Wissenschaftlers im November nicht zustande.

Zur Durchsetzung seiner ehrgeizigen politischen, wirtschaftlichen und persönlichen Ziele ordnete Wallenstein die Verwaltung völlig neu. Seine kleine Landesregierung, das Kabinett, setzte sich aus dem Statthalter, dem Kanzler, dem Kabinettssekretär und dem Kammerregenten zusammen. Diese Vertrauten waren keine Mecklenburger. Der Statthalter vertrat Wallenstein unmittelbar, vor allem nach außen. Der Kanzler war für innere Verwaltungsangelegenheiten zuständig, der Kammerregent verantwortete die Steuereinnahmen und der Kabinettssekretär kümmerte sich um die persönlichen Belange Wallensteins. Die sechs Männer des Geheimen Rates waren für die oberste Gerichtsbarkeit des Landes und die Ausführung der Kabinettsbeschlüsse verantwortlich.

Wallenstein war ein toleranter Katholik, er hielt sich an sein den Ständen gegebenes Versprechen und respektierte den protestantischen Glauben auch in den Amtsstuben. Reformen begannen in nahezu allen Bereichen des öffentlichen Lebens. Das Wegenetz wurde ausgebaut, um die Nachrichten über Postreiter schneller zu befördern und Wirtschafts- sowie Truppentransporte zu beschleunigen. Eine neue Armenordnung verlangte den Bau und die Unterhaltung eines Armenhauses von jeder Gemeinde. Eine Reihe von Verordnungen, so die gegen Wildern und Straßenraub, und Bauvorschriften brachten Ruhe in das Land. Die Städte wurden gefördert. So verlieh die Brauverordnung von 1628 den Städten das alleinige Recht der Herstellung und des Vertriebs von Bier. Die Maße wollte Wallenstein vereinheitlichen. Dieses Projekt, wie auch den geplanten Wasserweg zwischen Elbe und Ostsee konnte er aufgrund der nur dreijährigen Herrschaft nicht verwirklichen.

Als kluger Staatsmann wirkte er ausgleichend zwischen sozialen Schichten, Religionen und wirtschaftlichen Interessengruppen. Seine Herrschaftsjahre in Mecklenburg werden oft als die für Kriegszeiten mildesten und erträglichsten des Dreißigjährigen Krieges eingeschätzt. Am 26. Juni 1629 erhielt er seinen bisherigen Pfandbesitz Mecklenburg als erbliches Lehen vom Kaiser. Ende Juli weilte er letztmalig im Lande und zog in Richtung Magdeburg ab zu weiteren militärischen Operationen. Genau ein Jahr später wurde Wallenstein als Oberbefehlshaber der kaiserlichen Truppen abgesetzt. Die Verteidigung seines Herzogtums Mecklenburg gegen die eingedrungenen Schweden konnte er nur noch seinem Statthalter überlassen. Er selbst kämpfte bis zu seiner Ermordung 1634 nur noch im Süden Deutschlands.

Rückkehr der Herzöge und Verwüstung des Landes durch Schweden und Kaiserliche 1631–1648

Die wankelmütige Politik hatte die beiden Herzöge in ihrem Lübecker Asyl zwischen die Fronten geraten lassen. Trotz der Absetzung Wallensteins zeigte der Kaiser keinerlei Interesse an der Wiedereinsetzung der Herzöge. Hilfe aus Dänemark war seit dem Lübecker Frieden von 1629 nicht zu erwarten, da König Christian sich in die deutsche Politik nicht mehr einmischen durfte. Nun sollte Hilfe aus Schweden kommen. Zum Zeitpunkt der kaiserlichen Absetzung Wallensteins im Juli 1630 landete der

Schwedenkönig Gustav Adolf mit etwa 15.000 Soldaten auf der Insel Usedom. Ultimativ forderte der Schwede die Wiedereinsetzung der mecklenburgischen Herzöge, die Räumung der Ostseehäfen sowie ganz Pommerns, Ober- und Niedersachsens vom Kaiser. Der lehnte ab. Auch als die schwedische Armee nach der Eroberung Pommerns in Mecklenburg einrückte, entschieden die Herzöge sich nicht für Gustav Adolf.

Im Februar 1631 nahmen 9.000 schwedische Soldaten Neubrandenburg ein, und die Kaiserlichen mußten abziehen. Ein ständiges, kriegerisches Hin und Her zwischen Schweden und den Soldaten des Kaisers begann. Mit 20.000 Mann erstürmte Tilly im März nach tagelanger, erbitterter Verteidigung Neubrandenburg. Die wallensteinsche „Ruhe" war dahin. Das Zusammengehen der Bevölkerung dieser Stadt mit den Schweden wurde durch ein fürchterliches Gemetzel brutal bestraft. Einen Monat später rächte sich Gustav Adolf dann bei der Eroberung Frankfurts an der kaiserlichen Mannschaft. In Magdeburg folgte wiederum Tilly einen Monat darauf bei der Einnahme Magdeburgs mit ähnlichem Terror. Dazwischen lag eine Vielzahl von Raubzügen beider Seiten durch das Land. Mittlerweile hatten die Versprechungen des Schwedenkönigs zur Gewährung finanzieller und militärischer Hilfe bei Adolf Friedrich I. und Johann Albrecht II. gefruchtet.

Beide mecklenburgischen Herzöge traten im Mai 1631 auf die Seite Schwedens und kehrten im Juli in ihr Land zurück. Die Residenzen Güstrow und Schwerin wurden wieder bezogen. Eine der letzten Bastionen der Wallensteinschen im Norden war Rostock. Die Schweden und beide Herzöge belagerten die Stadt wochenlang und nahmen sie am 16.Oktober ein. Die Festung Dömitz, noch in der Hand der Kaiserlichen, fiel im gleichen Monat, im Januar 1632 ergab sich Wismar. Damit war das Land frei von kaiserlichen Truppen.

Alles was an ihren schärfsten Widersacher Wallenstein erinnerte, waren es Verordnungen oder Bauten, ließen die Herzöge demontieren. Verwaltung und Gerichtswesen wurden auf „Vorkriegsstand" gebracht.

Im schwedisch-mecklenburgischen Bündnis vom 13. März 1632 wurde die Abhängigkeit Mecklenburgs von Schweden verankert.

Wismar und Warnemünde wurden abgetreten, monatlich waren 10.000 Taler an Kriegskosten dem König zu zahlen, schwedisches Geld wurde in Umlauf gebracht und das Protektorat Gustav Adolfs über Mecklenburg festgelegt. Seine weiterreichenden Vorstellungen konnte der König nicht mehr verwirklichen – er starb in der Schlacht bei Lützen im November des Jahres. Der schwedische Kanzler Oxenstierna (1583–1654) setzte die Politik fort.

Die Wende kam mit der Schlacht vom 6. September 1634 bei Nördlingen, als die Kaiserlichen die Schweden schlugen.

Brandenburg und Sachsen schlossen im Mai 1635 mit dem Kaiser den Frieden zu Prag.

Darauf folgte nun die ultimative Forderung des Kaisers an die mecklenburgischen Herzöge, diesem Vertrag bei Zahlung von 300.000 Talern beizutreten. Die Schweden waren immer noch im Lande und Mecklenburg mit ihnen durch einen Vertrag gebunden. Wieder einmal eine schier ausweglose Lage, wollte man doch gerne die eigene Macht und den Frieden erhalten. Mecklenburg strebte einen Vergleich zwischen den Schweden und dem Kaiser an. Der scheiterte, da Schweden mindestens Vorpommern und Wismar behalten wollte, der Kaiser diese starke Macht im Norden aber nicht zu dulden gedachte.

Die Schweden bauten ihre wichtigsten Festungen aus, einige Truppen zogen plündernd durch Mecklenburg. Zwei Monate lang versuchte der sächsische Kurfürst Johann Georg (1585–1656) im Auftrage des Kaisers, die Schweden zu vertreiben. Auch die Soldaten des Sachsen plünderten das Land, bevor sie vertrieben wurden und im Januar 1636 in Mecklenburg wieder die Schweden herrschten. Für Schweden bestand mit dem Tode des letzten pommerschen Herzogs im März 1637 die Gefahr, daß gemäß eines alten Vertrages aus dem 16. Jahrhundert Pommern an Brandenburg fiel. So wurden schwedische Soldaten aus dem Süden nach Pommern beordert, Brandenburger und Sachsen setzten sofort nach. Das freigezogene Mecklenburg war nun den kaiserlichen Truppen ausgeliefert. Nur Wismar und Rostock blieben schwedisch. Im Frühjahr 1638 setzte der schwedische General Baner (1596–1641) mit 20.000 Soldaten aus Richtung Osten auf

Mecklenburg zukommend zur Gegenoffensive an. Endlose Gefechte folgten. Im Juni 1640 war nur noch Dömitz in brandenburgischer Hand.

Dem jungen Kurfürst Friedrich Wilhelm von Brandenburg (1620–1688) gelang es, den Kaiser zu erneuten Friedensverhandlungen zu bewegen. Im Dezember 1641 traten auf Anordnung des Reichstages die Abgesandten Schwedens, Frankreichs und der deutschen Länder in Hamburg zu einer vorläufigen Einigung über den künftigen Frieden zusammen. Erst im Sommer 1643 begannen die langwierigen Verhandlungen in Osnabrück und Münster. Der Krieg aber ging weiter. Ab 1642 trat Dänemark in den Krieg gegen Schweden ein. Die Kaiserlichen zogen zur Unterstützung in den Norden. Bis zum Sommer 1644 kämpften vor allem die Brandenburger gegen die Schweden auf mecklenburgischem Gebiet mit jeweils wechselnden Erfolgen. Die kämpfenden Parteien zogen in südlichere Gebiete bis nach Böhmen. Der große Krieg war in Mecklenburg zu Ende – die Kleinkriege umherziehender feindlicher Trupps und hungernder Menschen dauerten noch Jahre. Unterdessen blieben die Friedensverhandlungen schwierig, da Schweden von Mecklenburg als Kriegsentschädigungen Wismar, Poel und Warnemünde forderte. Statt Warnemünde wurde letztlich das Amt Neukloster vereinbart. Diese Gebiete gingen mit der Friedensakte vom 24. Oktober 1648 „auf ewig" als unmittelbares Reichslehen gemeinsam mit den Zöllen der mecklenburgischen und pommerschen Küste an Schweden. Die Gebietsverluste betrafen vor allem den Herzog von Mecklenburg-Schwerin Adolf Friedrich I.. Er bekam als Ausgleich die Bistümer Schwerin und Ratzeburg zugesprochen. Nach dem Aussterben der Domherren sollten ihm, oder seinen Erben, alle Einkünfte zustehen. Der letzte Domherr in Schwerin starb 1656, der letzte Ratzeburger 1683. Auch die Johanniterkomtureien Nemerow und Mirow wurden säkularisiert. Als einzig positive Entscheidung auf wirtschaftlichem Gebiet für Mecklenburg wurden der Dömitzer und Boizenburger Elbzoll kaiserlich bestätigt und teilweise von der Steuer befreit.

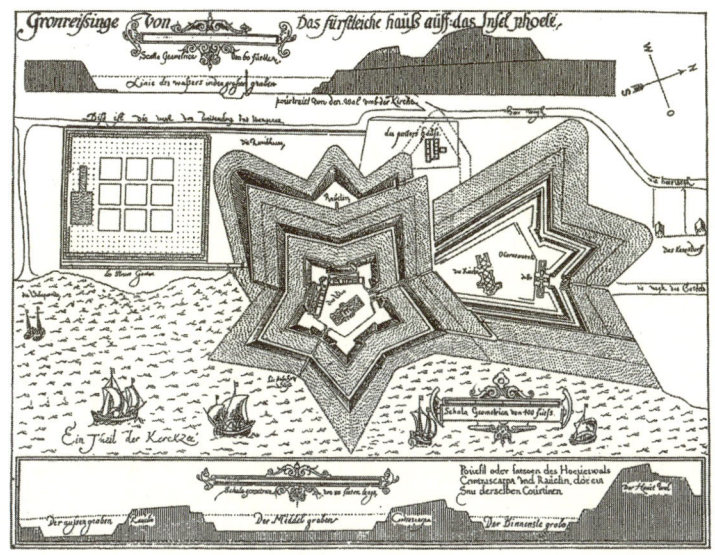

Festung Poel

Am 24. Oktober 1648 wurde der Westfälische Friedensvertrag unterzeichnet und am 9. Januar 1649 in Mecklenburg publiziert.

Wirtschaftliche und soziale Folgen des Krieges

Der Frieden war offiziell wieder hergestellt. Aber die Zustände im Lande waren nicht besser als zu Kriegszeiten. Als Durchmarschgebiet der Truppen, zwischen Schweden, Dänemark und Brandenburg liegend, war Mecklenburg eines der am stärksten vom Kriege betroffenen Länder. Die befestigten Städte und Festungen waren noch relativ verschont geblieben, Neubrandenburg war eine der wenigen traurigen Ausnahmen. Die ungeschützten kleineren Städte und die Dörfer brannten zu großen Teilen ab, wurden zerstört, verlassen. Fehlendes Nutz- wie Zugvieh erschwerten Lebenshaltung und Ackerbau. Nach unterschiedlichen Schätzungen sollen von den rund 300.000 Einwohnern nur ein Sechstel bis ein Viertel den Krieg überstanden haben. In manchen Regionen lagen die Verluste noch höher. Besonders die Ämter an den Grenzen zu Vorpommern und Brandenburg hatten am meisten unter den ständigen Raubzügen zu leiden. So existierten nach einem Inventar im Amt Dargun von 227 Bauernstellen im Jahre 1639 ein Jahr später nur noch ganze 31. Von etwa 5.000 Einwohnern des Amtes Stavenhagen lebten nach Kriegsende nur noch rund 300 dort, 30 Dörfer waren wüst. Das Land hatte dreimal unter der Pest zu leiden, letztmalig 1637. Die viele Jahre nicht bearbeiteten Äcker waren mit dem wenigen Vieh kaum zu bestellen. Die Preise für Nahrungsmittel gingen in die Höhe, Korn und Vieh kosteten 1649 das Zwanzigfache des Vorkriegsstandes. Für viele Bauern war der Neuaufbau ihrer Stelle nicht möglich. Die Adligen ließen die Bauern verstärkt für sich arbeiten. Die Zeit des Bauernlegens setzte ein, große Rittergüter entstanden nicht zuletzt durch das Nieder- und Zusammenlegen von Bauernstellen. Der Landzuwachs bei den domanialen Pachtgütern war hauptsächlich auf die Angliederung der säkularisierten Schweriner und Ratzeburger Stiftsländereien zurückzuführen.

Der geschwächte Landesherr machte der Ritterschaft wegen notwendiger Steuerbewilligungen weitere Zugeständnisse. Nach der bereits in Kraft gesetzten Gesindeordnung von 1645 wurde am 14. November 1654 die erneuerte „Gesinde-Tagelöhner-Baur-Schäffer-Tax- und Victual-Ordnung" verabschiedet, die erstmalig die Leibeigenschaft und Erbuntertänigkeit der Bauern schriftlich fixierte. In §1 der Gesindeordnung von 1654 heißt es: „Nachdem die tägliche Erfahrung bezeugt, daß die Bauersleute und Untertanen, Mannes und Weibes Personen, ... dieser unsrer Lande und Fürstentümer kundbarem Gebrauch nach mit Knecht- und Leibeigenschaft samt ihren Weib und Kindern verwandt und daher ihrer Personen selbst nicht mächtig ... sollen sich ohne ihrer Herren Bewilligung ihnen zu entziehen und zu verloben nicht befüget sein." Die Bauern und das Gesinde ohnehin waren persönlich und wirtschaftlich unfrei, weil sie an ihren Hof gebunden waren, mit diesem zusammen verkauft werden konnten und bei Verlobung und Heirat die Genehmigung des Gutsherrn benötigten. Dem Gutsherrn oblag die Gerichtsbarkeit als auch eine Schutzpflicht bei

Gesindeordnung 1654

Alter und Krankheit. Die Domanialbauern blieben die rechtlich besser gestellten.

Scheitern des Absolutismus 1648–1755

Fast ein Franzose – Herzog Christian I. Louis 1658–1692

Die Position der deutschen Fürsten wurde durch den Westfälischen Frieden wesentlich gestärkt. Neben der Anerkennung aller Landesherren durch Kaiser und Reichsregierung stand ihnen das Recht zur vollen Bündnisfähigkeit untereinander und mit fremden Ländern zu. Auch gegen die Landstände durften sich die Landesherren vereinigen. Diese Privilegien förderten das Streben der Fürsten nach absoluter Herrschaft.

In den meisten deutschen Ländern setzte sich im 17. Jahrhundert der Absolutismus durch. Nach dem Tode Wallensteins bestand mit der Wiederkehr der Landesherren auch in Mecklenburg die Möglichkeit der Errichtung einer unumschränkten Herrschaft. Durch die Zerstörung alles von Wallenstein neu Geschaffenem wie Verwaltung, Nachrichtensystem oder Verordnungen nahmen die Herzöge sich selbst einen Großteil ihrer Macht. Als Herzog Adolf Friedrich I. von Mecklenburg-Schwerin im Februar 1658 siebzigjährig starb, warnte er zuvor noch seine Söhne vor der Übermacht der Stände. Eine Dominanz gegenüber den Ständen konnte der Erbe Christian I. (1623–1692), Sohn Adolf Friedrichs, in seiner Regierungszeit nicht erreichen. Christian galt als eigensinniger Mann, der durch die strenge Erziehung seines Vaters auch ein sehr schlechtes Verhältnis zu diesem hatte. Die väterlichen Mahnungen fanden deshalb wenig Gehör. Vorbild waren dagegen für Christian das absolutistische Frankreich und der katholische Glaube. Als er seine acht Jahre ältere Cousine Christine Margarete heiratete, legte der Vater trotz seiner eigenen Auffassung von einer notwendigen Unteilbarkeit Mecklenburgs in seinem Testament von 1654 fest, das Schweriner Herzogtum unter die drei ältesten seiner sechs Söhne aufzuteilen. Danach sollte Christian das Schweriner Hauptland, Johann Georg (gest. 1675) das frühere Schweriner Bistum und Karl (gest. 1670) Ratzeburg erhalten. Schon mit

Beginn seiner Herrschaft verweigerte Christian seinen Verwandten den Anspruch auf Eröffnung des Testamentes und übernahm allein das Erbe. Objektiv bestand mit Verringerung der Hofhaltungskosten und seinen Machtansprüchen die Chance zu absolutistischer Regierung. Das wenig diplomatische Herangehen im Umgang mit der Verwandtschaft machte jedoch Christian so viele Feinde, daß seine Macht wieder gefährdet wurde. Seine Frau verließ den rücksichtslosen Herrscher schon nach zwei Jahren Ehe.

Mit Gustav Adolf (gest. 1695), seinem Cousin und Herzog von Mecklenburg-Güstrow, stand Christian auf Kriegsfuß. Im Februar 1659 drohten in Rostock die Truppen beider Herzöge aneinanderzugeraten. Einen Kampf konnte die Bürgerschaft verhindern, aber eine Einigung wurde nicht erzielt. Bisher geltendem Recht widersetzte sich Christian. Weder die Sternberger Reversalen von 1572 noch die Landesteilung von 1621 wurden berücksichtigt. Gemeinsame Landtage beider Herzogtümer lehnte er ab, Kontributionen schrieb er selbst aus. Beim Kaiser erreichte er eine Belehnung mit den Bistümern Schwerin und Ratzeburg und wurde durch Veränderung der Lehnbriefe zum Alleinerben des Güstrower Landes bestimmt, falls er Gustav Adolf überleben sollte.

Zu diesen innenpolitischen Streitigkeiten kamen seit 1655 mit dem Krieg des schwedischen Königs gegen Polen um die noch polnischen Gebiete Westpreußens und Kurlands außenpolitische Probleme. 1658 marschierten die gegen Schweden verbündeten Kaiserlichen, Brandenburger und Polen mit über 30.000 Soldaten nach Mecklenburg ein. Ein kriegerisches Hin und Her wie zur Zeit des Dreißigjährigen Krieges setzte ein und dauerte bis zum Frieden von Oliva im Mai 1660 an. Erst im Herbst des Jahres zogen die letzten Soldaten ab.

Ab Juli 1659 war Herzog Christian, der sich nach dem französischen König den Beinamen Louis zulegte, kaum noch in Mecklenburg anzutreffen. Besonders Frankreich aber auch Holland, Hamburg und Süddeutschland wurden bereist. In seiner Abwesenheit führte die Amtsgeschäfte sein Statthalter Friedrich von Buchwald weiter. Er und die herzogliche Familie hatten ständige Auseinandersetzungen mit Christian. Die Klagen der Herzogin-Mutter, der Brüder Christians und der Stände beim

Kaiser führten zu einer Bestätigung der ständischen Privilegien, zur Testamentseröffnung und -vollstreckung. Unabhängig von dieser kaiserlichen Entscheidung berief Christian keine Landtage ein und ließ eigenwillig Kontributionen eintreiben. Ein unter dem Druck der Stände einberufener Landtag im Jahre 1663 brachte keine Einigung zwischen Herzog und Ständen.

In Frankreich baute Christian Louis sich eine zweite Heimat auf. Nach einigem Mißtrauen wegen der vielen Streitigkeiten konnte Christian schließlich das Vertrauen und die Freundschaft von König Ludwig XIV. (1638–1715) gewinnen. Noch in Scheidung liegend, warb Christian um die katholische Herzogin Isabelle Angelique von Chatillon (1626–1695). Im September 1663 nahm der Herzog die katholische Konfession an, im Oktober löste der Papst die erste Ehe auf. Da seine erste Gattin und Cousine Christine aber nicht in die Scheidung einwilligte, heirateten Christian und Isabelle insgeheim im März 1664. Erst nach dem Tod Christines im August 1666 konnte mit einer nachgeholten, offiziellen Hochzeit der französische König wieder besänftigt werden.

Der Herzog brauchte einige Jahre, bis er Isabelle bewegen konnte, im Jahre 1671 von Paris nach Schwerin zu ziehen. Ein Vierteljahr später war er selbst wieder in Frankreich, und Isabella regierte in Mecklenburg. Ihre landespolitischen Entscheidungen wie auch vermutete Liebschaften kritisierte der mobile Herzog von außerhalb. Die wohl zumindest von Seiten des Herzogs aus Liebe geschlossene Ehe ging in die Brüche, die Herzogin überlebte den dann 1692 in Holland verstorbenen Christian (Louis) um drei Jahre.

Zu diesen sehr persönlichen Widersprüchen gab es in den sechziger und siebziger Jahren weitere Kriege und Uneinigkeiten mit den Ständen. Zu den Steuern und der Beteiligung an Kriegskosten gab es weiterhin kein Übereinkommen. Der Brandenburgisch-schwedische Krieg begann im Herbst 1674 wieder mit großen Truppendurchzügen und endete am 28. Juni 1675 mit der Schlacht bei Fehrbellin.

Für die dänischen und kaiserlichen Verbündeten waren, obgleich nicht Kriegsgegner, die Mecklenburger „französische Hunde", an

denen sie ihre Wut auslassen konnten. Herzog Christian blieb jedoch weiter in Frankreich. Mit dem Tode eines Bruders im Juli 1675 versuchte Friedrich (gest. 1688), der älteste Bruder der herzoglichen Familie, die Macht in Mecklenburg zu übernehmen. Trotz verschiedener Militärbündnisse mit Dänen und Lüneburger Herzögen gelang ihm das gegen den Willen des Kaisers nicht.
Erst im Jahre 1679 zog für wenige Jahre Frieden ins Land. Doch bereits im Frühjahr 1684 wurden Mecklenburger, Brandenburger, Lüneburger und Dänen wiederum in einen Krieg verwickelt, der durch Kurfürst Friedrich Wilhelms Vermittlung aber nach einigen Monaten ein Ende fand. Diese ständigen Kriegsbelastungen bei Abwesenheit des Herzogs und sein Desinteresse für das Leben in Mecklenburg verschärften die gerichtlichen Auseinandersetzungen am kaiserlichen Hof zwischen Herrscher und Ständen.

Dritte Hauptlandesteilung 1701

In den neunziger Jahren des 17.Jahrhunderts sollte der Kampf um die Erbfolge in Mecklenburg zum entscheidenden innenpolitischen Thema werden. Christian (Louis) starb 1692 in Holland, wo er seit 1688 lebte, ohne einen männlichen Erben zu hinterlassen und löste damit neue dynastische Kämpfe aus. Selbst sein Tod brachte dem Lande Unruhe. Die Erstgeburtserbfolge war in Mecklenburg kein verankertes Recht, nur ein Teilungsverbot bestand. Christian hatte testamentarisch seinen Neffen Friedrich Wilhelm (1675-1713), den ältesten Sohn Herzog Friedrichs, als Nachfolger bestimmt.
Der jüngste Bruder Christians, Adolf Friedrich(1658–1708), meldete aus dem väterlichen Testament heraus Ansprüche auf die beiden früheren Bistümer Schwerin und Ratzeburg an. Die Ämter Strelitz, Feldberg und Wanzka hatte er bereits erhalten. Vom Kaiser wurde jedoch der Schweriner Herzog Friedrich Wilhelm mit den beiden Fürstentümern Schwerin und Ratzeburg belehnt und nach Protesten beim kaiserlichen Hofe Adolf Friedrich mit einer Jahresrente und dem Amt Mirow abgefunden.
Die Güstrower Linie war mit Gustav Adolf seit dem Tode seines Sohnes Karl im Jahre 1687 ohne männlichen Erben. Gustav Adolf hätte gern den Schweriner Herzog als Schwiegersohn gehabt, so

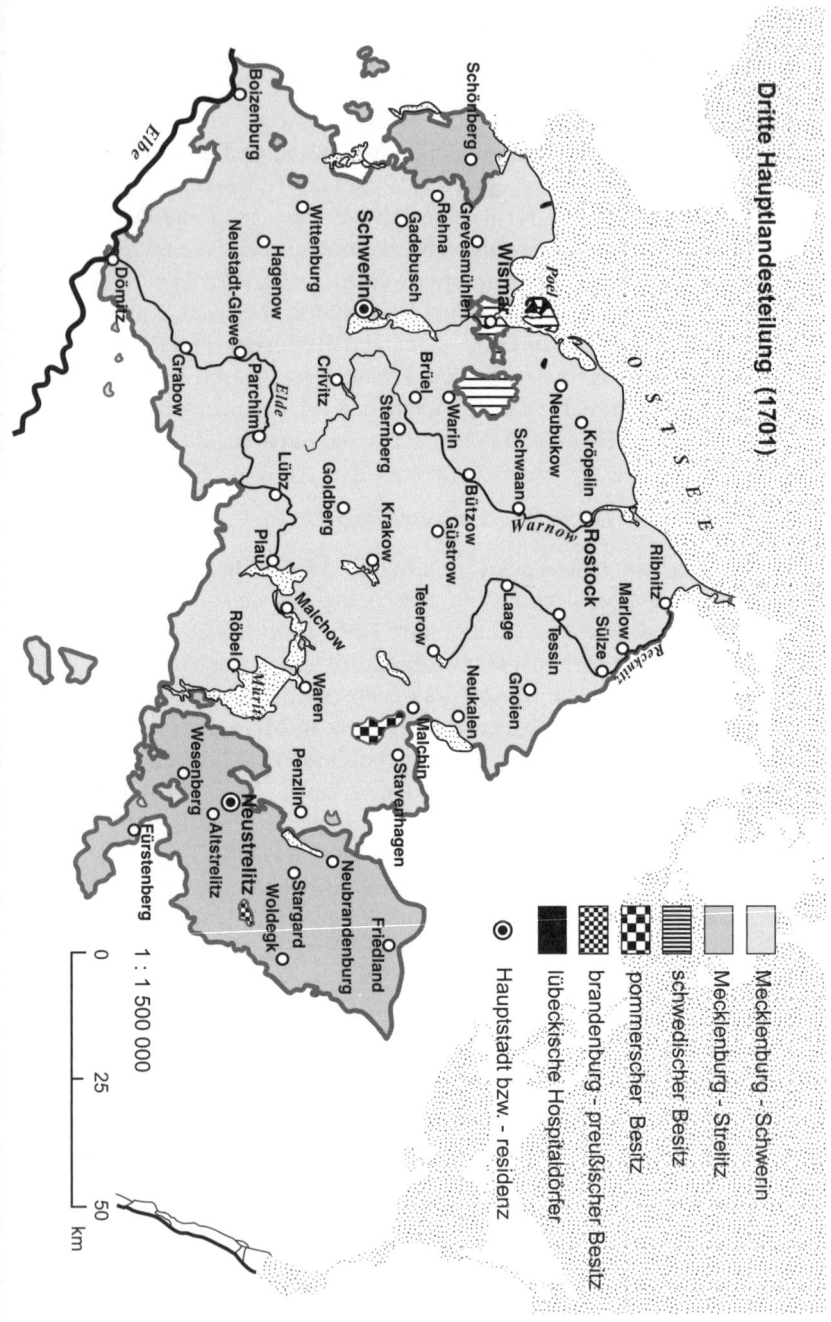

Dritte Hauptlandesteilung (1701)

Elbe

Boizenburg

Dömitz

Schönberg

Wismar

Pöel

OSTSEE

Rehna
Grevesmühlen
Schwerin
Gadebusch
Wittenburg
Hagenow
Neustadt-Glewe
Grabow
Parchim
Elde
Crivitz
Brüel
Warin
Neubukow
Kröpelin
Schwaan
Bützow
Güstrow
Rostock
Warnow
Ribnitz
Recknitz
Marlow
Sülze
Sternberg
Goldberg
Krakow
Laage
Teterow
Tessin
Gnoien
Neukalen
Lübz
Plau
Malchow
Röbel
Müritz
Waren
Malchin
Stavenhagen
Penzlin
Neukalen
Wesenberg
Neustrelitz
Altstrelitz
Fürstenberg
Stargard
Woldegk
Neubrandenburg
Friedland

1 : 1 500 000

0   25   50 km

Mecklenburg - Schwerin

Mecklenburg - Strelitz

schwedischer Besitz

pommerscher Besitz

brandenburg - preußischer Besitz

lübeckische Hospitaldörfer

◎ Hauptstadt bzw. - residenz

daß nach seinem eigenen Tode eine Wiedervereinigung beider mecklenburgischen Länder möglich gewesen wäre. Diese Ehe kam nicht zustande, und so setzte sich der Güstrower für seinen späteren Schwiegersohn Adolf Friedrich ein. Die weibliche Erbfolge war aber in deutschen Ländern nicht möglich. Daher versuchte Gustav Adolf, über den Kaiser eine Ausnahmeregelung zu erwirken. Das Ergebnis erlebte der 1695 verstorbene Herzog nicht mehr. Trotz einer vermittelnden kaiserlichen Kommission dauerten die Erbfolgestreitigkeiten zwischen Friedrich Wilhelm und Adolf Friedrich noch sechs Jahre.

Niedersächsische Kreistruppen kamen nach Mecklenburg und wollten die kaiserliche Übergangsregierung nicht anerkennen. Ein erster kaiserlicher Schiedsspruch setzte den Schweriner im Januar 1697 als Landesherrn ein. Die Kreistruppen aber standen auf der Seite Adolf Friedrichs und verdrängten den eben bestimmten Herzog Friedrich Wilhelm aus Güstrow. Ein kaiserliches Schiedsgericht mit dem Bischof von Lübeck, dem Grafen Eck, dem Herzog von Braunschweig und dem dänischen König brachte Adolf Friedrich zum Nachgeben.

So kam es am 8. März 1701 zum Hamburger Vergleich. Darin wurde die Erstgeburtserbfolge gesetzlich verankert und damit als alleiniger Erbe des verstorbenen Herzogs der Schweriner Herzog Friedrich Wilhelm anerkannt. Er bekam alle Güstrower Landesteile. Herzog Adolf Friedrich erhielt das Fürstentum Ratzeburg und die Herrschaft Stargard mit allen Einkünften sowie den Boizenburger Elbzoll. Im Falle des Aussterbens einer Linie sollte sie durch die andere beerbt werden, damit Mecklenburg dann unteilbar bliebe. Die Gerichte, Landtage und die Union der Stände sollten für beide Landesteile gemeinsam sein.

Die Entstehung des neuen Herzogtums Mecklenburg-Strelitz war ein politischer Kompromiß, der einen Erbfolgekrieg verhindern konnte. Der Kaiser hatte sich für Adolf Friedrich als Erben ausgesprochen, aber der Vertrag war unterzeichnet, bevor diese Nachricht in Mecklenburg ankam. Größere Rechte blieben beim Schweriner Herzog. Er hatte das alleinige Recht, einen Landtag einzuberufen. Die Gerichte sprachen im Namen des Schweriner Herzogs. Erst im Jahre 1748 gab es eine rechtliche Gleichstellung beider Herrscher, Reichsfürstentum wurde Mecklenburg-Strelitz im Jahre 1806. Die Beziehungen zwischen beiden Herzögen blieben gespannt. So wurden entgegen der Festlegungen des Hamburger Vergleichs die Landtage bis 1721 in beiden Herzogtümern getrennt abgehalten.

Ansatz einer absolutistischen Politik – Herzog Friedrich Wilhelm von Mecklenburg- Schwerin 1692–1713

Die rechtliche Stellung der beiden Herzogtümer entsprach auch den Charakteren der Herzöge. Die dominierende Rolle war dem Schweriner Fürstentum mit Friedrich Wilhelm zugedacht, der ohne Rücksichten absolutistisch regieren wollte. Adolf Friedrich II. (1658–1708) als erstem Landesherrn des neu entstandenen Mecklenburg-Strelitz werden fast ausschließlich gute Eigenschaften zugeordnet. Er galt als ein ideenreicher, der Wirtschaft aufgeschlossener Mann. So förderte er besonders in den Städten Neubrandenburg und Wesenberg das Wollenweber- und Tuchmacherhandwerk, die Glasherstellung und den Tabak- und Hopfenanbau.

Nach alchimistischen Versuchen zur Herstellung von Gold erkannte der naturverbundene Herzog, daß in diesem Lande mit vielen sandigen Böden die Landwirtschaft an diese Gegebenheiten angepaßt werden mußte. Die Schafhaltung in großen Herden war als Grundlage geeignet für den Export von Wolle und Tuchen. Herzogliche Tuchfärbereien wurden in Mirow und Feldberg angelegt, der Handel lief über Rostock, Lübeck und Hamburg. Ebenso wurden aus Mecklenburg-Strelitz Tabak, Holz, Getreide und Glas exportiert. Nur sieben Jahre Zeit hatte der Herzog für sein neu gegliedertes Land zur Verfügung. Mit fünfzig Jahren starb er und wurde als erster in der neuen Fürstengruft der Strelitzer Linie beigesetzt. Als Einundzwanzigjähriger übernahm sein Sohn Adolf Friedrich III. (1686–1752) die Regierung. Die Verordnungen, die er erließ, waren von ungewohnter Härte. Heimliche Grenzgänger bestrafte er mit dem Tode, Zigeuner wurden für vogelfrei erklärt. Ihn selbst traf das Schicksal sehr hart. Im Oktober 1712 brannte das Schloß bis auf die Grundmauern ab.

Auch wenn Friedrich Wilhelm einige Neuerungen ins Land brachte, so sind sich die Geschichtsschreiber bei der Bewertung dieses Herrschers einig und lassen wenig Gutes an ihm. Er galt als überheblich und selbstgefällig, war ungezügelt in seinem Liebesleben und starb auch daran im Alter von 38 Jahren. Mit 17 Jahren wurde er im Jahre 1692 Herzog und begann schon drei Jahre später den Streit um die Erbfolge. Unter Kaiser Leopold (1640-1705) wurden seine finanziellen Forderungen vor allem gegenüber der Ritterschaft voll unterstützt. Die Städte suchte er durch die Gewährung wirtschaftlicher Vorteile für sich zu gewinnen. Nach dem Tode des Kaisers im Jahre 1705 wirkte der neue Kaiser Joseph I. (1678-1711) ausgleichender und nahm die Beschwerden der Stände an.

Friedrich Wilhelm fand drei Jahre später im preußischen König Friedrich Wilhelm I. (1688-1740) einen Verbündeten. Das Interesse der Preußen lag in der Bekräftigung des Wittstocker Vertrages von 1442, wonach dem brandenburgischen Kurfürsten die Erbfolge bei Kinderlosigkeit der Mecklenburger Linien zustand. Adolf Friedrich protestierte erfolglos gegen den neuerlichen Vertrag. Ein Jahr darauf heiratete der König das dritte Mal – nun die Schwester des Schweriner Herzogs Sophie Luise zur Festigung des Bundes. Der König schickte dem Herzog als Gegenleistung 800 Reiter für den Kampf gegen die Ritterschaft, trotzdem sollte sich der Streit noch über Jahre hinziehen.

Neue Unruhe kam in das Land, als Mecklenburg in den Nordischen Krieg (1700–1721) einbezogen wurde. Nach der Niederlage der Schweden gegen die Russen bei Poltawa im Jahre 1709 wandten sich die Preußen, Sachsen, Dänen und Russen gegen schwedische Besitzungen. Die Jahre 1711 und 1712 waren mit monatelangen Belagerungen und Besetzungen von Rostock und Wismar verbunden. Alle Kriegsparteien plünderten im Lande oder ließen sich durch die Bevölkerung versorgen. Besonders das schwedische Wismar war immer wieder ein Anlaß für die Einbeziehung des auf dem Land- wie auf dem Seewege gut erreichbaren Mecklenburgs in verschiedene Kriege.

Dennoch gab es unter Friedrich Wilhelm einige gute Ansätze auf wirtschaftlichem und kulturellem Gebiet. So unterstützte er die nach dem Edikt von Nantes im Jahre 1685 aus Frankreich geflohenen Hugenotten bei ihrer Ansiedlung in Bützow. Die Produktion von Wolle, Tuchen, Tabak und Seide war aber durch die starke ausländische Konkurrenz nicht von Erfolg gekrönt. Unter Friedrich Wilhelm wurden der gregorianische Kalender eingeführt, die erste Landesvermessung realisiert und Verordnungen zum Schutze der Landwirtschaft erlassen. Die Residenz Schwerin baute man mit der Gründung der Schelfstadt weiter aus. Von Dömitz nach Schwerin verlegte er die herzogliche Münze, der Bereich vor dem Schloß wurde mit dem "alten Garten" und einem Theater neu gestaltet.

Als der Herzog im Juli 1713 starb, wurde er in der neuen Schelfkirche begraben.

Verfehlte Politik der Stärke – Herzog Karl Leopold 1713–1747

Der verstorbene Herzog Friedrich Wilhelm hinterließ keine Kinder und so wurde sein Bruder Karl Leopold (1678–1747) Herzog in Mecklenburg-Schwerin. Mit diesem Namen verbindet sich für Mecklenburg die versuchte Einführung des Absolutismus. Eigenschaften wie Stärke, Schönheit, Herrschsucht, die man ihm zuschrieb, machten ihn für sein Vorhaben, die Ritterschaft in die Schranken zu weisen, geeignet. Jähzorn, Starrsinn und übertriebene Eigenliebe wiederum machten ihn als souveränen Politiker ungeeignet und ließen ihn letztendlich scheitern. Oft verglich man ihn in seinen unberechenbaren Charakterzügen mit seinem Onkel Christian I. (Louis).

Schon bald verweigerte Karl Leopold seinem jüngeren Bruder und späteren Nachfolger die Apanage, und er soll das Grabower Schloß, den Sitz seines Bruders, angezündet haben, wobei ein großer Teil der Stadt abbrannte. Mit Rostock stand der Herzog auf Kriegsfuß, da er das seinem Bruder zugestandenen Jagdrecht für sich geltend machte und eine herzogliche Besatzung mit Polizeirechten in der Stadt unterbrachte. In Wien wurde nach Rostocks Klage zugunsten der Stadt entschieden. Karl Leopold antwortete mit Verhaftungen der Ratsmitglieder und der Hundertmänner. Die Ritterschaft hatte sich für Rostock eingesetzt und war nicht bereit, die Kontributionsforderungen des Herzogs zu erfüllen.

Für einen mecklenburgischen Fürsten waren Karl Leopolds außenpolitischen Ambitionen sehr weitreichend. Während sein Onkel Christian (Louis) sich noch mit Reisen vor allem nach Frankreich begnügte, versuchte der Herzog durch Verhandlungen mit kaiserlichen Gesandten und die Aussicht, selbst den katholischen Glauben anzunehmen, die österreichischen Niederlande oder das Königreich Neapel zu erwerben. Doch diese Forderungen waren zu hoch gesteckt.

Der Ehrgeiz dieses Mecklenburgers brachte ihn im Verlaufe seiner Herrschaft mit seinen Vorbildern, den bedeutendsten europäischen Herrschern seiner Zeit zusammen. Zu- und Absagen zu seiner offensiven Politik erhielt er vom Preußenkönig Friedrich Wilhelm, dem schwedischen Herrscher und den englischen Königen, von Kaiser Karl VI. (1685–1740) und dem russischen Zaren. Die Verhandlungen mit Zar Peter I. (1672–1725) verliefen erfolgreich, und so kam es zu einem mecklenburgisch-russischen Zweckbündnis auf privatem wie militärischem Gebiet. Im April 1716 heiratete Karl Leopold zum dritten Mal und nahm die Nichte des Zaren, Katharina Iwanowna (1692–1733), zur Frau. Peter der Große schickte zur Unterstützung des Herzogs ein Heer mit 50.000 Mann ins Land.

Die Mitgift des Zaren für den Herzog, das noch schwedische Wismar statt versprochener 200.000 Rubel, war im Nachhinein gesehen kurios, damals gab es jedoch recht dramatische Auswirkungen. Genau am Hochzeitstage kapitulierte Wismar auf Anraten der Ritterschaft vor den die Stadt belagernden Preußen, Dänen und Hannoveranern. Der Einzug der Russen wurde dadurch verhindert. Zar und Herzog rächten sich mit Einquartierungen der Soldaten auf ritterschaftlichen Gütern. Viele Adligen flohen mit ihren Familien aus dem Lande. In Rostock rückten 7.000 russische Soldaten ein.

Als der Kaiser den Abzug der russischen Truppen erzwang, brachte der Herzog, der die Sympathie vieler Bauern und Geistlicher besaß, eine 12.000 Mann starke Truppe auf. Bei den Plänen zur Bestreitung der Unterhaltungskosten für diese Armee zeigt sich der Widerspruch zwischen Fortschritt und Eigennutz beim Landesherrn. Das Geld sollte durch eine Bauernbefreiung und die Vererbpachtung des Bauernlandes beschafft werden – diese Reformgedanken scheiterten jedoch an zu hohen finanziellen Forderungen. Auf die ständigen Beschwerden der Stände reagierte Anfang 1719 der Kaiser mit der Entsendung einer 12.000 Mann starken Armee aus Hannoveranern und Braunschweigern zur Durchsetzung der Reichsexekution gegenüber Karl Leopold. Der Herzog floh nach Berlin, seine Truppen entließ er.

Die Regierungsgeschäfte übernahm im Juni 1719 eine in Rostock ansässige kaiserliche Kommission. Der Einfluß der Ritterschaft wurde gestärkt, die Ländereien an sie zurückgegeben. Von der Festung Dömitz aus versuchte Karl Leopold noch über Jahre mit brutaler Gewalt gegenüber allen ihm Verdächtigen in seiner Umgebung die Herrschaft wieder zu erlangen. Im Mai 1728 wurde von Wien aus der Herzog als Landesfürst suspendiert und seinem jüngeren Bruder Christian Ludwig die Regierung übertragen. In den folgenden Jahren tauchte Karl Leopold mehrfach in Mecklenburg auf, kämpfte zusammen mit den Bauern gegen kaiserliche Truppen, mitunter halfen ihm preußische Regimenter.

Da Karl Leopold unter Teilen der Bevölkerung noch immer als Landesherr anerkannt war, wurde Christian Ludwig im Oktober 1732 als Kaiserlicher Kommissar bestimmt und ein Rückzug der Kommissionstruppen vereinbart. Von Dömitz zog Karl Leopold nochmal ins Schweriner Schloß, wurde dort von seinem Bruder verjagt und floh nach Wismar. Hier versuchte der untergehende Herrscher seine ausländischen Kontakte zu nutzen, erhielt aber nur noch abschlägige Antworten.

Ein letztes Mal ging der entmachtete Herzog im Jahre 1741 nach Dömitz und blieb in der Festung bis zu seinem Tode am 28. November 1747. Noch in den letzten Lebensjahren versuchte er, Verbündete zu gewinnen.

Über drei Jahrzehnte befand sich das Land trotz absolutistischer Ambitionen des Landesfürsten und wegen ungeklärter Positionen zur Ritterschaft in einem geschwächten Zustand. Auch die Bevölkerung Mecklenburg-Schwerins stand unentschieden der Gesetzgebung der kaiserlichen Kommission gegenüber. Recht und

Gesetz waren unter diesen Umständen schwer durchzusetzen. Unsichere Zeiten mit Diebstahl, Soldatenwerbungen und Brandschatzungen wie während des Dreißigjährigen Krieges einhundert Jahre zuvor, sollen es gewesen sein, nur größere Verwüstungen durch die Armeen blieben aus. Daher setzten alle Bevölkerungsschichten große Hoffnungen in den neuen Landesvater Christian Ludwig II. (1683–1756).

Landesgrundgesetzlicher Erbvergleich 1755

Als Christian Ludwig II. am 6. Dezember 1747 Herzog von Mecklenburg-Schwerin wurde, hatte er bereits eineinhalb Jahrzehnte als kaiserlicher Kommissar im Lande an der Seite der Stände die Geschicke des Landes gesteuert. Der nun Fünfundsechzigjährige hatte gegenüber seinem Bruder Karl Leopold die Stellung der Stände, insbesondere der Ritterschaft, gestärkt.

Als er nun selbst Landesherr wurde, trat die Ritterschaft in die bereits traditionelle Opposition zum Landesherrn und lehnte die ersten Kompromißvorschläge Christian Ludwigs aus dem Jahre 1748 ab. Der Herzog fand neue Partner. Durch eine Einigung über Besatzungsrecht und Steuern mit der Stadt Rostock und die rechtliche Anerkennung der Selbständigkeit des Strelitzer Herzogs Adolf Friedrich III. schaffte er sich Rückhalt für bevorstehende weitere Auseinandersetzungen mit der Ritterschaft. Beide Länder sollten von nun an Landtage, Hofgericht und Landkasten getrennt abhalten. Die Ritterschaft beider Länder sah sich geteilt und geschwächt und protestierte sofort, da durch den Vergleich des Herzogs mit Rostock der Einfluß auf die Stadt bereits verloren gegangen war. Fast wäre nach dem Tode des Strelitzer Landesherrn im Dezember 1752 dem Schweriner die Herrschaft über beide Landesteile zuteil geworden. In den Vormundschaftsstreit griff der Kaiser schlichtend ein, und Christian Ludwig wurde bei den Verhandlungen zum Grundgesetz mit den Ständen im Herbst 1754 kompromißbereiter. Am 18. April 1755 wurde der Landesgrundgesetzliche Erbvergleich mit 25 Artikeln und 530 Paragraphen angenommen und unterzeichnet. Anlaß für den Vergleich waren die stetigen Kontributionsstreitigkeiten zwischen Herzögen und Ständen.

Daher wird er meist als ein Finanzgesetz bezeichnet. Mit der Regelung der Finanzverhältnisse wurden aber gleichzeitig die Machtverhältnisse von Landesherrschaft und Ständen in diesem Grundgesetz des Landes als ein Vergleich zwischen den ständig in finanziellen Schwierigkeiten steckenden Herrschern und dem Adel sowie den Städten geregelt und die Streitigkeiten beigelegt.

Wirtschaftliche und damit politische Stärke, besonders der Ritterschaft, setzte sich durch und verhinderte, im Gegensatz zu vielen anderen Staaten, die Durchsetzung des territorialstaatlichen Absolutismus. Die Union der Landstände garantierte eine ständische Mitregierung mit der Möglichkeit, jede für die Stände unliebsame Regelung scheitern zu lassen, und mit dem entscheidenden Recht der Steuerbewilligung. Die Dreiteilung in Domanium, Ritterschaft und städtisches Territorium wurde rechtlich gefestigt. Der Landesgrundgesetzliche Erbvergleich von 1755 rechnete alle im Jahre 1748 in landesherrlichem Besitz befindliche Güter zum eigentlichen Domanium. Hinsichtlich der Abgaben zählten alle später vom Landesherrn hinzu erworbenen Gebiete als ritterschaftliches und steuerpflichtiges Land. Der Herzog mußte also Steuern für die hinzugekommenen Güter an den Landkasten der Stände entrichten. Das war von Bedeutung, weil der sparsam wirtschaftende Herzog Friedrich der Fromme (1717–1785) in seiner Regierungszeit verpfändetes Domanialland zurück- und ritterschaftliches neu kaufen konnte.

Ende des 18. Jahrhunderts pegelte sich der Flächenanteil des Domaniums wie der der Ritterschaft am Gesamtgebiet Mecklenburgs auf jeweils etwas mehr als 40% und der Anteil der Städte auf über 10% für die nachfolgenden Jahrzehnte ein. Das gesamte Land war zu diesem Zeitpunkt verwaltungsmäßig in 40 domaniale Ämter in Mecklenburg-Schwerin und weitere 8 in Mecklenburg-Strelitz eingeteilt, zum städtischen Gebiet zählten 42 Städte mit ihren Besitzungen.

Die Kosten für das Regieren des Landes waren prinzipiell vom Landesherrn zu tragen. Neben seinen domanialen Einkünften konnte der Herzog auf eine jährliche, ordentliche Steuer und außerordentliche, stets von den Ständen zu bewilligende, Kontributionen zurückgreifen. Auf dem Lande wurde die Steuer

nach Hufen und Bodengüte festgelegt. Eine Vermessungs-
kommission war dazu zwanzig Jahre lang tätig. Die Ritterschaft
konnte für die sofortige Steuerzahlung ab 1755 die jahrhundertealte-
te, gewohnheitsrechtliche Steuerfreiheit ihrer Ritterhufen durchset-
zen und brauchte nur für die nach dem Dreißigjährigen Krieg hin-
zuerworbenen, die als zur Hälfte bestehend angenommen wurden,
aufkommen. Nach dem Vergleich teilten sich die sehr detailliert
festgelegten ordentlichen Steuern der Städte in die „von Häusern,
von Ländereien, von Vieh, von Scharrenschlachten, von
Hausschlachten, von Getreide zur Mühle, von Kaufmannschaften
und sonstigen Erwerb und Nahrung".
Daneben gab es Reichs-, Kreis- und Prinzessinensteuern und
Nezessarien. Letztere wurden bei besonderer Notwendigkeit nach
dem Terzquotensystem festgelegt: Nach Abzug eines Zwölftels der
gesamten Steuersumme für Rostock wurden die Kosten zu drei
gleichen Teilen auf Domanium, Ritterschaft und Städte umgelegt.
Wenn diese Lösung auch nach Einwohnerschaft auf den ersten
Blick als gerechte Steuerverteilung erschien, so waren doch die
reichen Rittergüter mit besten Bodenqualitäten am wenigsten bela-
stet.
Im Vergleich von 1755 verpflichteten sich die Herzöge, jährlich
Landtage für die ebenso verankerte Union der Landstände auszu-
schreiben. Dabei bezog man sich auf die Pflichten im Hamburger
Vergleich von 1701. Der Landesgrundgesetzliche Erbvergleich
war eine Mischung aus Gewohnheitsrecht und notwendigen
Neuerungen. So wurden als angefügte Beilagen des Grundgesetzes
von 1755 die Union von 1523 und die Reversalen von 1572 und
1621 mit abgedruckt.
Mit diesen älteren Dokumenten war Mecklenburg schon vor 1755
zu einem Ständestaat geworden. Das Domanium war der in herzoglicher Hand vereinigte Rest eines ursprünglich das gesamte
Land umfassenden Besitzes. Ritterschaft und Städte waren eine
Vielzahl verstreuter Grundherrschaften. Die etwa 600 adligen
Besitzer von ca. 1.000 Gütern waren in der Ritterschaft vereint,
der Besitz eines Gutes verlieh Stimme im Landtag. Die Landschaft
setzte sich aus der Vertretung der Städte, der Bürgermeister, zusammen. Da hauptsächlich die Adligen Besitzer ihres Grund und

Bodens waren, konnten sie mehr Einfluß als die Beauftragten der Stadtgemeinden auf die Landstandschaft, d.h. das Landtagsrecht, nehmen. Die Landtage waren Vertretungen der beiden Stände gegenüber dem Landesherrn, der sich durch einen Kommissar vertreten ließ.

Ritter- wie Landschaft gliederten sich in drei Kreise: den mecklenburgischen, den wendischen und den stargardischen. Die Ritterschaft wurde entsprechend der Kreise durch drei Landmarschälle angeführt. Die Magistrate (Bürgermeister) der drei Vorderstädte Güstrow (Wenden), Parchim (Mecklenburg) und Neubrandenburg (Stargard) standen der Landschaft vor. Neben diesen „Vorderstädten" – diese Bezeichnung gab es seit Anfang des 18. Jahrhunderts – hatten die Seestädte Rostock und Wismar und darüber hinaus auch Schwerin eine privilegierte Position, z.B. bei der Unterzeichnung von Verträgen, die aus ihrer früheren Stellung als Residenzstädte der Fürstentümer Wenden, Mecklenburg, Parchim, Rostock, des Stargarder Landes und der Grafschaft Schwerin resultierte. Neustrelitz bekam als 1733er Gründung auf domanialem Boden nie die Landstandschaft. Das Fürstentum und Domanium Ratzeburg fand keine Berücksichtigung im Vergleich von 1755, wurde direkt durch den Strelitzer Herzog regiert und erhielt erst 1869 eine Verfassung.

Die wichtigste, jedes Jahr im Herbst wiederkehrende Versammlung war der Landtag, der abwechselnd in Sternberg oder Malchin einberufen wurde. Alle die Städte selbst berührenden Rechte, auch in den Bereichen Justiz, Polizei und Verwaltung, verlangten deren Zustimmung. Nur in Sachen des Domaniums entschied der Landesherr allein. Neben den Artikeln zur Steuer und landständischen Verfassung behandelt der Vergleich u.a. noch Bestimmungen über die Klöster, das Landhandwerk, Truppeneinquartierungen, das Lehnswesen, Kirchensachen und die Leibeigenschaft der Bauern.

Der Landesgrundgesetzliche Erbvergleich von 1755 war das Grundgesetz Mecklenburgs, das als Gegenleistung für die finanziellen Bewilligungen durch die Stände diesen ihre Rechte von landesherrlicher Seite zusicherte.

Auf dem letzten Hansetag 1669 waren nur noch sechs Städte vertreten, die Blütezeit der Städte war vorüber. Der Machtverfall hatte jedoch schon weit früher eingesetzt. Die mächtigste mecklenburgische Stadt, die Hansestadt Rostock, hatte bereits im Rostocker Erbvertrag vom 21. September 1573 nach militärischen Auseinandersetzungen die Herzöge als Landesherren anerkennen müssen und sich zu Landessteuern und Bereitstellung von Soldaten für Mecklenburg verpflichten müssen. Rostocks Plan, wie Lübeck eine freie Reichsstadt zu werden, war gescheitert. Die Stadt wurde in den feudalen Territorialstaat eingegliedert, behielt jedoch ihre wirtschaftliche und politische Ausnahmestellung, nicht zuletzt durch die besonders seit 1555 wachsende Macht der Stände.

Nach den mittelalterlichen Städtegründungen wurde bis zum Ende des 18. Jahrhunderts nur zwei ehemaligen Flecken in Mecklenburg das Stadtrecht verliehen – Hagenow (1754) und Rehna (1791). Über Jahrhunderte wuchsen die Städte nicht über ihre mittelalterlichen Stadtkerne hinaus. Allgemeine wirtschaftliche Rezession, Pestepidemien, Bevölkerungsrückgang und die Folgen des Dreißigjährigen Krieges trugen zur Stagnation der Städte auch über den mecklenburgischen Raum hinaus bei. Der Fernhandel verlagerte sich in andere Gebiete. Handwerk und Gewerbe waren, verglichen mit westeuropäischen Städten, unterentwickelt. Der Warenaustausch mit dem Umland und der Getreideexport wurden zu einer neuen wirtschaftlichen Orientierung. Der Dreißigjährige Krieg jedoch brachte die Landwirtschaft, von der in Zukunft auch die Städte ganz wesentlich existieren sollten, in eine Krise. Der niedrige Lebensstandard und die stark zunehmende Leibeigenschaft, von der bis zu etwa zwei Drittel der Bevölkerung am Ende des 18. Jahrhunderts betroffen waren, konnten den Städten keine Wachstumsimpulse verleihen. Wismar, die ehemalige Hansestadt, wurde schwedisch und der starke Einfluß der Ritterschaft auf die Landespolitik hemmte das politische und wirtschaftliche Wachstum der meisten Städte. Vergleicht man nur die Heiratsregister mecklenburgischer Landstädte, so wird an der Heiratspause in den Erntemonaten Juli und August der hohe Grad landwirtschaftlicher Einbindung der Bürger deutlich. Die Bevölkerung der Hafen- und Residenzstädte heiratete recht kontinuierlich das ganze Jahr über.

Schwerin, Güstrow, später Neustrelitz und Ludwigslust blieben von wirtschaftlich untergeordneter Bedeutung – hinterließen aber als Regierungssitze bleibende Denkmäler mecklenburgischer Architektur und Kunst. Schwerin war administratives und kulturelles Zentrum des Landes. Im 17. und 18. Jahrhundert erfolgten keine größeren Umbauten am Schloß. Der Sammelleidenschaft und dem Kunstverständnis von Herzog Christian Ludwig II. war die Schweriner Gemäldegalerie mit der für Europa bedeutsamen Kollektion niederländischer Meister des 17. Jahrhunderts zu verdanken.

Die zentral im Lande gelegene Tuchmacherstadt Güstrow durchlebte mit dem Status einer Residenzstadt ab 1556, der Hauptstadtfunktion für das Herzogtum Mecklenburg-Güstrow ab 1621 bis 1695 seine auch bauliche Glanzzeit. Das Güstrower Schloß zählt zu den bedeutendsten Renaissancebauten Norddeutschlands. Die im 16. Jahrhundert entstandene Vierflügelanlage geriet mit dem Tode Herzog Gustav Adolfs 1695 und der damit verbundenen Aufgabe als Residenz in Verfall, so daß hundert Jahre später der Ostflügel und Teile des Nordflügels abgebrochen werden mußten.

Eine recht späte Bauphase setzte mit dem Bau der Residenz Neustrelitz ab 1733 ein. Gegenüber den urspünglich barocken Bauten dominieren heute die klassizistischen, das Schloß wurde im Zweiten Weltkrieg zerstört.

Ludwigslust war herzoglicher Sitz von 1764 bis 1837. Die spätbarocke Ausbauphase der Schloßanlage war um 1780 abgeschlossen, es schloß sich dann ab 1808 eine klassizistische Periode an. Der Ort war wirtschaftlich bedeutungslos und sollte erst 1876 sein Stadtrecht erhalten. Neben den beiden ehemaligen Hansestädten konnten in bescheidenem Maße diese Residenzstädte Bedeutung erlangen, solange sie Regierungssitz waren.

Das städtische Schulwesen hatte sich bis zur Mitte des 18. Jahrhunderts in beiden Herzogtümern kaum verändert. Nun wandelte sich die Lateinschule zu einer deutschen Bürgerschule, die

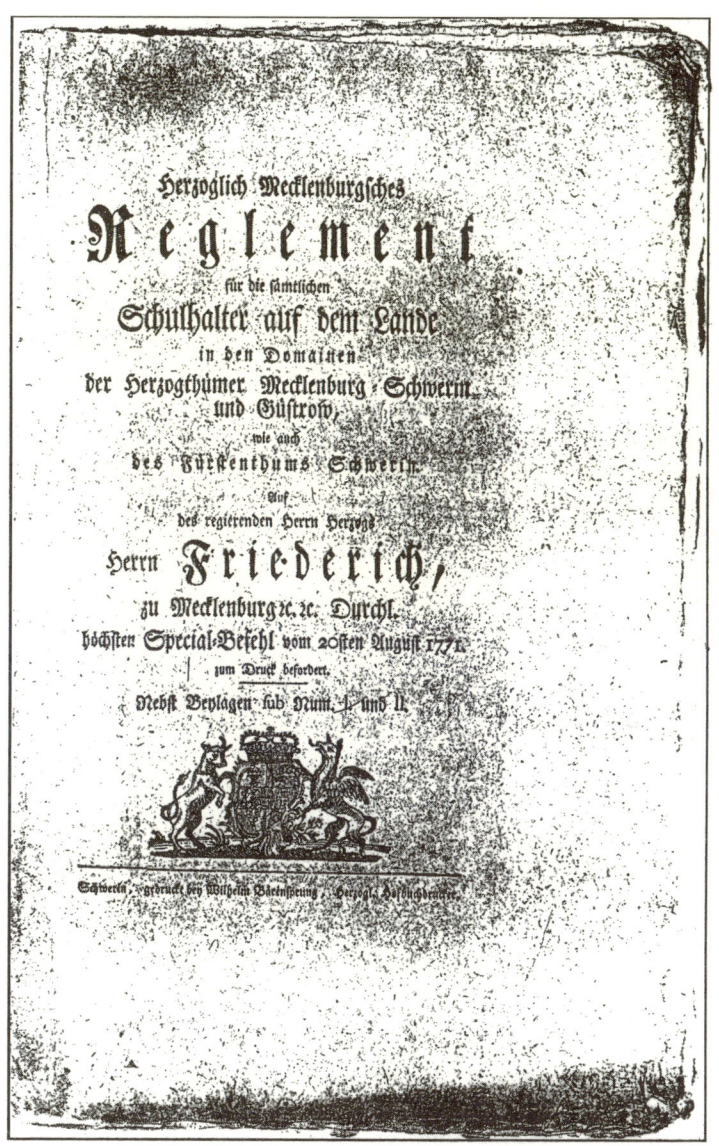

Schulordnung von 1771

statt des Lateins das Deutsche als Sprache der Kanzleien, der protestantischen Kirche und des Handels lehrte. Aufsichtsbehörden waren die Geistlichen und Beamten der Stadt, Schulordnungen bedurften der Zustimmung des Landesherrn.

Bindend für die domanialen Schulen in Mecklenburg-Schwerin wurde die Schulordnung vom 20. August 1771. Danach sollten täglich sechs Stunden Unterricht abgehalten werden. Unbestimmt wurde verordnet, daß auch im Sommerhalbjahr wöchentlich einige Tage Unterricht durchzuführen waren. Im ländlichen Domanialbereich führte das wegen der notwendigen Mitarbeit der Kinder in der Landwirtschaft zu Problemen, die Ritterschaft klärte über den Landtag noch in den 1770er Jahren, daß nur sie selbst über die Notwendigkeit von Schulunterricht zu entscheiden habe. Damit blieben die Auswirkungen des Landesgrundgesetzlichen Erbvergleichs von 1755 noch lange Zeit auf dem Lande wie in den Städten bestehen.

Vom Landesgrundgesetzlichen Erbvergleich zum Reichsdeputationshauptschluß 1755–1803

Preußische Werbungen und Siebenjähriger Krieg bis 1763

Fremde Werbungen für den Militärdienst waren in Mecklenburg schon im 17. Jahrhundert und auch zuvor nichts Ungewöhnliches – das bewies eine Vielzahl herzoglicher Edikte gegen das Werben. Im 18. Jahrhundert jedoch begannen mit der Herrschaft des Preußenkönigs Friedrich Wilhelms I. gewaltsame Rekrutierungen von Mecklenburgern für das preußische Heer.

Die überlieferten Beispiele setzten im Jahre 1711 mit der Verschleppung eines Schulmeisters ein und wurden in den 1720er Jahren zu einer ständigen Plage der Bevölkerung. Betroffen waren vor allem jüngere Männer, in Kriegszeiten auch ältere. Zuerst traf es die Ärmeren, die ohne größeren Widerstand eingefangen wurden.

Aber auch die Rittergutsbesitzer zeigten sich nicht geneigt, ihre besten Leute für die Feldarbeit zu verlieren und meldeten teilweise Widerstand an.

So starb 1721 der Gutsbesitzer von Freyberg auf Karchow an den Folgen seiner Gegenwehr gegenüber den aufgebrachten preußischen Werbern.

Die mecklenburgischen Herzöge, die zu dem starken südlichen Nachbarn, wie die Strelitzer, recht gute Beziehungen hatten oder, wie die Schweriner, haben wollten, waren in ihren Protesten gegenüber dem preußischen König zu halbherzig, um Änderungen dieser mißlichen Lage herbeizuführen. Selbst ein Gebot des Kaisers von 1725 mit der Weisung, alle fremden Werber festzunehmen, kümmerte weder den König, noch unternahmen die Herzöge etwas gegen die Preußen.

Als Karl Leopold 1733 bis1735 selbst drei Regimenter preußische Truppen ins Land holte, verstärkten sich die gewaltsamen Werbungen wieder, die der Herzog sogar teilweise begünstigte, um bei König Friedrich Wilhelm I. Unterstützung zu bekommen.

Sogar Frauen, Kinder und Hausrat wurden mit den Männern weggeschleppt, um so Desertionen vorzubeugen. Die durch die mecklenburgischen Herzöge zum Teil selbstverschuldeten Rekrutierungen setzten sich auch unter Friedrich II. (1712–1786) fort. Als der Schweriner Herzog 1743 dem Preußenkönig aus finanzieller Not heraus das Herzoglich-Holsteinische Infanterieregiment überließ, desertierten die Mecklenburger. Die Gegenreaktion der Brandenburger waren erneute, monatelange Streifzüge der Husaren zur Gewinnung neuer Soldaten für die Armee. Dabei wurden Bauern-, Guts- und Domanialhöfe gleichermaßen geplündert. Bis zu Beginn des Siebenjährigen Krieges setzten sich diese Werbungen in ganz Mecklenburg fort, während des Krieges war das Schweriner Land in besonderem Maße davon betroffen.

Im August 1756 besetzte der Preußenkönig das neutrale Sachsen und löste damit den Dritten Schlesischen oder auch Siebenjährigen Krieg (bis 1763) aus. Preußen stand einer Koalition gegenüber, der Österreich, Rußland, Frankreich und Schweden angehörten.

Dem Beschluß einer Reichsexekution, d. h. des Reichskrieges, gegen Preußen im Januar 1757 schloß sich der seit Mai des Vorjahres regierende Schweriner Herzog Friedrich sofort an. Das Motiv war naheliegend – erhoffte man sich in Schwerin doch, verpfändete Ämter zurückzuholen und neue Gebiete zu gewinnen. Daß Preußen den Kampf gegen die gegnerische Übermacht verlieren würde, schien klar zu sein und so glaubten sich die Mecklenburger auf der Seite der Stärkeren. Für den Landesherrn war es eine Chance, verlorene Gebiete zurückzuholen.

Die Ansprüche des Schweriner Herzogs klagte dieser beim kaiserlichen Hof ein und war für deren Anerkennung bereit, Kontingente für die kaiserlichen Truppen zu stellen.

Ebenso schloß Herzog Friedrich im März 1757 mit dem französischen König Ludwig XV. (1710–1774) einen Vertrag, der den Franzosen Truppendurchzug und den Mecklenburgern militärische Hilfe garantierte. Der Schweriner mußte sich auf die Unterstützung durch die Franzosen und durch die Schweden verlassen können, denn das eigene verstreut im Lande liegende Kontingent umfaßte nur 1.300 Mann. Diese riskante Kalkulation Herzog Friedrichs

sollte auch durch die Unzuverlässigkeit dieser beiden Kriegs-
partner nicht aufgehen.

Der unter der Vormundschaft seiner Mutter stehende Strelitzer
Herzog Adolf Friedrich IV. (1738–1794) hingegen erklärte die
Neutralität seines Landes und bewahrte es so vor dem größten
Unheil, obwohl es territorial zwischen drei Kriegsländern lag.

Ein Jahr lang blieb Mecklenburg vom Krieg verschont. Dann sollte es in mehreren Schüben immer wieder von Truppen überrannt
werden. Die mecklenburgischen Truppen wurden selbst nicht aktiv. Statt großer Schlachten gab es in Mecklenburg-Schwerin
während der fünf Kriegsjahre immer wieder kleinere Gefechte,
ständige Geld- und Naturallieferungen, meist an das verfeindete
Preußen und gewaltsame Soldatenanwerbungen und Plünderungen.

Die erste Invasion der Preußen in Mecklenburg dauerte von
Dezember 1757 bis zum Juni 1758. Die Reaktion des Schweriner
Herzogs und seines Militärs sollte sich in diesem Kriege noch oft
wiederholen: Friedrich floh diesmal nach Lübeck, von wo aus er
weiterregierte, die Truppen erhielten den Befehl, den Kampf-
handlungen auszuweichen und nach Schwerin zu kommen. Je nach
Kriegssituation im Süden gegen Österreich, Frankreich und
Rußland warfen sich die Preußen mehr oder weniger offensiv den
Schweden entgegen, Mecklenburg wurde nicht zum Haupt-
schauplatz des Krieges. Zogen die Preußen ab, so stießen die
Schweden nach und besetzten Mecklenburg. Der Osten des Landes
war am meisten von den Werbungen, Plünderungen, der Gestel-
lung von Pferden und von der Versorgung der Truppen betroffen.
Die ständig an Preußen zu zahlenden Kontributionen wurden nur
kurzfristig durch die Schweden verhindert, in dem sie selbst die
Gelder übernahmen. Die diplomatischen Verhandlungen des
Herzogs mit Frankreich und Österreich ließen keine schnelle Hilfe
erhoffen, lediglich einige Unterstützungsgelder kamen vom französischen König für die herzoglichen Soldaten.

Die zweite Angriffswelle der Preußen startete im Dezember 1758
bei Stavenhagen und Malchin. Bis dahin wurden schon 1.500
Mecklenburger in preußische Uniformen gesteckt, 8.000 weitere
sollten nach dem Willen Friedrichs II. noch folgen. Der Herzog

floh diesmal nach Altona. Die gesamten mecklenburgischen Truppen in einer Stärke von 800 Mann zogen sich nach Schwerin zurück und flüchteten von dort weisungsgemäß über den Schweriner See.

Im September 1759 begannen die Preußen mit ihrer dritten Invasion in Mecklenburg. Durch einen Vertrag mit Schweden brachte man die 1.000 mecklenburgischen Soldaten ab November für ein halbes Jahr auf Rügen in Sicherheit, das Land blieb ohne eigene Verteidigung. Im August 1760 wurde durch einen Vorstoß der Schweden erstmals das Strelitzer Land in größerem Maße in den Krieg einbezogen und teilweise verwüstet. Der Preußenkönig geriet in Schlesien und Sachsen immer mehr in Bedrängnis, entsprechend stärker griff er auf Mecklenburg als Reserve für Mann und Material zurück. Die letzten Kriegsjahre ab 1761 waren die schlimmsten, da von den Kontributionen und Werbungen kaum jemand verschont blieb, die Wirtschaften aber wegen der sich meist versteckt haltenden Männer stark geschwächt waren. Preußen drohte mit Brandschatzungen, wenn Lieferungen ausbleiben sollten. Selbst die mecklenburgischen Behörden wurden zur Durchsetzung von Zahlungen gefangen gesetzt.

In aussichtsloser Lage für die Preußen kam die Wende mit dem Tod der russischen Zarin im Januar 1762. Ihr Nachfolger Peter III. (1728–1762) galt als ein Freund Preußens, fast schien für Mecklenburg das Leid noch größer zu werden. Da schloß Rußland mit Preußen einen Waffenstillstandsvertrag und im Mai 1762 kam es zum Hamburger Frieden zwischen Preußen und Schweden unter Beteiligung Mecklenburgs. Gegen die Zahlung weiterer Kontributionen aus Mecklenburg zogen die preußischen Truppen ab.

Die Schäden für Mecklenburg-Schwerin über den Zeitraum von Dezember 1757 bis Mai 1762 wurden mit über 15 Millionen Talern berechnet, über 4.000 Mecklenburger zog man gewaltsam in die Preußische Armee, viele Höfe und Häuser waren abgebrannt. Durch seine Neutralität war das Strelitzer Herzogtum vor allem von Truppendurchzügen betroffen, hier wurde der Krieg zum umfangreichen Handel mit den Kriegsparteien genutzt und soll sich eher vorteilhaft auf die Wirtschaft des Landes ausgewirkt haben.

Weder unter Christian I. noch unter Karl Leopold war die Wirtschaft des Landes in Ordnung gekommen. In den folgenden Nachkriegsjahren kamen durch die Münzverschlechterungen Rittergüter, Domänen und auch Kaufleute und Handwerker in den Städten in Zahlungsschwierigkeiten. Allein 1775/76 wurde über ein Achtel aller Landgüter zum Verkauf angeboten. Spekulanten, die das Land jedoch nicht bewirtschaften konnten, griffen zu. Nicht zuletzt war es die unsichere wirtschaftliche und damit auch politische Lage, die alte Auseinandersetzungen der Landesherrschaft mit den Ständen wieder aufleben ließen.

Innerständische Konflikte und neue Auseinandersetzungen
zwischen Landesherrschaft und Ständen

Der alte Gegensatz zwischen der Stadt Rostock und dem Herzog brach erneut noch während des Siebenjährigen Krieges aus, als aufgrund der Festlegungen im Landesgrundgesetzlichen Erbvergleich von der Stadt der zwölfte Teil der preußischen Kriegskontributionen verlangt wurde und Rostock dieses trotz militärischer Bedrohung durch Herzog Friedrich ablehnte. Der Landesherr trachtete danach, seinen bescheidenen Einfluß auf die Universität auszuspielen, und versuchte, beim kaiserlichen Hofe vergeblich die Schließung der Bildungsstätte zu erreichen. Für über 3.000 Gulden erkaufte er sich dort jedoch das Recht zur Neugründung einer Universität im Lande.

Mitten in den Kriegswirren eröffnete Friedrich zu Michaelis 1760 mit den Rostocker herzoglichen Professoren eine Universität in Bützow. Etwa 50 bis 90 Studenten waren in dem Städtchen immatrikuliert. Dieses geistige Doppelleben schadete für fast drei Jahrzehnte beiden Einrichtungen. Gemäßigter ging nach dem Tode Friedrichs im April 1785 sein Nachfolger Friedrich Franz I. (1756–1837) vor. Der junge Herzog schloß mit Rostock 1788 den „Grundgesetzlichen neuen Erbvertrag" ab und die generelle Landeshoheit des Herzogs in der Stadt wurde anerkannt. Dem Landesherrn räumte man das Besatzungsrecht und mehr Befugnisse in Gesetzes- und Kirchenfragen gegenüber Rostock ein, Bützows Universität wurde 1789 geschlossen. Rostock behielt sein Stadtrecht, seine Polizei- und Gerichtsordnung, das Recht auf freien Handel und seine privilegierte Stellung innerhalb der Stände. Über den Alleingang der größten Stadt des Landes waren Ritter- und Landschaft erzürnt und so kam es zwischen diesen drei Seiten im Juni 1793 zu einem separaten Vertrag, der den neuen Erbvertrag korrigieren sollte, jedoch ohne Zustimmung des Herzogs keine Gesetzeskraft erhielt.

Die Ritterschaft selbst machte sich in den 1790er Jahren gegenseitig Probleme.

Seit Anfang des 17. Jahrhunderts keimte immer wieder der Streit um das Indigenatsrecht, das angestammte Heimatrecht, der Rittergutsbesitzer auf. Ursprünglich bestand die Ritterschaft nur aus dem eingesessenen Adel. Besonders im 18. Jahrhundert nahm nicht nur die Zahl des zugezogenen Adels, sondern auch von bürgerlichen Rittergutsbesitzern zu, die allesamt durch ihren Gutsbesitz die Landstandschaft innerhalb der Ritterschaft erhielten und Gesetze in ihrem Sinne beeinflussen konnten. So standen sich 1793 bereits 117 nichtrezipierte (nicht aufgenommene) und 111 bürgerliche Mitglieder, zusammen also 228, den 183 alten und rezipierten Adligen innerhalb der Ritterschaft gegenüber. Nicht die adlige Geburt war mehr entscheidend für die Aufnahme in die Ritterschaft, sondern der erkaufte Landbesitz.

Die herzogliche Regierung mußte in den Streit mit eingreifen, da ihre Interessen durch eine mögliche Ausklammerung der in fürstlichen Diensten stehenden adligen Gutsbesitzer aus dem Landtag, als eine ihrer Interessenvertretungen, gefährdet schienen. Der alte Adel wollte im Landtag frei von herzoglicher Beeinflussung sein. Im November 1793 wurde jegliches Indigenat von seiten der Regierung verworfen. Die Probleme waren damit aber nicht beseitigt, denn schon 1795 forderten die bürgerlichen Rittergutsbesitzer eine Gleichstellung auf den Landtagen mit dem alten Adel. Dieser konnte diesmal durch die Garantie, daß die Landeshoheit nicht durch die adligen Privilegien beeinträchtigt würde, den Herzog für sich gewinnen und noch über Jahrzehnte angestammtes Geburtsrecht retten.

Schweriner und Strelitzer Herzöge zwischen Frömmelei und Aufgeklärtheit

Die mecklenburgische Politik der zweiten Hälfte des 18. und anfangs des 19. Jahrhunderts war durch vier Herzöge verschiedenartigsten Charakters und unterschiedlichster Leistungsfähigkeit geprägt. Zufälligerweise und dann begünstigt durch die etwas friedfertiger werdenden Zeiten und den kommenden technischen Fortschritt waren die beiden späteren Landesherrn auch die charakterlich besseren und für das Land erfolgreicheren. Die Strelitzer Adolf Friedrich IV. (1738–1794) und sein Nachfolger Carl II. (1741–1816) regierten über sechs Jahrzehnte, die beiden Schweriner Herzöge Friedrich der Fromme und sein Neffe Friedrich Franz I. hinterließen in über acht Jahrzehnten ihre Spuren in der Geschichte des Landes.

Herzog Adolf Friedrich IV. folgte in der Herrschaft seinem Onkel Adolf Friedrich III. (1686–1752), der die neue Residenz Neustrelitz gegründet hatte. Charakterlich nicht der Stärkste, ging Adolf Friedrich IV. als „Dörchläuchting" bei Fritz Reuter (1810–1874) in die Literatur ein. Er konnte durch seine Neutralitätspolitik im Siebenjährigen Krieg das Schlimmste von seinem Lande fernhalten und orientierte sich an den Verordnungen seines Schweriner Cousins Herzog Friedrich. Die Folter wurde abgeschafft, die Vermessung der Rittergüter entsprechend dem Landesgrundgesetzlichen Erbvergleich vorgenommen, das Straßen- und Wegenetz ausgebaut.

Als ein wohlwollender Mann förderte er Wohlfahrtseinrichtungen und Krankenhäuser.

Und er garantierte den domanialen Tagelöhnern kostenlose ärztliche Betreuung, auch wenn dabei die Eindämmung des tödlichen Fleckfiebers im Vordergrund stand. Viele der positiven Leistungen wurden als eher unfreiwillig dem gutmütigen, kindischen und repräsentationssüchtigen Charakter Adolf Friedrichs nachgesagt.

Das beim Herzog beliebte Wasserspritzen durch die Schlüssellöcher bedingte noch keinen Fortschritt. Auf seine Gewitterfurcht sollen jedoch die Blitzableiter des 1774/85 erbauten Neubrandenburger Palais zurückzuführen sein. In Nachahmung der Prunksucht der französischen Könige Ludwig XIV. und XV. entstanden mehrere Sommerresidenzen und es wurde eine aufwendige, glänzende Hofhaltung betrieben. Nach dem Tode Adolf Friedrichs mußte eine kaiserliche Kommission zur Schuldenabtragung eingesetzt werden.

Mit seinem Bruder Carl II. folgte ab 1794 wieder ein Strelitzer Herrscher „von altem Schrot und Korn", wie sein Enkel später über den mit 53 Jahren an die Regierung Gekommenen schrieb. Carl war durch die Schulden seines Bruders zu größter Sparsamkeit angehalten. Nicht nur die Gläubiger wurden zufriedengestellt, der Domanialbesitz konnte durch Ankäufe von Rittergütern wesentlich erweitert werden. Er reduzierte die Hofhaltung, führte Agrarreformen durch und strukturierte die Domanialämter durch Zusammenschluß mehrerer kleiner neu.

Friedrich der Fromme wurde 1756 Schweriner Herzog. Diesen Beinamen bekam er wegen seiner auffällig pietistischen Haltung, die auch Auslöser für die Neugründung der Bützower Universität war, deren theologische Fakultät er so, mehr als die orthodoxe Richtung in Rostock, beeinflussen konnte. Seine Frömmigkeit und sein empfindlicher Kunstsinn ließen ihn alle „gröberen" Kunstformen wie Musik und Gesang des Volkes, Schützenfeste und Schauspiel verbieten. Trotzdem nannte man ihn den „Gütigen", eine Bezeichnung, die er sicher seiner bedeutendsten Reform, der rechtlichen Aufhebung der Folter im Erlaß vom Dezember 1769 verdankte. Friedrich verlegte die Residenz nach Kleinow, das schon zu Zeiten seines Vaters, der das dortige Jagdschloß erbaut hatte, Ludwigslust genannt worden war. Die Lust zur Musik und Malerei war gepaart mit einer Lust zum Regieren und Verändern. Handel, Gewerbe, Schulwesen und Landwirtschaft förderte er. Viele der verpfändeten mecklenburgischen Ämter konnte er zurückkaufen. Und das, obwohl der Siebenjährige Krieg mit seinen Nachwirkungen noch seine danach über zwanzigjährige Regierungstätigkeit (bis 1785) beeinflußte.

Friedrich Franz I. hatte von seinem Onkel Friedrich die schlechten Beziehungen zu Rostock als Erbe übernommen. Mit dem „Grundgesetzlichen neuen Erbvertrag" von 1788 suchte er eine Politik des Ausgleichs mit der Stadt. Teil des Erbes war aber auch das schon unter Herzog Friedrich beschaffte Geld zur Wiedereinlösung der vier an Preußen verpfändeten Ämter. Friedrich Franz konnte nach kurzen Verhandlungen im März 1787 diese Ämter zurückholen und sein diplomatisches Geschick unter Beweis stellen.

Eine gesunde Finanzpolitik gestattete mit dem Malmöer Vertrag vom 26. Juni 1803 die Zurückgewinnung der seit 1648 in schwedischem Besitz befindlichen Ämter Poel und Neukloster sowie der Stadt Wismar. Die Hansestadt wurde selbst nur als Pfand erworben, ein Rückkauf durch Schweden wurde bis zum Jahre 2003 als möglich vereinbart. Erst 1903 verzichtete Schweden auf das Wiedereinlösungsrecht, die Stadt wurde wieder mit allen Rechten mecklenburgisch. Gleichzeitig mit diesem Vertrag verzichtete der schwedische König auf den im Westfälischen Frieden 1648 erworbenen Warnemünder Zoll. Noch etwas Gutes tat Friedrich Franz I. an der Ostseeküste – das legendäre Baden des Herzogs im Jahre 1793 ließ ihn nördlich von Doberan mit Heiligendamm das erste deutsche Seebad gründen, das für den Herzog und den Adel im 19. Jahrhundert unweit der fürstlichen Sommerresidenz zu einer Stätte der Erholung wurde.

Die Französische Revolution und Mecklenburg 1789–1803

Die Französische Revolution hatte um die Jahrhundertwende in Mecklenburg kaum größere Auswirkungen. Trotzdem verbanden sich schon in dieser Zeit einige Ereignisse mit den Geschehnissen im Westen Europas. 1795 kam es neben anderen mecklenburgischen Städten vor allem in Rostock und Schwerin zu Aufständen der Handwerksgesellen. Die jungen, wandernden Burschen empfanden den Widerspruch zwischen sich und den Meistern so sehr, daß sie nach dem französischen Vorbild auch andere Gewerke mobilisierten. Oft als Bagatelle abgetan, reichten doch die städtischen Bürgerwehren und Garnisonen nicht zur Niederschlagung aus. Erst das Eingreifen von Friedrich Franz in Rostock mit einem Grenadierregiment brachte diese politischen Erhebungen der 1790er Jahre in Mecklenburg zum Abklingen.

Durch die schlechten wirtschaftlichen Verhältnisse bedingt, brach im Oktober 1800 in Rostock und Güstrow die sogenannte „Butterrevolution" aus. Frankreich wurde durch schlechte Ernten und die erhöhte Nachfrage während der Koalitionskriege zu einem interessanten Absatzgebiet für Getreide, Butter, Kartoffeln und Fleisch. Die Ausfuhr erzeugte eine Verknappung der Lebensmittel in Mecklenburg und damit einen rapiden Preisanstieg. Gutsbesitzer, Bauern und Kaufleute ließen die Waren erst gar nicht auf den heimischen Markt kommen und erzielten große Gewinne aus dem Export der Produkte. In Rostock und Güstrow schlug die Empörung der Bevölkerung in Plündereien von Geschäften und Läger um, darunter ein großes Butterlager. Auch diesmal mußte das Militär eingreifen. Der Protest hatte seine Wirkung nicht verfehlt. Herzog und Stände einigten sich und garantierten in den Städten den Getreidekauf zu feststehenden Preisen. Kartoffeln und Speck wurden mit einem Ausfuhrverbot belegt.

An den Koalitionskriegen gegen Frankreich hat sich das mecklenburgische Militär nicht beteiligt. Von 1788 bis 1795 standen die mecklenburgischen Truppen gegen Bezahlung von jährlich 30.000 Taler zur Aufrechterhaltung der Ordnung in Holland. Die Summe wurde teilweise als Ablösesumme für die Nichtteilnahme an den Koalitionskriegen verwandt. Der Baseler Frieden von 1795 zwischen Frankreich und Preußen befreite Mecklenburg von den Kontingentsersatzzahlungen. Allerdings mußte nun ein Schutzgeld an Preußen entrichtet werden.

Mit dem Westfälischen Frieden von 1648 waren Mecklenburg zwei kleinere Territorien bei Straßburg zugesprochen, aber weiter von Frankreich beansprucht worden. Dadurch wurde das Herzogtum in den Reichsdeputationshauptschluß vom 25. Februar 1803 einbezogen, der die Entschädigungen der deutschen Fürsten für ihre linksrheinischen Verluste an Frankreich festlegte und faktisch die deutsche Kleinstaaterei beseitigte. Für die nun zwei beanspruchten französischen Kanonikate (ursprünglich die Entschädigung für das an Schweden verlorene Wismar) erhielt der Schweriner Herzog die Einkünfte aus drei Dörfern des Lübecker Hospitals, eine Rente aus der Rheinschiffahrt und die Option auf Ausnutzung der Kirchengüter im eigenen Lande, wovon er jedoch keinen Gebrauch machte.

Der Landesgrundgesetzliche Erbvergleich von 1755 hatte nach der Gesindeordnung des Jahres 1654 für die weiteren Jahrzehnte die Leibeigenschaft der Bauern staatsrechtlich verankert. So konnte nach Artikel 19 „von den leibeigenen Untertanen der Ritter-und Landschaft" des Erbvergleichs von 1755 „die Verlegung und Niederlegung einem jeden Gutsherrn frei und unbenommen" sein, „daß er den Bauern von einem Dorf zum anderen zu setzen und dessen Acker zum Hofacker zu nehmen oder sonst dasselbe zu nutzen, Fug und Macht haben soll". Für die Niederlegung ganzer Dörfer mußte allerdings der Herzog seine Zustimmung erteilen. Die Domanialbauern waren besser geschützt als die ritterschaftlichen, da der Herzog nicht nur wirtschaftlich, sondern auch politisch handeln mußte und die Bauern gegenüber dem herzoglichen Amtmann durch ihren Dorfschulzen geschlossen auftreten konnten.

Herzog Christian Ludwig II. schuf schon 1753 die rechtlichen Voraussetzungen zur Wiederbesetzung von wüsten Hufen mit Büdnereien (2–9 ha). Für die domanialen Bauern wurden zwischen 1768 und 1778 die Hofdienste abgeschafft und damit erreichte man eine weitere Lockerung der Verhältnisse im Gebiet des Landesherrn. Im ritterschaftlichen Bereich Mecklenburgs gab es im 17. Jahrhundert etwa 12.000 Bauernstellen, im Jahre 1729 zählte man noch über 6.000, 1755 waren es 4.900 bäuerliche Höfe und im Jahre 1794 existierten noch 1.900 Stellen. Tausende kleinerer Höfe blieben dagegen im Domanialgebiet bis ins 20. Jahrhundert erhalten, während fast alle Bauernstellen im ritterlichen Hofbetrieb aufgingen.

Das großangelegte Bauernlegen ist vor allem im ritterschaftlichen Gebiet mit seinem Höhepunkt in der Mitte des 18. Jahrhunderts auf den lukrativen Getreidehandel und damit verbunden nicht zuletzt auf die neue Wirtschaftsform der Holsteinischen Koppelwirtschaft zurückzuführen. Die frühere Dreifelderwirtschaft (Wechsel von Brache, Sommer- und Wintergetreide) wurde im 18. Jahrhundert abgelöst durch die Holsteinische Methode, die im Jahre 1700 bereits Friedrich von der Lühe auf seinem Gut Panzow im Amt Neubukow einführte und zur mecklenburgischen Schlagwirtschaft weiter entwickelte.

Hierbei wurde die gesamte Flur in sieben bis zwölf Schläge eingeteilt, abwechselnd mit Getreide, Erbsen, als Brache oder Weide bewirtschaftet. Der Kornertrag, zuvor etwa das Vier- bis Sechsfache der Aussaat, konnte verdoppelt und die Rinderhaltung durch die zusätzlichen Weiden intensiviert werden. Die siebenschlägige Wirtschaft setzte sich in Mecklenburg-Schwerin zum Ende des 18. Jahrhunderts durch, im Strelitzer Land hielt man zunächst noch an der Dreifelderwirtschaft fest. Die bäuerliche Gemengelage mit einzelnen Flurstreifen war für die Koppelwirtschaft hinderlich und durch das Niederlegen der Bauernstellen bei gleichzeitiger Leibeigenschaft schaffte man im ritterschaftlichen Gebiet zusammenhängende Flächen und verfügte über die notwendigen Arbeitskräfte. Die Bauern wurden besitzlose Landarbeiter.

Eine Absicht und Folge der Schlagwirtschaft war der erhöhte Getreideanbau. Neben dem Roggen als häufigste Getreideart war nun auch ein besserer Anbau von Weizen möglich. Zwischen 1730 und 1740 etwa kam der Kartoffelanbau, zuerst als Gartengemüse, wahrscheinlich aus Brandenburg nach Mecklenburg. Der Rübenanbau setzte sich erst im 19. Jahrhundert durch. Mit der umstrittenen Ausweitung der Rinderhaltung bauten die Gutsherren, die besonders experimentierfreudig waren, auch Klee an.

Die größeren zusammenhängenden Gutsbetriebe ermöglichten in der Viehwirtschaft eine zunehmende Spezialisierung. Es konnte mittlerweile durch die Einführung fremder Rassen, bei der traditionellen Pferdehaltung ohnehin, nun auch bei den Herdentieren Rind und Schaf von Zucht gesprochen werden. Die Gutsherren übernahmen hier eine ausgesprochen progressive Rolle, so machten sich die Rittergutsbesitzer von Oertzen zu Wolken bei Bützow und von Bülow auf Prüzen um die Einführung der spanischen Merinoschafe verdient. So wie die politische Revolution in Frankreich nach 1789 in Mecklenburg nur sehr akzentuiert wirksam wurde, vollzog sich auch in der Landwirtschaft eine wenig beachtete „Revolution" in der Schafzucht. Ende der 1780er Jahre wurden die ersten, noch sehr empfindlichen Merinos im Lande fortgepflanzt, 1791 hatte die Schäferei in Wolken bereits einen Bestand von 240

„feinen Schafen". Ob die Mecklenburger das Zeug zu weiteren, von der Weltgeschichte oft verkannten, progressiven Taten hatten, sollte das weitere 19. Jahrhundert beweisen.

Napoleonische Zeit und Befreiungskriege
1806–1815

Französische Besetzung und Rheinbundbeitritt 1806–1812

Während der Koalitionskriege hatten beide Mecklenburg offiziell Neutralität gewahrt. Nach der Niederlage der preußischen Armee bei Jena und Auerstedt waren versprengte Truppenteile auf der Flucht vor den Franzosen in Richtung Norden. Neutralitätsschilder an der Strelitzer Grenze wurden ignoriert. Ende Oktober 1806 erreichte der gebürtige Rostocker, Generalleutnant Gebhard Leberecht von Blücher (1742–1819), Feldberg, vereinigte sich bei Kratzeburg mit weiteren flüchtenden Preußen und führte damit eine Truppe von 21.000 Mann. Der Zustand dieser Männer war katastrophal. Sie starben reihenweise vor Entkräftung und Unterkühlung. Beschlagnahme von Vieh und Nahrungsmitteln in den Dörfern waren an der Tagesordnung, reichten aber nicht für eine so große Truppe aus. Deshalb stellte Blücher allen frei, in die Gefangenschaft oder nach Hause zu gehen. Seine Einheit war die letzte, die noch Widerstand gegen Napoleon leistete. Zu kleineren Gefechten mit den Franzosen kam es bei Nossentin und an der Crivitzer Fähre. Von Schwerin schlug sich Blücher über Gadebusch nach Ratikau bei Lübeck durch, wo er am 7. November 1806 mit 8.000 Soldaten kapitulierte. Mecklenburg, zu schwach, sich wehren zu können, wurde besetzt. Die französischen Truppen plünderten und zerstörten wahllos in den Dörfern zahlreiche Häuser und drangsalierten die Bewohner. Der Herzog von Mecklenburg-Schwerin wurde des Landes verwiesen. Die Verbannung hatte Napoleon I. Bonaparte (1769–1821) als Strafe verhängt und das Land requiriert, da Friedrich Franz I. angeblich Blücher auf seiner Flucht vor den französischen Truppen 1806 den ungehinderten Durchgang durch das damals neutrale Mecklenburg ermöglicht hätte. Tatsache war, daß Blücher gar nicht viel fragte und auch nicht fragen konnte, da ihm die Verfolger dicht auf den

Fersen saßen, und demzufolge auch dem Herzog keine Entscheidung abverlangt wurde.

Erst auf Intervention des russischen Zaren bei Napoleon, nachdem beide Frieden geschlossen hatten, durfte der Fürst mit seiner Familie aus seinem Altonaer Exil (damals in dänischer Hoheit) nach sieben Monaten wieder nach Schwerin zurückkehren.

Mecklenburg-Schwerin und Mecklenburg-Strelitz wurden trotz der Neutralitätsbeteuerungen als feindliches Land erklärt und von einer militärischen Besatzung sowie dem Generalgouverneur Laval verwaltet. Dazu gehörten eine größere Anzahl französischer Beamter und Militärs.

Von einschneidender Auswirkung auf die Wirtschaft Mecklenburgs war die Blockade gegen England im Zuge der „Kontinentalsperre". Das bedeutete, daß nicht nur die gesamte im Lande befindliche englische Ware in einem Schweriner Depot erfaßt, sondern auch jeder Handel mit England, sogar die Ostseefischerei verboten und der Hafen von Warnemünde gesperrt wurde. Das zog einen rasanten wirtschaftlichen Niedergang mit sich, in dessen Folge zahlreiche Gutsbesitzer und -pächter ihre Wirtschaften aufgeben oder verkaufen mußten. Das erfolgte häufig nach einem Losprinzip, wobei die einzelnen Lose oder Anteile sehr klein waren und die Besitzverhältnisse unüberschaubar wurden. Die Getreidepreise sanken rapide und Importe mußten teuer bezahlt werden. In einigen Fällen konnten Freibriefe für den Export erwirkt werden, die aber mit einem enorm hohen Zoll belegt wurden. Die Städte erhielten Einquartierungen von Truppen. Seit dem 1. Januar 1807 wurde eine Landes-Kredit-Kommission zusammengestellt, die die bis Anfang Februar entstandenen Kosten durch die Besatzung auf 7.000.000 Taler veranschlagte.

Darin waren auch 209 Gemälde aus der herzoglichen Galerie in Schwerin, das fürstliche Tafelgeschirr aus Meißner Porzellan und wertvolle Elfenbeinschnitzereien enthalten, die durch den Generalmuseumsdirektor des Louvre ausgewählt und nach Paris gebracht wurden.

Herzog Carl II. von Mecklenburg-Strelitz konnte sich durch Fürsprache des Bayernkönigs einer Verbannung entziehen und seine Neutralität bekräftigen. Das verschonte das Land aber nicht vor

Einquartierungen und Durchmärschen sowohl französischer als auch von Rheinbundtruppen auf dem Weg zu den Kriegsschauplätzen in Pommern und Ostpreußen. Ab Mitte 1807 waren es die zurückkehrenden Soldaten, die das Land schwer in Mitleidenschaft zogen. Erst Ende des Jahres begann sich die Lage etwas zu entschärfen, als Napoleon seine Truppen wie auch den Generalgouverneur aus Mecklenburg abzog und lediglich in Rostock ein Bataillon beließ, das als Küstenwache die Einhaltung der Kontinentalsperre überwachen sollte.

Als letzte deutsche Staaten traten Mecklenburg-Strelitz im Februar 1808 mit einer Verpflichtung zum Bundeskontingent von 400 Mann und Mecklenburg-Schwerin mit 1.900 Mann dem napoleonischen Rheinbund bei. Dafür wurde vom Kaiser das Verbot des Durchzugs fremder Truppen garantiert. Da die mecklenburgischen militärischen Verbände zuvor durch die Franzosen aufgelöst worden waren, mußte mit einer völlig neuen Rekrutierung begonnen werden. Dieser unerfreulichen Maßnahme entzogen sich viele junge Mecklenburger durch die Flucht ins Ausland, so daß die vorgeschriebene Zahl nach einem Jahr erst zu einem Viertel erreicht war. Um die Soll-Stärke zu erreichen, wurden Söldner überwiegend zweifelhafter Herkunft geworben, deren Lebenswandel häufig zur Kriminalität neigte und deren Kampfmoral für einen Krieg wenig brauchbar war. Als der aufständische Major Ferdinand von Schill (1776–1809) im Mai 1809 überraschend in Dömitz auftauchte, konnte er die Festung mit ca. 60 Mann ohne Widerstand einnehmen. An der Grenze zu Vorpommern bei Damgarten war er auf das gesamte Schweriner Rheinbundkontingent gestoßen, das er in kürzester Zeit auseinandersprengte, wobei noch 60 Mann zu ihm überliefen. In Stralsunds Straßen fand er dann den Tod. Das Strelitzer Kontingent stand bei Tribsees bereit, wurde aber nicht in die Kämpfe einbezogen. Eine ganze Reihe von Soldaten beider Kontingente machte sich die Situation zunutze und desertierte, wobei ihre Verfolgung im Lande mit wenig Eifer geführt wurde. Da bekannt war, daß sich die Schillschen Truppen über die Ostsee absetzen wollten, waren holländische Schiffe nach Warnemünde beordert worden, die eine Beschlagnahme Rostocker Segler verhindern sollten. Sie konnten aber nur noch zwei von 18 Schiffen am Auslaufen hindern. Die Warnemünder Bevölkerung war in diesen Tagen ähnlichen Drangsalen wie während der französischen Besetzung ausgesetzt.

Im politischen Umfeld des Rheinbundbeitritts sah der Strelitzer Herzog Carl II. Möglichkeiten, im Rahmen einer umfassenden Staatsreform die Macht der Stände einzuschränken und die schwerfällige landständische Union mit den Schwerinern zu lösen. Auch Herzog Friedrich Franz I. von Mecklenburg-Schwerin wollte die außenpolitische Situation in diesem Sinne nutzen. Da das „Heilige Römische Reich Deutscher Nation" als oberste richterliche Behörde faktisch aufgelöst war, beanspruchte er die gesamte exekutive und legislative Regierungsgewalt, womit die Ritterschaft weitgehend entmündigt und der Landesgrundgesetzliche Erbvergleich faktisch aufgehoben worden wäre. Durch sein zögerliches und kompromißbereites Herangehen kam es aber nicht dazu. Der Vergleich bestand darin, daß die Stände dem Herzog finanzielle Hilfe bei der Bestreitung der hohen Besatzungskosten gewährten und dafür sowohl die landständische Union wie auch die generelle Steuerfreiheit der Ritterschaft bestehen blieb. Die Kosten wurden in der „Außerordentlichen Kontribution", die auf dreißig Jahre festgesetzt war, auf die Untertanen abgewälzt. In dieser Zeit sollte die Schuld von etwa 46.500.000 Talern abgetragen sein. Zur Verwaltung dieser Gelder entstand die gemeinsam von Fürst und Ständen getragene Landesrezepturkasse.

1810 verstarb auf dem väterlichen Schloß Hohenzieritz die preußische Königin Luise (1776–1810). Bereits zu Lebzeiten war sie wegen ihrer Schönheit und Klugheit hochverehrt und hatte auch Napoleon zu beeindrucken verstanden. Nach ihrem Tode verklärte sich ihr Nimbus zur treuen, liebenden und sorgenden deutschen Mutter schlechthin. Das Mecklenburg-Strelitzer Schloß Hohenzieritz wurde zu einem Wallfahrtsort, obwohl sich ihr Grab in Berlin-Charlottenburg befindet.

Nach dem Friedensschluß Napoleons mit Österreich und Schweden 1810 ließ der Kaiser der Franzosen die Bewachung der Küste und der Grenze zu Schwedisch-Pommern zur Einhaltung der Kontinentalsperre erheblich verstärken. Die französischen Zöllner mußten dabei völlig von den Mecklenburgern versorgt werden, wozu auch der extravagante Wunsch zur Einrichtung einer Warmbadeanstalt für den Platzkommandanten in Warnemünde gehörte.

Rücksichtsloser gingen die französischen Besatzungstruppen vor, die Pferde, Vieh, Getreide, Lebensmittel oder Fuhrwerke stahlen und die Bevölkerung drangsalierten. Zahlreiche Klagen an den Regierungspräsidenten aus Warin, Brüel, Teterow, Lübz oder Penzlin belegen das. Eine Rinderpest kam hinzu. Diese Berichte wurden aber nicht oder in stark verharmlosender Form an den Kommandanten der französischen Truppen, der in Rostock Quartier genommen hatte, abgesandt.

Die üblichen Folgen derartiger Verhältnisse kamen auch in Mecklenburg immer mehr zum Vorschein. Glücksspiel, rauschende Feste der Besatzer, Prostitution und Kriminalität nahmen ein erschreckendes Ausmaß an. Von Räuberbanden wurde aus Tarnow, Boizenburg, Grabow, Neustadt/Glewe oder Parchim berichtet. Die weitgehend noch in abergläubischen und einfachen religiösen Vorstellungen befangene Landbevölkerung fand sich in ihrer Verunsicherung durch das Erscheinen eines Kometen im Herbst 1811 bestätigt. In einzelnen Dörfern schlossen sich aber die Bauern mit primitiven Waffen, wie Mistgabeln und Sensen, zum Selbstschutz zusammen.

Dieses Umfeld diente später Fritz Reuter als Vorlage für seinen Roman „Ut de Franzosentid".

Im März 1812 mußten auch 2.100 Mecklenburger, davon 400 Strelitzer, für Napoleon in den Krieg gegen Rußland ziehen. Einigen gelang die Desertation. Die meisten kamen ums Leben. Im September zählte man von den Schwerinern noch 1.200 Soldaten und Offiziere. Weitere 900 kamen durch die Strapazen, Hunger, Krankheit, die wenigsten durch Kämpfe bis zum November um. Mit dem Kaiser der Franzosen an der Spitze begann nach der Niederlage der chaotische Rückzug durch schwerstes Gelände. 150 erreichten die Beresina. Nur 68 kehrten nach Mecklenburg-Schwerin zurück. Die Strelitzer nahmen an den Kämpfen um Moskau teil. Wie viele in russischer Erde begraben sind, blieb unbekannt. Überlebt haben vermutlich insgesamt kaum 100. Die völlig entkräfteten und verwahrlosten Reste der Großen Armee wurden teilweise in mecklenburgischen Städten wie Neubrandenburg gepflegt, wobei sich eingeschleppte Krankheiten auch über das Stadtgebiet ausbreiteten.

Befreiung von der napoleonischen Fremdherrschaft 1813–1815

Nach dem Friedensvertrag von Tauroggen zwischen Preußen und Rußland am 30. Dezember 1812 war die Befreiung eingeleitet. Die französischen und sächsischen Besatzungstruppen verließen überwiegend das Land, und im März 1813 überbrachte der russische Kosakenoberst Friedrich Karl Freiherr von Tettenborn (1778–1845), Friedrich Franz I. in Ludwigslust die Bitte des Zaren zum Austritt aus dem Rheinbund. Der Fürst wies die Aufhebung der Kontinentalsperre an, und in den Städten sammelten sich erste Freiwillige. Am 25. März rief der Schweriner Herzog zu den Waffen, dem fünf Tage später ein ähnlicher Aufruf aus Neustrelitz folgte. Die Mecklenburger traten damit als erste aus dem napoleonischen Rheinbund aus. Die Kosten für die Ausrüstung mußten die Freiwilligen selbst tragen, wozu Sammlungen veranstaltet wurden. Große Begeisterung entwickelte die akademische Jugend der Universität in Rostock, während es in einigen ländlichen Gebieten, wie um Schönberg durchaus auch Zwangsrekrutierungen gab. Spektakulär bekannt wurde die patriotische Haltung von Friderike Krüger (1789–1848) aus Friedland, die, als Mann verkleidet, an den Kriegen bis zu ihrer Verwundung teilnahm. Die Schweriner Mecklenburger waren in verschiedenen preußischen Verbänden wie dem Lützowschen Freikorps eingegliedert, während die Strelitzer als C-Husaren (nach Herzog Carl) ein eigenständiges Regiment in der Schlesischen Armee unter dem Befehl Blüchers bildeten. Sie nahmen an allen Kämpfen angefangen von der Schlacht an der Katzbach im August 1813 über die Völkerschlacht bei Leipzig im Oktober bis zur endgültigen Niederlage Napoleons in der Schlacht bei Waterloo im Juni 1815 teil. Zeitweilig standen so 12.000 Mecklenburger unter Waffen, was bei einer Gesamtbevölkerungszahl von 470.000 eine außerordentlich hohe Leistung war.

Im August und September 1813 wurde auch Mecklenburg wieder

Kriegsschauplatz. Die Franzosen eroberten das Gebiet westlich bis einschließlich Wismar und Schwerin und trieben dort in brutaler Weise Kontributionen in Geld oder Naturalien ein. Allein Wismar mußte 50.000 Taler zahlen und Verpflegung für 15.000 bis 20.000 Mann liefern. Die Franzosen wurden durch ständige Scharmützel der Lützower Jäger über die eigentliche Schwäche der Truppen in Mecklenburg getäuscht. In einem solchen Handgemenge fiel Theodor Körner (1791–1813) bei Rosenberg in der Nähe von Gadebusch. Der populäre Dichter wurde in Wöbbelin, wo sich das Lager des Freikorps befand, neben den anderen Gefallenen dieses Gefechts unter einer Eiche beigesetzt. Der Platz wurde später dem Vater Körners als Familienbegräbnis übereignet.

Die Franzosen drangen am 27. August 1813 auch gegen Rostock bis Schwaan vor, wurden aber in einem Gefecht bei Retschow geschlagen und die Reste in der Nacht darauf bei Kröpelin versprengt. In der Folge zogen sich die Franzosen nach Lübeck und Ratzeburg zurück, wohin ihnen die preußischen Truppen folgten.

Mit dem ersten Pariser Frieden von 1814 kehrten die Truppen nach Mecklenburg-Schwerin heim. Ihnen wurde von Wittenburg über Schwerin, Wismar, Neubukow und Doberan ein triumphaler Empfang bereitet, der am 17. Juli in Rostock seinen Höhepunkt fand. Nach der Flucht Napoleons von der Insel Elba im März 1815 wurden über 3.200 Mann reaktiviert. Sie waren mit den C-Husaren ebenfalls bis zur Schlacht von Waterloo an den Kämpfen beteiligt und kehrten erst Ende des Jahres wieder zurück.

Von den durch Frankreich insgesamt zu zahlenden 700.000.000 Franken erhielten Mecklenburg-Schwerin 2.150.000 und Strelitz 340.000. Darüber hinaus wurde Herzog Carl ein Gebiet mit 10.000 Einwohnern im Saardepartement übereignet, das er aber bereits 1819 für 1.000.000 Taler an Preußen verkaufte. Beide Fürsten wurden in den Rang von Großherzögen erhoben und durften fortan die Anrede „Königliche Hoheit" erwarten. Der für beide nun gleichlautende offizielle Titel war „Von Gottes Gnaden Großherzog von Mecklenburg, Fürst zu Wenden, Schwerin und Ratzeburg, auch Graf zu Schwerin, der Lande Rostock und Stargard Herr". Entscheidende innenpolitische Konsequenzen waren damit nicht verbunden. Hoffnungen der Bevölkerung auf die

Liquidation der Leibeigenschaft und Hoffnungen von Friedrich Franz auf das Herzogtum Lauenburg sowie das Amt Neuhaus gingen nicht in Erfüllung.

Bis auf einige weniger wertvolle Stücke, die nicht mehr auffindbar waren, wurden alle durch Napoleon aus Schwerin geraubten Kunstgegenstände wieder zurückgeführt und im Ludwigluster Schloß untergebracht.

Für Mecklenburg erhielten die Befreiungskriege durch den Besuch des Feldmarschalls Gebhard Leberecht Fürst Blücher von Wahlstatt einen krönenden Abschluß. Der greise Volksheld, der sich über den Ausgang des Krieges und besonders des Wiener Kongresses in seiner drastischen Art vernichtend geäußert hatte, er nannte ihn „einen Furz von einem Ganzen", suchte 1816 in Doberan Linderung für seine Gebrechen. Die Reise dorthin geriet zu einem Triumphzug durch das Land. Legenden z.B. aus Teterow und Laage ranken sich um diesen Weg. In seiner Geburtsstadt Rostock wurde ein ganztägiges Festprogramm veranstaltet.

Seine Vaterstadt und das ganze Land sammelten für ein Denkmal, das vor der Universität aufgestellt wurde. Ungewöhnlicher Ausgangspunkt dafür war eine Falschmeldung in der Hamburger Presse 1814, die von einem derartigen Plan berichtete. Blücher erhielt davon Kenntnis und bedankte sich in Rostock, womit die Stadt in die Pflicht genommen war. Johann Gottfried Schadow (1764–1850) schuf dafür unter reger Anteilnahme Johann Wolfgang von Goethes (1749–1832), der auch die Inschrift auf dem Sockel verfaßte, ein überlebensgroßes Standbild, das noch zwei Wochen vor dem Tod des Feldmarschalls allerdings in seiner Abwesenheit eingeweiht wurde.

Bürgertum und Ritterschaft im Ringen
um die Macht 1816–1871

Konservatives Denken und erste kritische Ansätze des Bürgertums
in Stadt und Land 1816–1847

Auf dem Wiener Kongreß 1815 wurden Mecklenburg-Schwerin mit zwei Stimmen in der Bundesversammlung und Mecklenburg-Strelitz mit einer Stimme Mitglieder des Deutschen Bundes. Innenpolitisch war die Zeit bis 1827 durch die Restauration der Ständeherrschaft und die Kompromißbereitschaft der Landesherrschaft gekennzeichnet. Das wurde besonders deutlich beim Abschluß des Vertrages über die Finanzierung des militärischen Beitrags - des Bundeskontingents. Mecklenburg-Schwerin sollte 3.580 und Strelitz 718 Mann stellen, wobei der größte Teil der Kosten auf die Regierung abgewälzt wurde. Der Deutsche Bund, in dem Mecklenburg durch seinen Gesandten von Plessen (1769–1837) vertreten wurde, war ein loser Zusammenschluß der weiterhin souveränen deutschen Fürsten und der vier freien Reichsstädte. Er war nicht geeignet innere Veränderungen durchzusetzen. Der Versuch des Justizrats Beck (1761–1840), 1817 mit einer Massenpetition den Landesgrundgesetzlichen Erbvergleich zu revidieren, scheiterte. Etwas verzögert trat Friedrich Franz I. 1819 auch den Karlsbader Beschlüssen bei, die das Verbot der Burschenschaften und die Literaturzensur enthielten. Diesen Beschlüssen fiel später auch Reuter, allerdings in Preußen, zum Opfer, und sie führten 1832–1833 zur abschließenden „Festungstid" in Dömitz. Die Gefahr umstürzlerischer Gedanken bei 150 Studenten in Rostock war dagegen unbegründet.

Zu Reformen kam es dagegen im Bereich der Justiz. In Parchim wurde 1818 das Oberappellationsgericht als höchste rechtliche Instanz beider Länder gegründet, das 1840 nach Rostock verlegt wurde. Vier Justizkanzleien entstanden in Schwerin, Rostock, Güstrow und Neustrelitz. Die Patrimonialgerichtsbarkeit der Gutsherren auf ihren Ländereien wurde aber nicht angetastet.

Im Agrarbereich zeichneten sich aber andere, wesentlich weiter gehende, neue Tendenzen ab. 1816 hatte der Erblandmarschall Reichsfreiherr Georg Ferdinand von Maltzan (1778–1849) in Anlehnung an die preußischen Reformen auf seinen Besitzungen um Penzlin bereits die Leibeigenschaft beendet. 1819 wurde auf dem Landtag zu Sternberg die Aufhebung der Leibeigenschaft in Mecklenburg-Schwerin und Mecklenburg-Strelitz eingeleitet, die dann bis 1824 besonders im domanialen Teil realisiert wurde. Damit begann bereits zu diesem Zeitpunkt die Vererbpachtung. Das führte zur allmählichen Herausbildung von Büdnereien als landwirtschaftlicher Kleinbesitz mit zwei Pferden und Häuslereien mit geringerem Besitz. Beide stellten keine volle Ackernahrung und waren gezwungen, einen anderen Nebenerwerb als Tagelöhner oder Arbeiter zu suchen. Fand ein Tagelöhner keine Arbeit oder „Hüsung" drohte ihm die Einweisung in das 1817 gegründete „Landarbeitshaus" in Güstrow und damit der endgültige soziale Abstieg. Die Zustände dort waren katastrophal und das ehemalige Residenzschloß bald derart überbelegt, daß man 1824 eine größere Zahl nach Brasilien verbannte. Deshalb wurde 1821/23 eine „Ordnung des Armenwesens und des Heimatrechts" erlassen, die diese Folgen milderte und den Gutsherren zwang, einen Tagelöhner zweimal wieder aufzunehmen. Eine Abwanderung in die Stadt war kaum möglich. Die Auswanderung nach Amerika stand noch nicht zur Wahl.

Bauerndörfer waren nur noch im Ratzeburger Landesteil von Mecklenburg-Strelitz sowie in den ehemals ritterschaftlichen Gütern Wendisch-Priborn, Niendorf mit Teschenbrügge, Kossow, Buchholz, Grabow und Zielow, die früh abgekauft worden waren, vorhanden.

Die Ritterschaft zögerte den Prozeß bis 1860 hinaus oder mißbrauchte ihr Recht zur Kündigung von Tagelöhnern in schlechteren Zeiten, was in der ersten Hälfte des 19. Jahrhundertes in verschiedenen Dörfern zu Protestversammlungen der Bauern und in einigen Fällen zu Verzweiflungstaten von Tagelöhnern führte.

Die bereits durch die Kontinentalsperre ausgelöste Agrarkrise verschärfte sich in den 1820er Jahren und brachte eine erhebliche Fluktuation unter den Gutsbesitzern mit sich, die sich erst um 1840 wieder beruhigte. Am Ende dieser Entwicklung war der Adel in diesem Bereich erheblich zurückgegangen. Er hatte etwa die Hälfte der Güter an bürgerliche Besitzer abgeben müssen. Auch Juden durften seit 1813 in Mecklenburg Grundbesitz erwerben. Bei den verpachteten Höfen im Domanium zeigte sich eine ähnliche Tendenz. Das führte in vielen Fällen auch zur Anwendung neuester agrarwissenschaftlicher Methoden, die teilweise in Mecklenburg selbst entwickelt wurden. Eine wichtige Rolle spielte dabei die Mecklenburgische Landwirtschaftliche Gesellschaft mit Persönlichkeiten wie Franz Christian Lorenz Karsten (1751–1829), Carl Pogge (1763–1831) oder dem Grafen Hans von Schlitz (1763–1831). Die agrarökonomischen Arbeiten Johann Heinrich von Thünens (1783–1850) begründeten die selbständige Forschung in diesem Bereich in Deutschland. Aus dieser Gesellschaft entwickelte sich 1817 der Patriotische Verein, der sich unter dem Protektorat der beiden Großherzöge immer mehr auf landwirtschaftliche Fortbildung und Leistungsschauen der Gutsbetriebe konzentrierte.

Obwohl sich wachsender Unmut gerade in den Städten gegen die ständische Verfassung bemerkbar machte, hatte die Julirevolution in Frankreich, im Gegensatz zu anderen deutschen Territorialstaaten, auf Mecklenburg nur stark abgeschwächte Auswirkungen, die sich in einigen lokalen städtischen Unruhen z. B. in Schwerin und Wismar äußerten, die durch Bürgerwehren und Militär schnell und unblutig beendet wurden. Bis 1840 konnten andererseits in 16 Städten liberalere Stadtverfassungen durchgesetzt werden. So wurden die Amtszeit der Schweriner Bürgervertreter begrenzt und verwaltungstechnische Verbesserungen, wie die Schaffung des Niedergerichts, vorgenommen.

Aus den Kreisen bürgerlicher und liberaler Gutsbesitzer entwickelte sich nach dem Tod des allgemein akzeptierten Großherzogs Friedrich Franz I. seit 1838 ein erneuter Angriff auf den Landesgrundgesetzlichen Erbvergleich. Im Detail ging es um die Beteiligung der bürgerlichen Landwirte an der Nutzung der Landesklöster Dobbertin, Malchow und Ribnitz. Damit wurden aber generell die Privilegien des Adels in Frage gestellt. Er stellte 1838 in Mecklenburg-Schwerin 289 und die Bürgerlichen 261 Gutsbesitzer. Das Verhältnis verschob sich bis 1846 auf 290 zu 303. In Mecklenburg Strelitz stand die Relation in diesem Jahr allerdings immer noch 32 zu 17 für den Adel und hat auch in den folgenden Jahren kaum eine Veränderung erfahren. Der mit enormem Schrift- und Rechtsaufwand betriebene Streit endete mit einer Machtbeteiligung der bürgerlichen Gutsbesitzer. Eine kleine Gruppe unter ihnen hatte aber weiter gesteckte Ziele und forderte im Bündnis mit einigen städtischen Liberalen eine Modifikation des ständischen Systems in eine konstitutionell-monarchische Staatsform. Unterstützt wurden diese Bestrebungen durch liberale und demokratische Publizisten, wie Fritz Reuter, Wilhelm Raabe (1808–1858) oder August Heinrich Hoffmann von Fallersleben (1798–1874), die mit ihren spezifischen Formen den Ständestaat anprangerten. Als Periodikum entwickelte die liberal-demokratische Partei seit 1847 die „Mecklenburgischen Blätter".

Die industrielle Revolution konnte in der ersten Hälfte des 19. Jahrhunderts noch keine spürbaren Auswirkungen auf Mecklenburg erzielen. Das lag überwiegend am Zunftzwang und an der Beibehaltung traditioneller Erwerbszweige, wie Landwirtschaft und Schiffahrt. Die Segelschiffahrt erlebte nach der Überwindung der Agrarkrise noch einmal eine mehrere Jahrzehnte anhaltende Blüte, die besonders in den ehemaligen Hansestädten zu konservierenden Erscheinungen führte, die keine technischen Neuerungen, wie z.B. den Eisenschiffbau akzeptierten. Die Wismarer Flotte stieg auf 50 und die Rostocker auf 250 Schiffe. Sie waren überwiegend im Export tätig. Der Import verlief überwiegend über ausländische Häfen, wie Stettin, Lübeck oder Hamburg, da dadurch der an den Stadtgrenzen fällige Zoll von Rostock und Wismar zum mecklenburgischen Binnenland wegfiel. In allen Städten und Flecken des Landes fand in der Regel dreimal jährlich in traditioneller Form Markt statt, wobei Fernhändler nur in den beiden großen Hafenstädten zugelassen waren. Auch das zünftig organisierte Handwerk war in den Städten bis in die zweite Hälfte des 19. Jahrhunderts ängstlich um die Wahrung seiner Privilegien bemüht, was in der Neufassung zahlreicher Amtsrollen zum Ausdruck kam, in denen die Zunftschranken mittelalterliche Strenge behielten. Die Gründung des Rostocker Gewerbevereins

1835 und die erste Landes-Gewerbeschau 1836 waren eine Reaktion auf die landwirtschaftlichen Ausstellungen des Patriotischen Vereins und dienten in erster Linie der Leistungsschau einheimischer handwerklicher Produkte und führten in späteren Jahren zur Landes-Industrie-und-Gewerbe-Ausstellung.

Lediglich beim Ausbau des Verkehrsnetzes war ein gewisser Fortschritt erkennbar, der aber von außen initiiert wurde. Die erste mecklenburgische Chaussee wurde 1827 als Teilstück der Hamburg-Berliner Chaussee zwischen Grabow und Boizenburg übergeben. In den folgenden zwei Jahrzehnten überzog sich dann das ganze Land mit einem Netz befestigter Straßen, deren Unterhalt durch Chausseegelderhebungen gesichert wurde. Dazu dienten die unmittelbar am Straßenrand errichteten Chausseewärterhäuser. Auch die erste Eisenbahnlinie des Landes war ein Teilstück der Hamburg-Berliner Strecke, die 1846 eröffnet, die Städte Grabow, Ludwigslust, in 3 Kilometer Entfernung Hagenow und Boizenburg berührte. Erste Ansätze zu industrieller Produktion zeigten sich in den größeren Städten.

Zu den Pionieren auf diesem Gebiet gehörte Ernst Alban (1791–1856), der bereits in der von dem Universitätsprofessor Heinrich Flörke (1764–1835) 1819 gegründeten „Philomatischen Gesellschaft" mit seinen Experimenten Aufsehen erregt hatte, 1830 mit großherzoglicher Ausnahmegenehmigung in Klein Wehnendorf eine erste Maschinenfabrik zur Produktion von Landmaschinen errichtete und in der Folgezeit Fabriken in Güstrow und Plau betrieb. Gleichzeitig entwickelte er die Hochdruckdampfmaschine und entwarf neue landwirtschaftliche Geräte, für die er nicht nur in Mecklenburg geehrt wurde.

Prosperität zeigte auch das Versicherungs-, Sparkassen- und Kreditwesen. Feuerversicherungsanstalten in Schwerin und Rostock oder Hagelversicherungen bildeten den Anfang. 1821 wurde die Schweriner Sparkasse als erste gegründet. Rostock folgte 1825, Wismar und Güstrow im Jahr darauf, Wittenburg 1836, Malchin 1844, Parchim ein Jahr später und Schwaan 1848. Bis 1850 folgten 17 weitere, darunter auch die Rostocker Bank, die bis 1865 eigene Geldscheine emittierte. 1819 entstand der Ritterschaftliche Kreditverein.

Kultur und Wissenschaft waren überwiegend in den größeren Städten konzentriert, wobei sich auch hier die Rückbesinnung auf mittelalterliche Werte im Rahmen der Romantik zeigte. Gesangvereine, Verschönerungsvereine oder die Rostocker Societät „für gebildete Männer" pflegten eine introvertierte Geselligkeit mit Wohltätigkeitsveranstaltungen und Jahresbällen. Die Gründung des Vereins für Mecklenburgische Geschichte und Altertumskunde 1835 durch Friedrich Lisch (1801–1883) in Schwerin führte zu einem erheblichen Forschungszuwachs besonders zur Abstammung und Entwicklung des mecklenburgischen Fürstenhauses. Zu den bedeutendsten Leistungen des Vereins gehört die Edition der mittelalterlichen Urkunden in Form des Mecklenburgischen Urkundenbuches, das seit 1863 erschien und erst in den 1970er Jahren abgeschlossen wurde.

Auch in der Architektur wurde in der Stadt wie auf dem Lande mit neogotischen und Tudoradaptionen eine aktive Mittelalterrezeption betrieben, die die Antikeverehrung während des Klassizismus ablöste. Die Handschrift des Hofbaumeisters Georg Adolph Demmler (1804–1886) prägte besonders das Regierungsviertel der Landeshauptstadt Schwerin seit der Rückverlegung der Residenz von Ludwigslust nach Schwerin in einer Mischung dieser historisierenden Stilrichtungen. Auch die Sammlungen der 1840 in Schwerin und 1841 in Rostock gegründeten und verdienstvollen Kunstvereine orientierten sich rückwärtsgewandt überwiegend an der holländischen Malschule des 17. und 18. Jahrhunderts und waren moderner Kunst wenig aufgeschlossen.

Die Hauptvertreter der romantischen Malerei im benachbarten Vorpommern hatten kaum Auswirkungen auf Mecklenburg über den regionalen Rahmen hinaus. Als Ausnahme kann hier der gebürtige Güstrower Georg Friedrich Kersting (1785–1847) gelten, der später an der Porzellanmanufaktur in Meißen wirkte.

In der Literatur fand eine oft kritische Besinnung auf die eigenen Werte des Landes statt und damit eine Abkehr von der geistig weltoffenen Haltung der Aufklärung.

Hauptvertreter dieser Richtung in Mecklenburg waren Fritz Reuter (1810–1874) und John Brinckman (1814–1870). Ernst Boll (1817–1868), der das aus dem Geiste der Romantik neu erweckte

Natur- und Heimatgefühl 1840 im „Verein der Freunde der Naturgeschichte" kanalisierte, arbeitete in dieser Zeit an seiner zweibändigen „Geschichte Mecklenburgs mit besonderer Berücksichtigung der Culturgeschichte", die besonders in der sozialgeschichtlichen Aufbereitung einen neuen Ansatz gegenüber den bis dahin dynastisch oder politisch geprägten Historien darstellte. Das Werk erschien allerdings erst 1855/56 und sah sich in einer Zeit allgemeiner Reaktion schwerer und überwiegend ungerechtfertigter Kritik ausgesetzt.

Die Revolution von 1848/49–50

Auf die revolutionären Ereignisse im Februar 1848 in Paris und im März in Berlin reagierte die mecklenburgische Bevölkerung spontan mit einer starken antifeudalen und teilweise radikal-demokratischen Bewegung, die in der Geschichte des Landes bisher einmalig war. In vielen Städten wurden aus allen Kreisen des Bürgertums Reformvereine gegründet, die weitgehend ohne Abstimmung untereinander liberale und demokratische Forderungen formulierten. In einigen größeren Städten entstanden auch radikaldemokratische Arbeitervereine, von denen teilweise Zeitungen, wie in Schwerin der „Mecklenburgische Bürgerfreund" herausgegeben wurden. In diesem Blatt, aber auch in Flugschriften entwickelte sich eine eigenständige Kultur der Revolution, die in Gedichten, Liedern oder Karikaturen oft anonymer Autoren ihren Ausdruck fand.

Auf dem Lande kam es unter den Landarbeitern und Tagelöhnern zu Massenaktionen, die sich besonders in der Gegend um Waren im Frühjahr 1848 zu bewaffneten Kämpfen auswuchsen. Hier standen die Forderungen auf die Schaffung freien bäuerlichen Eigentums, Reduzierung des Großgrundbesitzes und Abgabe von Land an die Landarbeiter im Vordergrund. Unter massivem Militäreinsatz wurden diese ländlichen Aufstände niedergeschlagen.

Den mecklenburgischen Regierungen in Schwerin und Neustrelitz gelang es im Gegensatz zu anderen deutschen Staaten durch scheinkonstitutionelle Zugeständnisse und einige personelle Veränderungen im Sinne der bürgerlichen Forderungen ihren eigenen

Sturz zu verhindern. Trotzdem gelang es den Reformern, auch unter dem Vorbild des benachbarten Preußen, das ständische System aufzuheben, ein demokratisches Wahlrecht, Presse- und Versammlungsfreiheit und eine bürgerliche Repräsentativverfassung zu etablieren. Damit waren die Voraussetzungen für einen bürgerlichen Parlamentarismus geschaffen. Durch langwierige Verhandlungen und kleinliche parlamentarische Debatten zwischen radikalen Demokraten und gemäßigten Liberalen kam die verfassungspolitische Entwicklung erst im Oktober 1849 zum Abschluß, als in anderen deutschen Ländern längst der Höhepunkt der Revolution überschritten war und im benachbarten Preußen bereits die Konterrevolution gesiegt hatte. Mit deren Hilfe hatte sich bereits auch in Mecklenburg die ständisch-ritterschaftliche Reaktion gesammelt. Zentrum dieser Bewegung war Großherzog Georg von Mecklenburg-Strelitz (1779–1860) als ein Vertreter der extremen Adelsreaktion, der auch durch seine familiären Beziehungen zum preußischen Königshaus weitgehende Unterstützung erhielt. Aus diesem Grunde wurde das Urteil über die bürgerliche Verfassung in Mecklenburg auch im September 1850 im ausländischen Brandenburg gesprochen und ging als Freienwalder Schiedsspruch in die Geschichte ein. Der Landesgrundgesetzliche Erbvergleich trat wieder in Kraft und blieb bis 1918 erhalten.

Von den in der Revolution erstrittenen Rechten blieb lediglich das Recht, öffentlich auf der Straße Tabak rauchen zu dürfen.

Die führenden Persönlichkeiten der Revolution, wie der Anwalt Moritz Wiggers (1816–1894), sein Bruder, der Theologieprofessor Julius Wiggers (1811–1901), der Juraprofessor Karl Türk (1800–1887), der Professor Christian Wilbrand (1801–1867), der Boizenburger Rektor Ludwig Reinhard (1805–1877), der Schweriner Hofbaumeister Georg Adolph Demmler oder der Literat Julius Polentz (1821–1869) gingen z. T. ihrer Lehrämter an der Rostocker Universität verlustig und wurden schließlich in einem Hochverratsprozeß zu mehrjährigen Festungsstrafen verurteilt.

Etwa zehn Jahre lang nach dem Sieg der Ständeherrschaft über die Revolution herrschte in Mecklenburg politische Friedhofsruhe. Wegen der wirtschaftlichen Ausweglosigkeit für Knechte und Mägde auf dem Lande zogen viele Menschen in die Städte, wo aber durch die Zunftschranken auch kaum bessere Lebensmöglichkeiten vorhanden waren. 1862 wurde für die ritterschaftlichen und städtischen Güter Mecklenburg-Schwerins ein Gesetz über die Regulierung und Vererbpachtung der bäuerlichen Stellen erlassen. Für das Domanium folgte diese Regelung 1867. Da viele Bauern nicht in der Lage waren, den Freikauf ihrer Wirtschaften zu leisten, mußten sie ihre Höfe den großen Gutsbesitzern überlassen. Damit wurde die soziale Schicht der Bauern in weiten Landesteilen praktisch liquidiert. Die Vergrößerung der Flächen führte zu einer Intensivierung der verkleinerten Ackerböden und andererseits zur Bildung größerer Grünland- und Waldflächen besonders für den Ausbau der Rinderhaltung auf minderen Böden.

Eine Ausnahme bildete das zu Mecklenburg-Strelitz gehörende Ratzeburger Land, wo sich die Gutswirtschaft kaum entwickelt und daher eine relativ starke Bauernschaft erhalten hatte.

Die Folge der allgemeinen Entwicklung in Mecklenburg war eine Massenauswanderung nach Amerika, die das ohnehin am dünnsten besiedelte deutsche Land weiter schwächte.

Nur langsam und, bis auf die eher am Rande liegenden Verkehrswege zwischen Hamburg und Berlin, ausschließlich auf der Grundlage einheimischer Initiativen entwickelten sich weitere Ansätze für eine Industrie im Lande, die 1851 mit dem Bau eines ersten eisernen Schraubendampfers auf der Werft von Albrecht Tischbein (1803–1881) und Wilhelm Zeltz (1819–1879) in Rostock einen ingenieurtechnischen Höhepunkt erlebten, der aber keine Folgen für die hiesige Schiffahrt hatte, da die konservativen Reeder bei den Seglern blieben. Pioniercharakter behielt auch die Gründung der Chemischen Fabrik von Friedrich Witte (1829–1893) 1856 in Rostock. Hier wurden in den Folgejahren Forschungsergebnisse aus den eigenen Labors direkt in die Produktion überführt. Andere Maschinenbau- und Reparaturbetriebe hatten ihre Basis in der Landwirtschaft. Auch eine landwirtschaftliche Verarbeitungsindustrie begann sich zunächst nur mit Brauereien, Molkereien und Brennereien zu etablieren. Ländliche Manufakturen, wie z. B. die Glashütten, gingen in ihr letztes Stadium. Nach 1865 existierte noch die Hütte in Alt Schwerin, die durch Kinderarbeit der industriellen Konkurrenz widerstehen konnte. Aber 1901 ging auch sie in Konkurs. Private Unternehmungen investierten in verschiedene Eisenbahnlinien.

Diese industriellen Unternehmer begannen der alteingesessenen handelskapitalistischen Oberschicht, die weitgehend das Wirtschaftsgefüge in den Städten über Jahrhunderte bestimmt hatte, den Vorrang streitig zu machen.

Von großer wirtschaftlicher Bedeutung in dieser Zeit war die Einbindung in die Gesetzgebung des Norddeutschen Bundes, die mit dem Gesetz über die Freizügigkeit 1868 die letzten Beschränkungen der Wohnsitzwahl aufhoben und mit dem Gewerbegesetz 1869 den Zunftzwang beendeten. In diesem Zusammenhang entstand trotz Verbot in Rostock der „Allgemeine Mecklenburgische Handelsverein", aus dem später die Mecklenburgische Handelskammer hervorging.

Unter dem Eindruck der Neuformierung der liberalen und kleinbürgerlichen Oppositionsbewegung in den benachbarten deutschen Bundesstaaten, vor allem in Preußen, wurde im Jahre 1860 die liberale Partei in Mecklenburg wieder aktiv. Sie reagierte damit auf Impulse, die insbesondere von der Gründung des „Kongresses deutscher Volkswirte" 1858, des „Nationalvereins" 1859 und der Fortschrittspartei 1861 ausgingen. Die Besonderheit der von aktiven Teilnehmern der Revolution von 1848/50 geführten mecklenburgischen Oppositionsbewegung bestand in ihrer relativ einheitlichen, gemäßigt liberalen Ausrichtung. Die gemeinsame Frontstellung gegen das feudal-ständische System bildete hier den gemeinsamen kleinsten Nenner. Die mecklenburgische liberale Opposition, die über eine recht starke Massenbasis verfügte und deren Zentrum Rostock war, erstrebte eine konstitutionelle Landesverfassung nach dem Vorbild von 1848/50 und orientierte sich bei der Lösung der national-staatlichen Einigung an der kleindeutschen Lösung mit preußischer Spitze. In der „Rostocker

Zeitung" hatten sie ein in ihrem Interesse redigiertes überlokales Tageblatt, während die in Schwerin erscheinende „Mecklenburgische Zeitung" die Regierungsmeinung vertrat.

Der vom Bundes- und späteren Reichskanzler Otto Fürst von Bismarck (1815–1898) geführte „Kulturkampf gegen die Ultramontanen", d. h. gegen den katholischen Klerus, bekam in Mecklenburg eine protestantische Parallele. Der liberale Theologe und Reichstagsabgeordnete Michael Baumgarten (1812–1889) trat hier der mecklenburgischen Staatskirche entgegen und forderte die Freiheit des Bekenntnisses sowie die Trennung von Kirche und Staat. Sein Gegner war der lutherisch-orthodoxe Präsident des Oberkirchenrates Theodor Kliefoth (1810–1895) in Schwerin, der ihm zunächst die Professur an der Rostocker Universität entzog und ihn dann wegen „Preßvergehens" strafrechtlich verfolgen ließ. Auch die Verlegung des Lehrer-Seminars 1852 von Ludwigslust nach Neukloster muß unter konservativ restaurativen Aspekten gesehen werden. Die damit verbundene ausschließliche Konzentration auf die Ausbildung von Landlehrern hatte die erhebliche Heraufsetzung der Religionsstunden und der Ausbildung in landwirtschaftlichen Fächern auf Kosten der Allgemeinbildung zur Folge. Das entsprach den Vorstellungen der Ritterschaft, die allgemein in der Forderung nach „einem Ochsen vor dem Pflug und einem dahinter" kolportiert wird.

Im Vorfeld der Konstituierung des Norddeutschen Reichstages organisierte sich die gesamte liberale Opposition in Form eines Landeswahlvereins und errang in der Folgezeit in den Reichstagen des Norddeutschen Bundes die Mehrzahl der Mecklenburgischen Mandate. Von dieser Abgeordnetengruppe im Reichstag gingen im Verlauf der Reichseinigung 1866 bis 1871 starke, allerdings ergebnislose Impulse für eine Reform der ständischen Landesverfassung aus. Erreicht werden konnte allerdings eine Korrektur der Wahlkreiseinteilungen, die zuvor mitunter keine geheime Wahl garantierten, und andere Liberalisierungen besonders im wirtschaftlichen Bereich.

Die mecklenburgischen Regierungen neigten beide in der Frage der nationalen Reichseinigung zu partikularistischen Tendenzen, unterwarfen sich aber aus Vernunftsgründen gegenüber dem

Stärkeren den preußischen Forderungen. Am Schweriner Hof gab es sehr enge persönliche Beziehungen zum preußischen Königshause. Die Großherzoginwitwe Alexandrine (1803–1892) war eine Tochter der legendären Königin Luise und Schwester des späteren Kaisers Wilhelm I. (1797–1888). Darüber hinaus genoß sie große Achtung am Hof und im Volk. So war die Neigung der Schweriner Fürstenfamilie zur kleindeutschen Lösung verständlich. Teile der Ritterschaft und besonders der Neustrelitzer Hof waren dagegen an einer großdeutschen Lösung unter österreichischer Führung interessiert. Die offen renitente Haltung des blinden Strelitzer Großherzogs Friedrich Wilhelm (1819–1904) gegenüber der Politik Bismarcks hätte fast zur Annexion durch Preußen geführt.

Im Krieg Österreichs und Preußens gegen Dänemark 1864 verhielten sich die Mecklenburger neutral. 1866 im Konflikt mit Österreich ließ sich Friedrich Franz II. (1823–1883) aus hausmachtpolitischen Gründen zur Unterstützung Preußens überreden, während Friedrich Wilhelm erst durch Bismarck zu diesem Schritt gezwungen werden mußte. Mecklenburgische Truppen waren in dieser Auseinandersetzung an der Besetzung Bayerns beteiligt.

1867/68 erfolgte die Eingliederung der mecklenburgischen Kleinstaaten in den Norddeutschen Bund und den Zollverein und schließlich 1871 in das Deutsche Reich. Am deutsch-französischen Krieg 1870/71 nahmen die Mecklenburger, wie die Bewohner anderer deutscher Staaten auch, mit nationaler Begeisterung und ohne Vorbehalte teil.

Integration in das Deutsche Reich 1871–1918

Liberalismus, Industrialisierung und ritterschaftlicher
Kompromiß 1871–1900

Die Selbständigkeit der deutschen Einzelstaaten in der bundes-
staatlich-föderalistischen Struktur war stark der preußischen Übermacht untergeordnet worden. Die Außenpolitik wurde allein vom
Auswärtigen Amt und anderen Reichsbehörden getragen und die
wirtschaftlichen Regulative entstanden im Reichstag auf der Basis
von Gesetzen, die sich allerdings in vielen Fällen erheblich vom
Landesrecht unterschieden. Trotzdem blieb der Innenpolitik ein
breiter Spielraum, und die Wirtschaft war vor allem im agrarischen
Bereich weiterhin selbständig.

Die liberale Landespartei gelangte in den Jahren nach der
Reichsgründung zu großer politischer Bedeutung in Mecklenburg.
Bis 1878 errang sie alle sieben Reichstagsmandate (sechs für
Mecklenburg-Schwerin und eins für Mecklenburg-Strelitz). Diese
Abgeordneten setzten mehrfach die Reform der feudalen Landesverfassung auf die Tagesordnung im Reichstag und machten
aus diesem Problem ein Dauerthema in der liberalen politischen
Publizistik des Reiches. Durch diesen politischen Druck sahen sich
die Regierungen der beiden Länder und die Ritterschaft seit 1872
genötigt, die Verfassungsfrage wiederholt auf die Tagesordnung
zu setzen. Die Vorstellungen der mecklenburgischen Liberalen
nach Wiedereinführung des Grundgesetzes von 1849 oder der
Übergang zu einer konstitutionellen Monarchie blieben wegen des
Widerstandes im Bundesrat und in der mecklenburgischen Ritterschaft unerreicht, obwohl es auch in der Ritterschaft eine kleine
neukonservative Gruppe gab, die sich diesen liberalen Bestrebungen anschloß. 1878 verloren die Liberalen im Reichstag ihr
Mehrheitspotential, und Bismarck söhnte sich mit den Konservativen aus. Damit hatten derartige Veränderungen „von oben"
keine Aussicht mehr auf Erfolg. Die ehemaligen „Achtundvier-

ziger" in der mecklenburgischen liberalen Partei zogen sich daraufhin resigniert weitgehend aus dem politischen Leben zurück. Die neuen Exponenten in dieser Partei, wie Friedrich Witte oder der Wismarer Bürgermeister Anton Haupt (1826–1889), vertraten überwiegend wirtschaftspolitische Interessen oder konzentrierten sich auf den wirtschaftlich-liberalen Ausbau der städtischen Verfassungen wie 1887 in Rostock als Bündnis von Unternehmern und Bildungsbürgertum.

Trotz einiger Reichsgesetze zur Trennung von Kirche und Staat, wie dem Reichszivilstandsgesetz von 1874, das die bürgerliche Ehe und die Glaubensfreiheit vorschrieb, wurde diese Regelung u.a. durch eine großherzogliche Verordnung unterlaufen, die vorschrieb, daß alle Beamten evangelischen Glaubens sein mußten. Eine Folge davon war, daß die Gesamtzahl von etwa 2.000 Juden bereits bis 1900 in Mecklenburg-Schwerin um 10% und in Mecklenburg-Strelitz sogar um 32% zurückging. Die katholische Bevölkerung dagegen wuchs in dieser Zeit auf etwa 2–3% der Gesamtbevölkerung. Im Lande wohnten um 1900 etwa 700.000 Menschen. Davon lebte etwa die Hälfte in Städten und etwa 100.000 entfielen auf Mecklenburg-Strelitz.

Andere Bereiche, wie die Schulaufsichtspflicht, blieben bis 1918 in Mecklenburg unangetastet in protestantischer geistlicher Hand.

Erst in dieser Zeit begann in Mecklenburg die industrielle Revolution wirksam zu werden. Durch die Gewerbefreiheit etablierten sich besonders im Bereich des Maschinenbaus und der Nahrungsmittelindustrie einheimische Unternehmer. Rostock, Wismar und Güstrow und mit einigem Abstand auch Schwerin, Neubrandenburg, Neustadt-Glewe, Dömitz und Parchim entwickelten sich zu industriellen Zentren. Verschiedene Rostocker Werften vereinigten sich nach wechselvoller Geschichte 1890 in der Neptunwerft AG mit über 1.000 Beschäftigten. In Wismar baute Heinrich Podeus (1832–1905) das größte privatkapitalistische Unternehmen des Landes auf als Großreeder, der als einer der ersten des Landes Eisenschiffe in Dienst stellte, mit Eisengießereien, einer Waggonfabrik und Holzwerken, die überwiegend für den Eisenbahnbau tätig waren und um 1900 etwa 900 Beschäftigte hatten.

Eine besondere Bedeutung erlangten die neun Zuckerfabriken, die seit Beginn der 1880er Jahre als Aktiengesellschaften der Gutsbesitzer entstanden und technischen Höchststand im europäischen Maßstab darstellten. Der Aktienerwerb war in diesem Fall an den Anbau von Zuckerrüben gebunden.

Genossenschaftlich wurden Molkereien, Butter- und Stärkefabriken betrieben.

1889 bzw. 1893 wurden die bis dahin überwiegend privat betriebenen Eisenbahnen verstaatlicht und als „Großherzoglich Mecklenburgische Friedrich-Franz-Eisenbahn" mit zentralen Werkstätten in Güstrow und Ludwigslust weitergeführt. Zu ihrer Beaufsichtigung wurde als beratendes Gremium der Landeseisenbahnrat im Schweriner Innenministerium berufen, in dem neben Rittergutsbesitzern und Bürgermeistern kleinerer Städte paritätisch erstmals die bedeutendsten industriellen Unternehmer des Landes in einem ministeriellen Organ saßen.

Konjunktur erlebte in dieser Zeit die Bauindustrie von den Ziegeleien bis zu den Bauunternehmern durch die massenhafte Abwanderung der Landbevölkerung in die Städte. Alle größeren Kommunen bekamen „Vorstädte" vor den Stadttoren mit billigen Mietshäusern ohne höhere Ansprüche an Komfort und Ästhetik. Andererseits entstanden die Villenviertel.

Der Bau von neuen Fabriken brachte ebenfalls umfangreiche Aufträge für das Baugewerbe. Auch die Kirche entfaltete in Mecklenburg-Schwerin unter der Regentschaft von Friedrich Franz II. und unter tätiger Mitwirkung seines engen Vertrauten, des Präsidenten des Oberkirchenrates, Theodor Kliefoth, eine rege Bautätigkeit. 83 Kirchen wurden neu gebaut und 192 von Grund auf erneuert.

Ein bedeutendes Unternehmen in der Papierindustrie, das über den mecklenburgischen Rahmen hinaus tätig war, entstand seit 1873 mit der Firma „Schöller & Bausch" in Neu Kaliß.

Zahlreiche Aktiengesellschaften, wie die Sprengstoffwerke „R. Nahnsen" Dömitz, die größte Brauerei des Landes „Mahn & Ohlerich" Rostock oder die "Mecklenburgische Maschinen- und Wagenbau AG" Güstrow, standen unter preußischer oder hamburgischer Kontrolle.

Der preußische Einfluß auf die mecklenburgische Wirtschaft wurde besonders deutlich durch die Gründung der „Mecklenburgischen Hypotheken- und Wechselbank AG" 1871 in Schwerin durch den Direktor der Deutschen Bank Georg von Siemens (1839–1901). Die Bank in Mecklenburg stand zwar durch Spekulationen im Gründerstil 1874 kurz vor dem Bankrott, konnte sich aber erholen und entwickelte sich zur größten Bank des Landes, deren Aufsichtsrat dominiert war von mecklenburgischen Rittergutsbesitzern.

Eine schwere Rezession kennzeichnete die Situation in der Schiffahrt. Durch das Beharren auf den technisch überlebten Segelschiffen und den schnellen Ausbau der Häfen in Stettin, Hamburg und Bremen mit wesentlich günstigeren Anbindungen an das Hinterland sank der Fernhandel von Mecklenburg aus erheblich. Der Umschlag in den Ostseehäfen zeigte schon beachtliche Differenzen. Während er 1873 in Lübeck 395.000 Tonnen, in Swinemünde 230.000 Tonnen und Stettin sogar 1.020.000 Tonnen betrug, hatten Rostock 56.000 Tonnen und Wismar nur 51.000 Tonnen aufzuweisen. Die Hafenanlagen in Mecklenburg waren veraltet und zu klein und die Anbindung an Preußen im Westen durch die Elbe nach Hamburg, durch den Elbe-Trave-Kanal nach Lübeck und im Osten über die Oder nach Stettin wesentlich günstiger. Kanalprojekte von Wismar zur Elbe und von Rostock nach Berlin scheiterten in dieser Zeit nicht zuletzt an der preußischen Verweigerung zur Zusammenarbeit aus Konkurrenzangst. Die registrierten Schiffe gingen zwischen 1885 und 1894 von 347 auf 164 zurück. Zahlreiche alteingesessene Reederfamilien, sofern sie sich nicht rechtzeitig wirtschaftlich anders orientiert hatten, gingen in den Konkurs oder verloren ihre gesellschaftliche Stellung. In der Regel blieben auch Industrie- und Handelsunternehmer im städtischen Rahmen unter sich, und die wirtschaftliche Verflechtung mit der Landwirtschaft stellte die Ausnahme dar.

Als Ausnahme stand auch immer noch das 1873 privatisierte erste deutsche Seebad Heiligendamm da, das erst Ende des 19. Jahrhunderts ernsthafte Konkurrenz bekam.

Die Landwirtschaft mit Gütern über 100 ha dominierte aber weiterhin die mecklenburgische Wirtschaft. Hier entwickelte sich eine hohe Leistungsfähigkeit verbunden mit marktwirtschaftlicher Flexibilität. Die Maschinennutzung und der Großviehbestand lagen allgemein über dem Reichsdurchschnitt. Damit hatten die mecklenburgischen Großbetriebe in der Landwirtschaft, angeführt von den bürgerlichen Gutsbesitzern und im Einvernehmen mit dem Landadel, auch ein höheres Niveau in der Stabilisierung und Produktivität im Deutschen Reich erlangt. Trotz dieses partiellen Aufschwungs blieb es bei einer erheblichen Landflucht, da die Landarbeiter nicht daran partizipierten. 1871 betrug die Bevölkerungszahl auf dem Lande etwa 360.000. Allein 80.000 wanderten in die Städte ab, und rund 120.000 gingen bis 1900 nach Hamburg oder weiter nach Amerika. Die Bevölkerungsdichte ging im Bereich der ritterschaftlichen Güter immer weiter zurück und erreichte mit 21 Einwohnern pro km^2 den niedrigsten Stand im Deutschen Reich, während im Domanium durch die Aufsiedlungspolitik durch Büdner und Häusler ein langsamer Anstieg auf 35 Einwohner pro km^2 zu verzeichnen war.

Der Strelitzer Landesteil blieb in dieser Zeit aufgrund der restriktiv-autoritären und unverhältnismäßigen Sparsamkeit des Großherzogs Friedrich Wilhelm bis zu seinem Tode 1904 hinter dem Schweriner Staatswesen deutlich zurück, obwohl der Fürst selbst aufgrund erfolgreicher Spekulationen ein beachtliches Vermögen erwarb.

Das Bürgertum hatte sich nicht nur wirtschaftlich, sondern auch kulturell etabliert. Ein umfangreiches Vereinsleben, das immer noch sehr stark lokal und regional geprägt war, bestimmte die Freizeit. Kunst- und Altertumsvereine in den Städten Schwerin, Güstrow, Wismar, Neubrandenburg und Rostock legten museale Sammlungen an. Elitäre Organisationen, wie die Societät oder die Clubgesellschaft, hatten ihren Sitz in Rostock und banden auch Militärs und Rittergutsbesitzer. Die wichtigste Organisation der Rittergutsbesitzer blieb der Patriotische Verein mit über 1200 Mitgliedern in 29 Distrikten. Arbeiter, Handwerker und auch das Bildungsbürgertum fanden sich in Sport-, Gesang- oder Arbeiter-Bildungs-Vereinen zusammen. Sängerbundfeste und Mecklenburgische Musikfeste hatten große Ausstrahlung und Beteiligung.

Überregionale Verbände waren entweder wirtschaftliche Fachverbände oder eindeutig politisch orientierte Organisationen wie die liberale, die konservative und seit dem Fall des Sozialistengesetzes 1891 auch verstärkt die Sozialdemokratische Partei. 1898 konnten die Sozialdemokraten, die bereits seit 1871 zu den Reichstagswahlen in Mecklenburg antraten, erstmals mit Joseph Herzfeld (1853–1939) ein Mandat erringen. Herzfeld hatte im Lande eine besondere Popularität als Anwalt für Landarbeiter in einigen erfolgreichen Prozessen gegen Rittergutsbesitzer erlangt. 1874 konnte mit maßgeblicher finanzieller Unterstützung durch Georg Adolph Demmler, zunächst als Wochenblatt, erstmals die sozialdemokratische „Mecklenburgische Volks-Zeitung" erscheinen. 1896 wurde dann ebenfalls in diesem politischen Umfeld „Der Mecklenburgische Volkskalender" herausgegeben, der seine Popularität einem blamablen Polizeiakt verdankte. Nach einer 1897 durch die Staatsanwaltschaft verfügten Beschlagnahme von etwa 10.000 Exemplaren mußten auf Gerichtsbeschluß alle Kalender wenige Wochen später durch die Landesgendarmerie wieder ausgehändigt werden.

Seit 1886 begann sich die Deutsche Kolonialgesellschaft zunächst in Wismar und später auch in Rostock, Schwerin und Waren einzurichten. Sie erhielt einen größeren Aufschwung im Lande, als 1895 Johann Albrecht Herzog zu Mecklenburg (1857–1920), der zeitweilig auch in Schwerin regierte, zum Präsidenten der Gesellschaft gewählt wurde.

Kunst und Kultur waren einerseits nach wie vor höfisch orientiert, was sich besonders in Schwerin am Theater und im Konzertleben, das stark von Freiherrn Friedrich von Flotow (1812–1883) beeinflußt wurde, bemerkbar machte. Ein weiteres Landestheater bestand in Neustrelitz. Andererseits gab es Stadttheater mit ausgesprochen bürgerlicher Prägung in Rostock, Wismar und Güstrow. Mit Hilfe der Kriegskontributionen aus Frankreich konnte 1882 in Schwerin auch das Museumsgebäude am Alten Garten nach Plänen von Hermann Willebrand (1816–1899) fertiggestellt werden.

Zur Freizeitkultur gehörten in jener Zeit Bälle der verschiedensten Verbände, bürgerliche „Geselligkeiten", in denen sich Angehörige

Titelseite: Friedrich Schlie, Kunst- und Geschichtsdenkmäler

des Bildungsbürgertums wie Beamte, Unternehmer und freie Berufe, in privaten Runden trafen, und Bildungsabende. In der Architektur waren eklektizistische Neostile vorherrschend.

Die wichtigsten Bauten dieser Zeit wurden von Hofbaumeister Gotthilf Ludwig Möckel (1838–1915) entworfen, darunter in den 1890er Jahren auch das Ständehaus in Rostock als letzter demonstrativer Auftritt der Ritter- und Landschaft. Möckel erhielt aber auch zahlreiche Aufträge zur Erneuerung gotischer Baudenkmale, die im Zeitgeschmack dann oft überbaut wurden. Zu den hervorragenden Leistungen in der Denkmalpflege gehört die Erfassung der „Kunst- und Geschichtsdenkmäler des Großherzogtums Mecklenburg-Schwerin" durch den verdienstvollen Schweriner Museumsdirektor Friedrich Schlie (1839–1902), die zwischen 1896 und 1901 in einer umfassenden fünfbändigen Ausgabe veröffentlicht wurde.

Die bildende Kunst bewegte sich überwiegend im akademischen Bereich ohne eine eigene mecklenburgische Schule zu entwickeln. Erste Tendenzen zu einer Freilichtmalerei führten zur Gründung der Künstlerkolonie Schwaan um 1880 unter der maßgeblichen Beteiligung von Franz Bunke (1857–1939), der in Weimar bei Theodor Hagen (1842–1919) studiert hatte. Weitere Schüler von Hagen in dieser Kolonie waren Peter Paul Draewing (1876–1940), Alfred Heinsohn (1875–um 1915) und als wohl bedeutendster Rudolf Bartels (1872–1943).

Andere mecklenburgische Maler zog es in die kurz hinter der mecklenburgischen Grenze in Ahrenshoop gegründete Kolonie, die sich auch zu der bedeutenderen entwickelte. Carl Malchin (1838–1923), der in seiner Malerei den Übergang von der Atelier- zur Freilichtmalerei praktizierte, gehörte zu den Entdeckern dieser Landschaft, wie Skizzen aus dem Jahre 1882 belegen. Ihm folgten 1896 der Malchiner Fritz Grebe (1850–1920) und ein Jahr später der Schweriner Maler Fritz Wachenhusen (1859–1925).

Die Plastik wurde vertreten durch Ludwig Brunow (1843–1913), dessen monumentales Reiterstandbild von Friedrich Franz II. im Schweriner Schloßgarten steht, Hugo Berwald (1863–1937) mit einem sehr schönen Jugendstilbrunnen vor dem Schweriner Bahnhof und Wilhelm Wandschneider (1866–1942) mit dem Fritz-Reuter-Denkmal in Stavenhagen und dem Hechtbrunnen in Teterow.

Um 1900 war Mecklenburg mit seinen beiden Landesteilen schon stark in die allgemeine Struktur des Deutschen Reiches eingegliedert. Die von Expansionsbestrebungen gekennzeichnete Außenpolitik wurde ohne Kritik mitgetragen, und die Wirtschaft geriet immer mehr in die Abhängigkeit Preußens und Hamburgs. Ein Ereignis internationalen Ranges wie die offizielle Wiedereingliederung der Stadt Wismar mit dem Amt Neukloster aus schwedischem Besitz in das Land Mecklenburg im Jahre 1903, wurde durch 100jähriges Gewohnheitsrecht im Deutschen Reich kaum zur Kenntnis genommen.

In Mecklenburg-Strelitz versuchte seit 1904 der Großherzog Adolf Friedrich V. (1848–1914) die Versäumnisse seines Vaters in einigen Bereichen aufzuholen. So galt besonders dem Schulwesen, auch im Bereich der Kaufmännischen und Fortbildungsschulen seine Aufmerksamkeit. Analog zu Mecklenburg-Schwerin und zu anderen Ländern des Deutschen Reiches leitete er nun auch die Inventarisierung der Kunst- und Geschichtsdenkmale ein und förderte das Hoftheater.

Die Gestaltung der Innenpolitik und die geistige Haltung in der Bevölkerung wurden zunehmend von den großen deutschen Parteien und Verbänden wie den Deutschkonservativen, dem Alldeutschen Verband, der 1901 in Schwerin eine Ortsgruppe errichtete, dem Flottenverein, der 1899 einen Landesausschuß bildete und eine Organisationsstruktur entwickelte, die das gesamte Land erfaßte, dem Reichsverband gegen die Sozialdemokratie und dem Ostmarkenverein, beeinflußt. Die mecklenburgischen Liberalen bildeten 1906 in Rostock eine nationalliberale Fraktion, die sich 1911 zum Nationalliberalen Verein konstituierte. Damit war die Spaltung dieser Partei nach preußischem Vorbild, nur etwa 50 Jahre später, ebenfalls vollzogen.

In der sozialen Differenzierung hatten sich das bürgerliche und das proletarische Element weiter profiliert. Weiterhin stand diese Entwicklung aber in keinem Verhältnis zur Beteiligung an der politischen Machtausübung im Lande. Dieser als unzufrieden empfundene Zustand führte Liberale und realpolitische Konservative erneut seit 1901 zu einer Kampagne für die Reform zu einer konstitutionellen Verfassung, die sich bis 1913 hinzog und letztendlich wieder an der ablehnenden Haltung der preußischen Regierung scheiterte, die eine Übertragung dieses Gedankens auf eine Reform des preußischen Dreiklassenwahlrechts fürchtete. Andererseits war das Bündnis von Konservativen und Liberalen Ausdruck für eine Interessenannäherung, die dem preußischen Kompromiß von 1866/71 entsprach.

Gleichzeitig sollte mit der Reform den bloßstellenden sozialdemokratischen Attacken mit großer Massenwirkung gegen die rückständigen Verhältnisse in Mecklenburg die Spitze genommen werden. Die ständische Ritterschaft war aber über die Regierungen der beiden Mecklenburg in der Lage, diese Reformbestrebungen zu negieren, obwohl es hier ansonsten in Fragen der Landesfinanzen und -verwaltung durchaus die alten Gegensätze gab.

1902 wurde durch großherzogliche Verordnung die „Mecklenburgische Handelskammer" mit Sitz in Rostock gegründet, die in den anderen deutschen Staaten bereits seit Mitte der 1860er Jahre als Vermittlungsinstanz zwischen Wirtschaft und Regierung des jeweiligen Landes bestand. Zum ersten Präsidenten wurde der Rostocker Großhändler, Industrielle und Geheime Kommerzienrat Albert Clement (1849–1928) gewählt.

Durch das Reichsvereinsgesetz von 1908 konnte das mecklenburgische Vereinsgesetz von 1851, das jede politische Vereinigung im Lande genehmigungspflichtig machte und eine Mitgliedschaft in außermecklenburgischen Organisationen verbot, außer Kraft gesetzt werden. Bürgerlichen Parteien und Organisationen war diese Genehmigung in den vorangegangenen Jahren bereits erteilt worden. Erstmals wurde damit aber der in den Städten ohnehin schon starken Sozialdemokratie die Möglichkeit gegeben, eine Landesparteiorganisation zu bilden und noch im selben Jahr einen Landesparteitag abzuhalten. Über den Landarbeiterverband gelang es dann seit 1910, auch in den ländlichen Gebieten Einfluß zu gewinnen. Damit war die Sozialdemokratie bei den Reichstagswahlen 1912 mit 50.202 die Partei mit den meisten Wählerstimmen in Mecklenburg, konnte aber aufgrund der Wahlkreiseinteilung nur einen Abgeordneten stellen. Für die

Nationalliberalen votierten 43.699 und für die Konservativen 40.413 Wähler.

Neben der Sozialdemokratie gab es aber auch eine Reihe von staatstreuen Arbeiterverbänden wie dem evangelischen Arbeiterverein seit 1906 in Schwerin und Plau oder dem Verein reichstreuer Arbeiter seit 1907 in Rostock.

Seit dem Ende des 19. Jahrhunderts traten in Mecklenburg vereinzelt Bestrebungen zur Monopolbildung in der Wirtschaft auf. Beschwerden dazu gab es im Kohlebergbau, der mit wenig Erfolg in Westmecklenburg betrieben wurde, und im Bereich der Ziegeleien. Gleichzeitig verstärkte sich der Einfluß preußischer und hamburgischer Unternehmer auf das Land, wie z.B. bei der Umwandlung des Wismarer Familienunternehmens von Heinrich Podeus nach seinem Todes 1905 in verschiedene Aktiengesellschaften oder der Neptunwerft AG in Rostock und der van Tongelschen Stahlwerke AG in Güstrow. Die Rostocker „Maschinen- und Feldbahnfabrik AG R. Dolberg" verlegte um 1910 ihren Hauptsitz nach Hamburg und errichtete Filialen in Dortmund und London. Die Johann-Albrechts-Werke AG in Neustadt/Glewe, die 1898 von preußischen Unternehmern gegründet wurde und als Maschinenfabrik und Eisengießerei firmierte, ging nach erheblichen Schwierigkeiten 1903 an ein Rheinisch-westfälisches Konsortium. Ebenfalls auf außermecklenburgische Initiative ging die Ansiedlung eines Zweigbetriebes der Fokkerwerke zur Produktion von Flugzeugen 1913 in Schwerin zurück. Die Mecklenburgische Hypotheken- und Wechselbank als eine Tochter der Deutschen Bank war mit 15% Rendite zwischen 1910 und 1913 das erfolgreichste deutsche Unternehmen in dieser Branche.

Der Ausbau des Warnemünder Hafens zum Eisenbahnfährhafen zwischen 1900 und 1903 erhöhte den Transitverkehr zwischen Berlin und Kopenhagen erheblich.

Gleichzeitig gab es erfolgreiche Bestrebungen der einheimischen Industrie, den Anschluß an den deutschen und internationalen Markt zu erreichen oder zu halten. Das konnte für den Automobilbau in Wismar wie auch für die pharmazeutischen Präparate der Chemischen Fabrik F. Witte in Rostock gelten, deren

Absatz bis in die USA gesichert war. Der Großschiffbau war völlig auf stählerne Dampfer umgestellt worden und stellte mit der Neptunwerft den größten Industriebetrieb des Landes. Die Absatzsituation führte aber zu erheblichen Schwankungen in der Stabilität dieses Unternehmens und damit auch häufiger zu Entlassungen. Hier war auch der Organisationsgrad der Arbeiter am höchsten, was sich in einem 18wöchigen Streik von 1.600 Werftarbeitern 1905/06 äußerte.

Dieser industriellen Entwicklung, die auch eine Strukturveränderung des städtischen Handwerks mit sich brachte, entsprach auch die Gründung von verschiedenen Ausbildungseinrichtungen, wie dem Städtischen Technikum zu Sternberg 1905 mit den Fachrichtungen Maschinenbau und Elektrotechnik, Hoch- und Tiefbau sowie Tonindustrie oder der Städtischen Baugewerbe- und höheren Maschinenbauschule Neustadt/Glewe 1911.

Der Großgrundbesitz, wie auch die davon abhängige Nahrungs- und Genußmittelindustrie blieben aber von dieser Entwicklung unbeeinflußt.

Der Fremdenverkehr als neuer Wirtschaftszweig für Mecklenburg war bereits mit dem ausgehenden 19. Jahrhundert im Entstehen, entfaltete sich aber erst extensiv seit der Jahrhundertwende. Die Zahl der Badegäste stieg zwischen 1900 und 1910 in Warnemünde von 15.000 auf 20.000. Brunshaupten und Arendsee (heute Kühlungsborn) meldeten 1910 23.000, Müritz und Graal, die 1900 als Badeorte noch gar keine Erwähnung fanden, nun je etwa 5.000 Gäste. Aus der 1905 gegründeten Gemeinnützigen Gesellschaft zu Wismar ging der örtliche Fremdenverkehrsverein hervor. Rostock gründete 1910 seinen Verkehrsverein und 1911 entstand der Mecklenburgische Verkehrsverband ausdrücklich für beide Mecklenburg. Für die gehobenen Kreise des Bürgertums und der Ritterschaft bildete sich unter dem Protektorat von Friedrich Franz IV. (1882–1945) 1904 der Mecklenburgische Yachtclub.

Die im Deutschen Reich seit 1900 allgemein nationale bis chauvinistische öffentliche Stimmung mit einer eindeutigen Tendenz zur Militarisierung brachte auch in der Kultur wieder introvertierte und konservierende Elemente hervor, die überwiegend unter der Leitung von Lehrern in plattdeutschen Vereinen teilweise hervorragendes Kulturgut der Vergangenheit in Heimatstuben und Aufzeichnungen erhalten halfen und aktiv wiederbelebten oder vor dem Absterben bewahren wollten. „Veranstaltungsbrauchtum" mit Trachtenumzügen, Heimat- und Volkstanzfesten war Mode geworden und erfreute sich besonders unter der Landbevölkerung, Arbeitern und Handwerkern großer Beliebtheit. In dieser ideellen Umgebung befand sich auch der 1906 in Schwerin gegründete Mecklenburgische Heimatbund.

Im Ersten Weltkrieg 1914–1918

Mit dem Kriegsausbruch am 1. August 1914 wurde über Mecklenburg der Belagerungszustand verhängt und die administrative Gewalt an die Militärbehörden übergeben. Die Badegäste reisten überstürzt ab und die männliche Jugend meldete sich fast ausnahmslos freiwillig zum Kriegsdienst. Die mecklenburgischen Truppen galten als außerordentlich zuverlässig und wurden deshalb z. B. bei der Erstürmung der Festung Lüttich eingesetzt. Viele Mecklenburger dienten in der Kaiserlichen Marine, deren Verluste erheblich waren.

Die Stimmung im Lande wurde sehr anschaulich von Ernst Barlach (1870–1938) in seinen „Güstrower Tagebüchern" wiedergegeben. Auch die Taten der Mecklenburger wurden in der Berichterstattung verklärt und glorifiziert. Das traf insbesondere auf den Fregattenkapitän Karl August Nerger (geb. 1875) aus Rostock mit seinem Hilfskreuzer „Wolf" zu.

Die Auswirkungen auf die Wirtschaft waren überwiegend negativ. Getreide und Rohzucker durften seit Beginn des Krieges nicht mehr exportiert werden. Kohleimporte aus England und Holzimporte aus Rußland fielen ebenfalls weg. Die Handelsflotte wurde zur Hälfte Opfer von Beschlagnahme in fremden Häfen, Kaperaktionen und Versenkungen. Die Pferde als wichtigstes Zugmittel waren bereits bei Kriegsbeginn zur Hälfte beschlagnahmt worden und weitere Requirierungen folgten. In steigenden Zahlen mußte Vieh wie auch Korn und Futter an die Heeresverwaltung abgeliefert werden. Damit war der Lebensnerv der mecklenburgischen Wirtschaft getroffen. Das hatte im

Hinterland ein Sterben von Handwerksbetrieben, die als Dienstleister für die genannten Bereiche tätig waren, zur Folge. 1916 waren 3.700 Handwerksbetriebe von etwa 20.000 im Jahre 1914 bereits durch Einberufungen stillgelegt.

Einzelne Industriezweige hatten sich schon vor dem Krieg auf die Rüstungsindustrie orientiert. Die Fokkerwerke in Schwerin expandierten. Die Neptunwerft in Rostock konzentrierte sich auf den U-Boot-Bau und hatte bereits 1914 die Höchstdividende von 10% zu verzeichnen. Die Sprengstoffwerke in Dömitz arbeiteten ausschließlich für das Kaiserliche Heer. Die van Tongelschen Stahlwerke in Güstrow verlegten sich auf die Herstellung von Granaten, konnten aber der preußischen Konkurrenz nicht standhalten. Eine Sonderstellung nahm das 1871 als „Pianofortefabrik Gebr. Perzina" in Schwerin gegründete Unternehmen ein, das sich bis 1914 eines sehr guten Rufs in der Herstellung von Klavieren erfreute. Mit Kriegsbeginn wurde eine Abteilung Heeresbedarf eingerichtet, die sich mit der Herstellung von Granaten und Flugzeugteilen befaßte. Filialen in Rostock, Stettin, Berlin, Neustrelitz und Mannheim entstanden. Das Unternehmen beschäftigte 1917 bereits 500 Arbeiter. Im selben Jahr erfolgte aber auch die Verhaftung des Chefs wegen Bestechung.

Profitieren konnten in jener Zeit die Friedrich-Franz-Eisenbahn durch die zahlreichen Heerestransporte und auch die Banken durch die enormen Kriegsanleihen, die durch die Bevölkerung in Erwartung eines Sieges der deutschen Truppen gezeichnet wurden. So stiegen z. B. die Einlagen der Hypotheken- und Wechselbank von 1913 bis 1917 von 116 auf 198 Millionen Mark oder bei der Rostocker Bank von 19,2 auf 37,2 Millionen.

Andere Bereiche der Wirtschaft, wie die Chemische Fabrik Friedrich Witte in Rostock oder die Textilbetriebe in Malchow, wurden der Rüstungsindustrie zugeordnet und produzierten ausschließlich für den Heeresbedarf.

Für die Versorgung der Bevölkerung traten dagegen restriktive Verordnungen in Kraft. In beiden Landesteilen wurden „Landesbehörden für die Volksernährung" eingerichtet, die die Verteilung der Nahrungsgüter sichern sollten. Der „Kohlrübenwinter" 1916/17 führte aber auch in Mecklenburg zu einem Umschwung in der öffentlichen Meinung zum Krieg und im Sommer 1917 zu spontanen Hungerunruhen, die in einigen größeren Städten, wie Rostock, Wismar und Schwerin aber auch in Güstrow, Penzlin und Waren, im Sturm auf Bäckerläden, Fleischereien und Molkereien eskalierten. Auf der Rostocker Neptunwerft streikten die Arbeiter erfolgreich für höhere Löhne und forderten die Beendigung des Krieges. Unter maßgeblicher Beteiligung von Josef Herzfeld, der zum Kreis der Kriegskreditverweigerer um Karl Liebknecht (1871–1919) im Reichstag gehörte, entstand hier die erste Ortsgruppe der USPD. 800 bis 1.000 Arbeiter der Schweriner Fokkerwerke beteiligten sich im Januar 1918 an den deutschen Streikaktionen zur Beendigung des Krieges und demonstrierten im Schloßgarten. Im September streikten die Arbeiterinnen und Arbeiter der Munitionsfabrik Holthusen.

Im Februar 1918 verstarb unter nicht ganz geklärten Umständen Adolf Friedrich VI. von Mecklenburg-Strelitz (1882 - 1918), ohne einen Thronfolger zu hinterlassen. Aus diesen Gründen übernahm der Schweriner Großherzog vorläufig die Regentschaft, um die beiden Landesteile zu vereinigen. Das stieß in der Strelitzer Bevölkerung auf Widerstand.

Um der allgemein wachsenden Unzufriedenheit entgegenzuwirken, unternahm die Schweriner Regierung im Sommer 1918 erneut Schritte zu einer Reform, die in der Schaffung einer zweiten wählbaren Kammer bestehen sollten. Durch die politischen Ereignisse in Deutschland kamen die Pläne aber über ein Stadium des Entwurfs nicht hinaus.

Am 3. November 1918 landeten revolutionäre Matrosen aus Kiel in Rostock, Wismar und anderen Küstenorten und erreichten auch Schwerin. Drei Tage später brach, wie in anderen deutschen Ländern, auch in Mecklenburg die Revolution mit Streiks, Kundgebungen und Demonstrationen aus. Arbeiter-, Soldaten- und Matrosenräte übernahmen nicht nur in den größeren Städten sondern auch in Alt-Strelitz, Malchow, Neustadt/Glewe, Neustrelitz und Waren die administrative Macht. Aus dem Schweriner Arbeiter- und Soldatenrat entwickelte sich bis Ende November der Zentrale Arbeiter- und Soldatenrat für beide Mecklenburg, der als Zeitung bis Februar 1919 die „Sozialistische Republik" herausgab.

Er forderte die Vereinigung beider Mecklenburg zu einer Republik. Der Großherzog Friedrich Franz IV. berief am 8. November unter dem Druck der Straße die Regierung in Schwerin und zwei Tage später auch in Neustrelitz ab. Am 14. November verzichtete er für sich und seine Familie auf den Thron, ging ins Exil nach Dänemark und entband alle Beamten von dem auf ihn geleisteten Eid.

Am 11. November endete der Erste Weltkrieg, und die überlebenden mecklenburgischen Soldaten und Offiziere kehrten heim. Zwei Kriegsgefangenenlager für russische Soldaten in Güstrow und Parchim mit mehreren Tausend Insassen blieben allerdings bis Mitte 1921 bestehen und wurden erst im Zuge der sich allmählich normalisierenden Beziehungen zur RSFSR aufgelöst.

Die Bildung von Bauernräten auf dem Lande Ende November hatte dagegen eher restitutive Wirkung, da Pächter und Gutsbesitzer in ihnen gleichberechtigte Stimme neben Büdnern, Häuslern und Einliegern besaßen.

Am 3. Dezember 1918 wurden in Mecklenburg-Schwerin per Erlaß die Stände als Körperschaften des öffentlichen Rechts aufgehoben und durften nur noch als Vereine weiterexistieren. In Mecklenburg-Strelitz erfolgte wenige Tage später eine gleiche Verordnung.

Demokratie und Diktatur 1919–1945

Die Freistaaten Mecklenburg-Schwerin und
Mecklenburg-Strelitz 1919–1932

In Mecklenburg-Strelitz, zu dem auch weiterhin das Ratzeburger Gebiet um Schönberg gehörte, wurden bereits am 15. Dezember 1918 die Wahlen zur verfassungsgebenden Versammlung durchgeführt, die am 19. schon im Neustrelitzer Schloß einstimmig die Selbständigkeit des Landes beschloß. Gewählt waren 21 Sozialdemokraten, 18 Liberale, 2 Vertreter des Handwerks und ein Vertreter des Bauernbundes. Sie verabschiedeten am 29. Januar 1919 ihr Grundgesetz. Am 30. März fand die Wahl zum ersten ordentlichen Landtag mit 35 Abgeordneten statt. Die Sozialdemokraten erhielten 18 Sitze und die bürgerlichen Gruppierungen, die sich zu einem Wahlbündnis vereinigt hatten, 17. Bei der Regierungsbildung trennte sich dann aber die demokratische Fraktion von den Konservativen. Regiert wurde das Land von einem Staatsministerium unter Leitung des Sozialdemokraten Hans Krüger (1884–1933) und einem Demokraten als Mitglied.

Der Parlamentarismus mit seinen demokratischen Grundrechten trug wesentlich zur aktiven Politisierung größerer Teile der Bevölkerung auch auf dem Lande bei und ließen die nationale Politik in den Hintergrund treten.

Die Wahlen zum verfassunggebenden Landtag in Mecklenburg-Schwerin am 26. Januar 1919 ergaben 32 Sitze für die Sozialdemokraten, die als stärkste politische Kraft aus den Ereignissen von 1918 hervorgegangen war, 17 für die aus den Liberalen hervorgegangene Deutsche Demokratische Partei (DDP), die mit den Sozialdemokraten das Kabinett bildeten, 11 für die Deutschnationale Volkspartei (DNVP), die sich aus den Konservativen entwickelte, und vier Stimmen für eine Splittergruppe. Erster Ministerpräsident in Mecklenburg-Schwerin wurde der Liberale Hugo Wendorff (1864–1945). Nach monatelangen Beratungen konnte am 17. Mai 1920 die Landesverfassung verabschiedet werden, die Mecklenburg-Schwerin zum bürgerlich-parlamentarischen Freistaat erklärte. Auch die unübersichtliche Amtseinteilung nach ritterschaftlicher, domanialer, städtischer und anderer Besitzzugehörigkeit einzelner Flächen wurde zugunsten regional überschaubarer Verwaltungseinheiten entsprechend heutigen Kreisverwaltungen zusammengefaßt.

Diese Verfassung war bereits vor ihrer Verabschiedung durch den Kapp-Putsch im März 1920, der in Mecklenburg maßgeblich durch den General Paul von Lettow-Vorbeck (1870–1964) geleitet wurde, in Frage gestellt. Auf lokaler Ebene beschlossen Arbeiterparteien und Gewerkschaftskartell am 13. März den Generalstreik gegen den Putsch und organisierten die Bewaffnung von etwa 25.000 Menschen. Zentrum der Auseinandersetzungen wurde Rostock, wo die Zeitfreiwilligenverbände und Freikorps von Arbeiterbataillonen aus der Stadt getrieben und in Schutow und bei Katelbogen gefangengenommen wurden. In Schwerin kam es zu bewaffneten Kämpfen. Insgesamt starben über 100 Menschen in diesen Auseinandersetzungen. Dazu gehörten auch hinterhältige Überfälle der Freikorps mit Geschützen und Minenwerfern in Gnoien, Waren oder Niendorf bei Wismar, bei denen unschuldige Menschen ums Leben kamen. Allein in Wismar und Güstrow waren jeweils 9 Tote zu beklagen.

Bei den Wahlen zum ersten ordentlichen Landtag in Mecklenburg-Schwerin im Juni 1920 ergab sich aufgrund der inkonsequenten Haltung der Regierung während des Kapp-Putsches eine Verschiebung der politischen Kräfte zuungunsten des linken Flügels. Die schwerste Krise durchlebten die Liberalen in der DDP, die eine weitere Zusammenarbeit mit der SPD ablehnten und nicht mehr im Landtag vertreten waren. Die SPD blieb die stärkste Partei im Lande, erhielt aber nur noch 26 Sitze, die konservative DNVP 14, die wirtschaftlich realpolitisch orientierte Deutsche Volkspartei 10 und die erstmals kandidierende radikallinke USPD, die im Dezember in der KPD aufging, 5 Sitze. Es gelang diesem Landtag aber nicht, dauerhaft eine arbeitsfähige Regierung zu bilden, weshalb Ende Januar 1921 die vorzeitige Auflösung und Neuwahlen beschlossen wurden.

Die Wahlen 1921 änderten wenig an dieser Konstellation. Die Demokraten zogen mit 3 Abgeordneten wieder in das Parlament ein, und neu trat der Dorfbund mit 4 Mandaten in Erscheinung. Ministerpräsident wurde der Sozialdemokrat Johannes Stelling (1877–1933). Bei den städtischen Kommunalwahlen, die ebenfalls nach bürgerlich-parlamentarischen Grundsätzen durchgeführt wurden, zeigte sich in der Abstimmung ein ähnliches Ergebnis, wobei bei der Einzelwahl des Bürgermeisters häufig ein bürgerlicher Vertreter das Vertrauen erhielt.

Wirtschaftlich strukturbestimmend blieb weiterhin die Land- und Forstwirtschaft, wobei der Großgrundbesitz immer noch 60% der gesamten Nutzfläche ausmachte. Hier waren allerdings nur noch etwa 43% der Bevölkerung tätig. Für Mecklenburg-Strelitz war dabei noch ein erheblicher Waldanteil auffällig, der forstwirtschaftlich genutzt wurde. Durch die Überführung eines Großteils des domanialen Besitzes in Landesverwaltung wurden die beiden Freistaaten die größten Grundbesitzer Mecklenburgs, die den Boden weiterhin verpachteten.

Die Lage der Landarbeiter wurde besonders während der Inflation immer schwieriger, und es kam unter Führung des Landarbeiterverbandes 1921 gleichzeitig auf 240 Gütern in Mecklenburg-Schwerin zu Streiks. Ein Jahr später auf 100 Gütern in Mecklenburg-Strelitz waren 4.500 Landarbeiter im Ausstand und forderten eine Verbesserung ihrer sozialen Lage durch höhere Löhne. Verschärft wurde die Situation durch die massenhafte Beschäftigung von polnischen Schnittern während der Ernte. Die Kämpfe scheiterten, und Massenentlassungen waren die Folge. Den schwersten Stand auf dem Lande hatten aber die Büdner und Häusler, die an ihren Besitz gebunden waren und einen Nebenerwerb betreiben mußten, was ihnen in der Regel eine außerordentlich hohe Arbeitsleistung abverlangte, ohne entsprechende soziale Besserstellung.

Im Zuge einer Aufsiedlungspolitik und Parzellierung auf unrentablen Gütern durch staatliche und private Siedlungsgesellschaften erfolgte auch eine Bebauung in einer neuen Hausform, den sogenannten „Winkelhof". Beispiele dafür sind Wolfshagen, Neuhof bei Parchim, Matgendorf, Zarnewanz oder Raden.

Die Industrie mit etwa 11% aller Werktätigen des Landes konzentrierte sich in fünf Betrieben mit über 500 Beschäftigten – Neptunwerft Rostock, Plattenwerke Boizenburg, Norddeutsche Lederwerke Neustadt/Glewe, Papierfabrik Neu Kaliß und Waggonfabrik Wismar. Darüber hinaus beschäftigten 19 weitere Betriebe jeweils über 200 Arbeiter. Das kennzeichnete im gesamtdeutschen Maßstab weiterhin ein erhebliches Zurückbleiben in der Konzentration der Industrie. Das Handwerk mit etwa ebenfalls 12% aller Beschäftigten war dagegen aus dem produzierenden Bereich fast völlig in den Dienstleistungssektor übergegangen. Die übrigen Arbeitsplätze waren in Handel, Hotel- und Gaststättenwesen angesiedelt.

Weiterhin war zum Beginn der 1920er Jahre eine Krise in der Industrie zu verzeichnen, die im Sommer 1921 zu einer Entlassung von 450 Werftarbeitern in Rostock, weiteren in Boizenburg, zu Kurzarbeit und insgesamt zu einem Sinken der Reallöhne um das 6 bis 8fache führte. In den Sprengstoffwerken Dömitz wurden 200 Arbeiter entlassen. Im Herbst 1921 folgten in der Neptunwerft noch einmal 270 Entlassungen und erneute Kurzarbeit. Damit sank die Belegschaft auf 1.100. Gleichzeitig erhielten andererseits die Reeder aus Reichsmitteln für die im Krieg verlorengegangenen Handelsschiffe Abfindungen zum Wiederaufbau ihrer Unternehmen. Die Maschinenfabrik Paul Podeus AG in Wismar wurde 1922 an ein Berliner Unternehmen verkauft, das die Beschäftigten auf 300 reduzierte und auch in den Folgejahren am Rande des Bankrotts wirtschaftete.

Auch der Fremdenverkehr an der Küste hatte durch Krieg und Inflation schwer gelitten. Zahlreiche Hotels und Pensionen waren verfallen, die Strandanlagen durch Sturm, fehlende Unterhaltung und Wartung vielfach vernichtet.

Anfang des Jahres 1923 nahm unter den linken Anhängern der Arbeiterparteien und den rechten Gruppierungen die Radikalisierung zu. Die Kommunisten, die ihre Hauptbasis unter den Arbeitern der Neptunwerft in Rostock hatten, schufen „proletarische Hundertschaften" und Arbeiterwehren. Sie forderten die Räterepublik. Die Sozialdemokraten bildeten „Reichsbanner-Einheiten". Die rechten Kräfte bewaffneten sich und traten wie in

Parchim mit „Sturmtrupps" bei einer Veranstaltung der Deutsch-
völkischen Freiheitspartei militant provokativ auf, bedrohten in
Wismar einen Redner in einer öffentlichen Veranstaltung mit
Eierhandgranaten oder sprengten in Lübz eine Arbeiter-
versammlung mit Waffengewalt. Sie forderten eine faschistische
Diktatur.

Nach der Bildung von Arbeiterregierungen in Thüringen und
Sachsen, dem Hamburger Aufstand und dem Putschversuch
Hitlers in München im Herbst 1923 wurde über Deutschland vom
8. November 1923 bis zum 1. März 1924 der Ausnahmezustand
verhängt. In dieser Zeit erfolgte das Verbot der NSDAP und der
kommunistischen Parteien.

Bis 1923 zeichnete sich in Mecklenburg eine deutliche Entwicklung nach rechts ab. Die Wahlergebnisse 1924 brachten in
Mecklenburg-Schwerin eine Niederlage für die Sozialdemokraten,
die die Hälfte ihrer Sitze verlor und einen klaren Sieg für die konservativen Deutschnationalen, die gemeinsam mit der erstmals vertretenen extrem rechten und unter dem Hakenkreuz agierenden
Deutschvölkischen Freiheitsbewegung die Regierungsmehrheit unter Führung von Joachim Freiherr von Brandenstein (1864–1941)
bildeten. Auch die Kommunisten erzielten einen erheblichen
Stimmenzuwachs.

Dem Volksentscheid zur entschädigungslosen Enteignung der
Fürsten, der gemeinsam von Kommunisten, Gewerkschaften und
Sozialdemokraten getragen wurde, stimmten in Mecklenburg und
Lübeck 34% der Bevölkerung zu. Das genügte nicht zur
Enteignung. Die Stimmen richteten sich hier gegen den Groß-
herzog, der seinen Sitz in Ludwiglust genommen hatte, eine jährli-
che Abfindung erhielt und weiterhin der größte private Grund-
besitzer in Mecklenburg blieb.

Nach dem Scheitern der Rechtsregierung konnte die SPD 1926
noch einmal einen Aufschwung verzeichnen, mit 20 Sitzen in den
Landtag von Mecklenburg-Schwerin einziehen und gemeinsam
mit den Demokraten eine Minderheitsregierung unter Führung des
Sozialdemokraten Paul Schroeder (1875–1932) bilden. Unter
ihrem Einfluß wurden erhebliche Maßnahmen zur Verbesserung
der Verwaltungsstrukturen, des Mieterschutzes, des Arbeiter-Woh-

nungsbaus, der Lehrerausbildung und der Schulgesetzgebung erreicht. Auch der umfassende Klinikbau für die Rostocker Universität fällt in diese Zeit, deren wissenschaftliches Potential im Bereich der Medizin in dieser Zeit erheblich gewann.

Die Bevölkerungszahl war auf 784.000 angewachsen. Davon entfielen 110.000 auf Mecklenburg-Strelitz. Die meisten Menschen wohnten auf dem Lande. Durch Rationalisierung und Mechanisierung wurden auf den Gütern aber immer weniger Arbeitskräfte benötigt. Die Größenstruktur der landwirtschaftlichen Betriebe wies ein starkes Gefälle auf. 3,6% der Landwirte verfügten über 62% des Bodens und 60,7% Kleinbauern über nur 3,7%.

Die Landwirtschaft entwickelte sich mehr und mehr zum inländischen Lieferanten für den Großraum Berlin. Allein das Gut Bütow lieferte täglich 15.000 Brote. 91% der Ausfuhr an Frischfleisch, 78% der Milch oder 67% der Schweine gingen in die deutsche Hauptstadt. Dagegen war der See-Export von Getreide stark rückläufig.

Wesentliche wirtschaftliche Verbesserungen brachten der Dawesplan und der Locarno-Vertrag 1924. Mit dem Beginn der „Goldenen Zwanziger" konnte in Warnemünde das bereits 1913 begonnene Kurhaus in der dem Bauhaus verpflichteten konstruktivistischen Gestaltung von Gustav Wilhelm Berringer (1880–1934) weitergebaut und 1926 vollendet werden. Heiligendamm erhielt durch die Investitionen des Schweizer Bankiers Baron Oskar von Rosenberg wieder den früheren Glanz und wurde zum mondänen bürgerlichen Bad.

Die Neptunwerft konnte ihre Produktion in den unteren Größenklassen bis 6.000 BRT wieder aufnehmen. In konjunkturschwächeren Zeiten wurden Ausrüstungen für Zuckerfabriken, verschiedenen Gußerzeugnisse und auch Masten für die Eisenbahnelektrifizierung in Südamerika hergestellt. Wegen einer allgemeinen Werftenkrise sank die Belegschaft auf 400 Arbeiter.

Ernst Heinkel (1888–1958) gründete am 1. Dezember 1922 in Warnemünde die Ernst-Heinkel-Flugzeugwerke, die in den 1920er Jahren aber noch im bescheideneren Rahmen blieben, sich besonders im Bereich der Forschung und Entwicklung betätigten und dort Beachtliches leisteten. Erste Aufträge kamen aus Schweden und Japan.

In dieser Zeit wirkten hervorragende Künstler im Land. Ernst Barlach schuf zurückgezogen in Güstrow seine Hauptwerke. Kate Diehn-Bitt (1900–1978) malte ihre besten Bilder, Emil Oberländer (1885–1945) hatte seine stärkste Phase, und Margarete Scheel (1881–1969) schuf ihre expressiven Skulpturen. Eine mecklenburgische Schule entstand aber nicht.

Kinos, Jazz und Tanz zeugten von einer weltaufgeschlossenen Atmosphäre in den Städten.

Im Spannungsfeld zwischen konservativ fürstentreuem Denken, nationalistischem Spiritismus, Heimattümelei und wissenschaftlich-volkskundlichem Interesse bewegten sich die Heimatorganisationen. Eher konservativ war der 1919 gegründete „Mecklenburgische Landesverein für ländliche Wohlfahrts- und Heimatpflege" zu werten, der sich fast ausschließlich aus Gutsbesitzern und -pächtern, Bauern, Pastoren und Beamten zusammensetzte. Sein Ziel bestand in der Klassenversöhnung durch Erntefeste im „dorfgemeinschaftlichen" Sinne oder Dorftagen. Aus dem Verein ging 1922 die Bauernhochschule Mecklenburg zunächst in Wiligrad, später Warin hervor, deren Aufgabe eher als christlich-ideologische Bildungseinrichtung zu verstehen war. Aus den Absolventen entstanden seit 1924 „Artamanenschaften", die eindeutig völkische Blut-und-Boden-Politik vertraten. Auf dem Gut Severin, dem Sitz ihres Bundesführers, wurde 1931 unter entsprechendem Ritual Joseph Goebbels (1897–1945) getraut. Auch der Heimatbund tendierte mit Beiträgen wie „Rassenstudien" in seiner Zeitschrift „Mecklenburg" in diese Richtung.

Bürgerlich konservierenden Charakter trugen die Plattdeutschen Vereine, die im Plattdeutschen Landesverband Mecklenburg zusammengeschlossen waren, der Rostocker Volksliedausschuß oder die Mecklenburgische Gesellschaft, die z. B. ein Buch über Kersting herausgab.

Die fürstlichen ehemaligen Residenzschlösser Neustrelitz und Schwerin wurden museal genutzt, und in verschiedenen Kleinstädten entstanden auf privater und Vereinsinitiative 6 neue Heimatmuseen. 1930 gingen durch Tauschvertrag mit dem

Großherzog die Ausstattung des Thronsaales, der Ahnengalerie, der Schlössergalerie, die Bibliothek und die Waffensammlung gegen 1.300 ha Land aus Staatsdomänen in Landesbesitz über. Angeregt durch die unermüdliche Sammlungstätigkeit von Richard Wossidlo (1859–1939), einem Nestor der deutschen Volkskunde, und der Ausstrahlung seiner wissenschaftlichen Arbeiten, unter denen die vierbändige Ausgabe der „Mecklenburgischen Volksüberlieferungen" und der Beginn eines „Mecklenburgischen Wörterbuchs" die größte Bedeutung haben, konnten in dieser Zeit Arbeiten über das Seefahrerhaus von Johann Friedrich Pries (1859–1937) und das Seemannslied von Johannes Gosselck (1881–1941) vorgelegt werden. Johannes Gillhoff (1861–1930) gab die weitverbreiteten „Mecklenburgischen Monatshefte" heraus.

Die Arbeiterkultur bewegte sich außer den parteipolitisch gebundenen Aktivitäten z.B. am Ersten Mai und in Spielmannszügen eher in sportlichem Rahmen. 1919 wurde parteiübergreifend ein Arbeiter-Sportkartell mit etwa 1.000 Mitgliedern gebildet, die den verschiedensten, überwiegend Kraft- und Mannschaftssportarten angehörten. Sie erbauten sich in Rostock das „Volksstadion".

Am Ende der „Goldenen Zwanziger" festigte sich besonders durch die von Wilhelm von Oertzen auf Roggow und Russow geleitete „Herrengesellschaft Mecklenburg" eine konstante Rechtsentwicklung, die sich im konservativen Wahlsieg der „Einheitsliste nationaler Mecklenburger" 1929 äußerte. Erstmals gelangte die NSDAP mit zwei Sitzen in den Landtag. Die SPD, die zwar ihre Position halten konnte, war gezwungen, in die Opposition zu gehen. Die Regierungspolitik war von Sozialabbau und Demontage der bürgerlich-parlamentarischen Ordnung gekennzeichnet.

Die Weltwirtschaftskrise machte sich in der Landwirtschaft schon 1928 bemerkbar, bis dann 1929 auch die Industrie getroffen wurde. Die Erwerbslosenzahl von 40.000 im November 1929 bei etwa 350.000 Berufstätigen im Lande konzentrierte sich überwiegend auf die großen Städte, wo z.B. in Rostock die Neptunwerft geschlossen und die Hälfte aller Beschäftigten arbeitslos wurde. 1931 konnten noch einmal durch „Russenaufträge" 1.000 Arbeiter für einige Monate beschäftigt werden, bis die Werft 1932 in Konkurs ging. Auch die Heinkelwerke profitierten von Aufträgen aus der Sowjetunion und erweiterten ihre Belegschaft von 360 1929 auf 1.000 1932. Der Rekordflug der He 70 wurde ein internationaler Erfolg, und die Rostocker Universität verlieh Heinkel die Ehrendoktorwürde. Damit war der Betrieb zum größten des Landes geworden. Klein- und Mittelbetriebe gerieten in größerer Zahl in den Ruin. In Wismar waren bei 28.000 Einwohnern 4.000 arbeitslos.

Das führte zu einer Hinwendung zur Politik der Stärke, wie sie die NSDAP propagierte. Sie konnte bereits im November 1931 bei den Amtsvertreterwahlen in neun von zehn Ämtern die Mehrheit gewinnen. Diese Wahlen waren begleitet von drei Morden an kommunistischen Arbeitern in Bad Doberan und Bad Sülze, wie auch SA-Überfällen auf Reichsbannerveranstaltungen z. B. in Krembz. 1932 waren in Hagenow zwei Sozialdemokraten die Opfer. Aktionen der linken Kräfte wie der „Volkskongreß gegen Faschismus" 1931 in Schwerin und der „Einheitsfrontkongreß" 1932 in Güstrow waren nicht mehr in der Lage, diese Entwicklung zu verhindern. Im März 1932 bildete sich in Mecklenburg-Strelitz eine Koalitionsregierung von Deutsch-Nationalen und NSDAP. In Mecklenburg-Schwerin konnte die NSDAP im Juni 1932 nach einem aktiven Wahlkampf, mit zahlreichen Auftritten von Hitler, Göring und Goebbels, fast 49% der Stimmen auf sich vereinigen und bildete eine Regierung unter Walter Granzow (1887–1952), einem Schwager von Goebbels.

Wirtschaftlicher Aufschwung und Diktatur 1933–1939

Am 31. März 1933 wurden die bestehenden Länderparlamente durch das „Gleichschaltungsgesetz" aufgelöst und unter Ausschluß der Kommunisten ohne Wahl neu gebildet. Die Mandate der SPD fielen im Juni der Streichung zum Opfer.

Die Gewerkschaften wurden in die Deutsche Arbeitsfront überführt, der die Aufgabe der „Überwindung des Klassenkampfes" zuteil wurde.

Die mecklenburgischen Restparlamente beschlossen im Oktober auf ihrem letzten Treffen in getrennten Sitzungen in Rostock die

Vereinigung der beiden Länder, wobei sich bei dieser Gelegenheit auch die beiden Landeskirchen vereinigten. Wenige Monate später wurde durch das „Gesetz zur Neuordnung des Reiches" auch dieser Rest des bürgerlichen Parlamentarismus beseitigt.

Nach der Reichstagswahl vom 5. März 1933 wurde der Gauleiter der NSDAP, Friedrich Hildebrandt (1898–1947) zum Reichsstatthalter für Mecklenburg ernannt und bis zum Sommer alle demokratischen und linken Parteien ausgeschaltet. Die SPD hatte Anfang 1933 noch in vielen Städten eine große Anhängerschaft. Immerhin waren z. B. noch 70% der Heinkel-Belegschaft Sozialdemokraten. Ihre Führer wurden aufgrund Schwarzer Listen verhaftet und durch Sondergerichte in Rostock und Schwerin verurteilt oder gingen in die Emigration. Die ersten Verhaftungen galten den Kommunisten und ab März 1933 auch Sozialdemokraten und Gewerkschaftern. In größerem Maße, besonders noch bis 1934, wurde überwiegend durch Kommunisten und Sozialdemokraten versucht, die politische Arbeit organisiert illegal weiterzuführen. Seit 1935 ist Widerstand nur noch in kleinen Gruppen oder individuell nachweisbar, da durch Denunziation, Inhaftierungen und Angst auch die personelle Basis dafür erheblich geschwächt und eingeschüchtert wurde. Bis 1939 waren 105 Hochverratsprozesse gegen 414 Angeklagte geführt worden, darunter 344 Kommunisten, 8 Sozialdemokraten und 62 Parteilose.

Am 1. April 1933 fand ein erster Pogrom gegen Juden auch in Mecklenburg statt, nachdem bereits etwa drei Wochen vorher eine Art „Generalprobe" stattgefunden hatte. Jüdische Geschäfte, Ärzte und Rechtsanwälte wurden boykottiert. An der Rostocker Universität begann ein Kesseltreiben gegen zwei wissenschaftlich und international angesehene Professoren. Hans Moral (1886–1933), der Direktor der Klinik für Mund- und Zahnkrankheiten, beging Selbstmord. David Katz (1884–1959), der Direktor des Psychologischen Instituts, emigrierte nach England. Angriffe gegen weitere jüdische und später auch kritische Wissenschaftler anderer Konfession folgten. Hilfe erhielten sie teilweise von Kollegen der Theologischen Fakultät. Juden aus Dörfern und Kleinstädten zogen in die anonymere Großstadt Rostock. Sie fanden Arbeit bei noch bestehenden jüdischen Unternehmen wie den Emsa-Schuhwerken. 1938 wurden diese Betriebe enteignet. Auch die letzten sieben noch in Mecklenburg praktizierenden Ärzte und vier Rechtsanwälte erhielten Berufsverbot. Kleinstädte wie Mirow oder Tessin meldeten „judenfrei". Der Besitzer der ersten mecklenburgischen Sperrholzfabrik in Wesenberg, Herbert Ahrens (gest. 1941), wurde wegen „Rassenschande" im Zuchthaus Bützow-Dreibergen inhaftiert. Trotz der Zuwanderung sank die Zahl der jüdischen Gemeindemitglieder in Rostock bis 1938 um die Hälfte auf 175 und bis Kriegsbeginn auf 70. Nach der „Reichskristallnacht" wurden fast alle männlichen Juden in Mecklenburg für mehrere Monate in die Landespolizei-Strafanstalt Alt-Strelitz zur Zwangsarbeit im Moor geschickt.

Am 5. Mai 1933 wurden Bücher unliebsamer Autoren vor der Universität an einen Schandpfahl genagelt und fünf Tage später verbrannt.

Die kirchliche Opposition geriet verstärkt Ende 1933 in Bedrängnis. Wurde gegen Juden, Kommunisten, Sozialdemokraten und Gewerkschafter brutal vorgegangen, begann der „Kirchenkampf" wesentlich subtiler. Im April 1933 war ein Staatskommissar für die Landeskirche in Mecklenburg-Schwerin bestellt worden, um die „Gleichschaltung" durchzusetzen. Drei Tage später mußte der Staatskommissar auf Weisung aus Berlin wieder gehen. Es entstand ein NS-Pastorenbund, der sich den nationalsozialistischen „Deutschen Christen" anschloß. Im September wurde Walther Schultz (1900–1957) zum „Landeskirchenführer" berufen und 1934 auch zum Landesbischof gewählt. Dagegen entwickelte sich in Mecklenburg eine Opposition unter der Bezeichnung „Evangelium und Kirche", die sich der Bekennenden Kirche anschloß. Der Neustrelitzer Landesbischof Gerhard Tolzien (1870–1946) wich im August 1933 der Gewalt. Landesbischof Heinrich Rendtorff (1888–1960) in Schwerin, der bis dahin noch an einen Ausgleich mit den Nationalsozialisten geglaubt hatte und sogar Mitglied der NSDAP wurde, resignierte verbittert im Januar 1934 und nahm eine Pfarrstelle in Stettin an, wo er sich ebenfalls der Bekennenden Kirche zuwandte. Der Präsident des Schweriner Oberkirchenrates, Emil Lemcke (1870–1946), war im Dezember wegen seiner unbequemen Haltung vom Dienst suspendiert worden. Damit war die gesamte alte Kirchenspitze abgelöst. Im Juni 1934 standen sieben Pastoren vor dem Schweriner Sondergericht wegen „Herabwürdigung und Beleidigung des NS-Staates". Der Prozeß endete mit Geld- und mehrmonatigen Gefängnisstrafen, die aber nie vollstreckt wurden. Andererseits folgten weitere Versetzungen und Bestrafungen für Pastoren der Bekennenden Kirche, der Niklot Beste (1901–1987) vorstand.

Auf dem Lande richtete die NSDAP den Reichsnährstand ein, der als Monopol sämtliche bisherigen genossenschaftlichen Verteilungs- und Arbeitsstrukturen übernahm, zu denen die Bauernschaften mit den Bauernführern gehörten. Das Leben im Dorf blieb aber in großen Teilen unverändert, sieht man vom Radio als technischer Neuerung einmal ab. Widerstand aus diesen Kreisen gegen den Nationalsozialismus war die Ausnahme. 1938 besaß über die Hälfte aller Haushalte eine „Goebbelsschnauze" oder Besseres. Das lag über dem Reichsdurchschnitt. Mit großem propagandistischem Aufwand erfolgte 1938 die Einführung einer Verordnung zur Möglichkeit, den Erbpachthof erwerben zu können. Der „Erbhof" war kreiert.

Die industrielle und damit auch die Sozialstruktur in den Städten änderte sich dagegen grundlegend. Durch die Rüstung entstanden Schwerpunkte der Flugzeugindustrie in Rostock, Wismar, Ludwigslust, Neubrandenburg, Schwerin und Tutow. Außer Junkers etablierte sich die gesamte deutsche Flugzeugindustrie in Mecklenburg. Innerhalb eines Jahres explodierten hier die Beschäftigtenzahlen bis 1934 auf das Fünffache. Die Presse feierte Mecklenburg als „Auffangbecken" für Arbeitslose aus den deutschen Industriegebieten.

Die 1933 in Konkurs gegangene Podeus AG Wismar wurde von der Dornier-Metallbauten GmbH übernommen, die nicht nur eigene Flugboote, sondern auch die He 111 bauten. Die Arado-Flugzeugwerke gründeten in Warnemünde eine Niederlassung, und in Ribnitz etablierte sich die Walter-Bachmann-Flugzeugbau GmbH. Das größte Unternehmen entwickelte Ernst Heinkel in Rostock mit dem Bau des Jagdbombers He 111. In seinem Konzern arbeiteten 1938 über 18.000 Menschen, davon etwa 9.000 in Rostock. Durch eine Mischung von Akkord und Vergünstigungen wurde die Arbeitsleistung ständig gesteigert. Das „Heinkel-Tempo" wurde sprichwörtlich. Mit der bevorzugten Vergabe von kommunalen Wohnungen, die als Werkswohnungen galten und Sozialeinrichtungen, wie einem „Gesundheitshaus" entstand ein elitäres Firmenbewußtsein, das durch höhere Löhne noch gefestigt wurde. Mustergültig im Sinne des Nationalsozialismus war auch die totale Integration der Arbeiter in die Firmenideologie, die durch ein umfangreiches Angebot bis in die Freizeit reichte. Heinkel-Sport-Club, Nationalsozialistisches Fliegerkorps, selbst organisierte Theatervorstellungen und öffentliche Vorträge standen dafür. Die Entwicklung des ersten Strahltriebflugzeugs, das im August 1939 seinen Probeflug erfolgreich absolvierte, kam für die kriegsorientierte Rüstung zu spät und wurde bis 1945 kaum noch weiterverfolgt.

Daneben beschäftigte die Neptunwerft 4.000 Arbeiter beim Bau von U-Booten und Minensuchbooten. Allein aus diesen beiden Bereichen ist schon das Anwachsen der Bevölkerung von 93.530 im Jahre 1933 auf 122.344 1939 abzuleiten. 1939 stieg die Bevölkerungszahl der Stadt monatlich um 2.400 Menschen, woran auch zunächst der Krieg nichts änderte. Rostock wurde dadurch 1935 Großstadt. Neubrandenburg erlebte ein Wachstum um 30%. In der Folge entwickelte sich eine enormer Aufschwung der Bauindustrie, der allein in Rostock zum Neubau von über 6.000 genossenschaftlichen und kommunalen Wohnungen führte. Die Anzahl der Beschäftigten in der Bauindustrie stieg von 2.000 im Jahre 1932 auf 15.000 1938. Andere Werke in Dömitz und Malchow produzierten Munition und Sprengstoffe. Auch in Hagenow und Waren entstanden Rüstungsbetriebe. Trotz Morgenappell, Überwachung und anderer oft als bedrückend empfundener militanter Erscheinungen in den größeren Betrieben war der sichere Arbeitsplatz der wichtigste Faktor für die positive Haltung der meisten Menschen zum Nationalsozialismus.

Handel und Gaststättenwesen entwickelten sich ebenfalls günstig. Die Zahl der Beschäftigten stieg in diesem Bereich zwischen 1932 und 1938 von etwa 7.000 auf 16.000. Das resultierte in erheblichem Maße aus dem Um- und Ausbau der Ostsee-Ferienzentren in KdF-Heime, deren vollständige Belegung organisiert wurde und damit auch vielen Menschen erstmals die Möglichkeit eines Seeaufenthalts ermöglichte. Heiligendamm wurde zum Sommersitz der Führer des Dritten Reiches ausersehen.

Dieser wirtschaftliche Aufschwung in Verbindung mit Vollbeschäftigung erzielte in großen Teilen der Bevölkerung Anerkennung.

1937 fand im Rahmen des Groß-Hamburg-Gesetzes ein Gebietsaustausch mit den angrenzenden Ländern überwiegend von En- und Exklaven statt. Dabei trat Mecklenburg u.a. fünf Dörfer an Preußen ab und erhielt dafür ebensoviele Gemeinden. In einer großangelegten Propagandaaktion wurden 1938 sieben Gemeinden in den Rang von Städten erhoben. Dazu gehörten Dassow, Klütz, Lübtheen, Neukloster und Zarrentin. Kühlungsborn war ein Zusammenschluß von drei Gemeinden, und Rerik stellte eine „germanisierte" Umbenennung des ehemaligen Alt Gaarz dar.

Während in der Kunst Ernst Barlach zunächst hofiert wurde, um ihn mit seinen bäuerlichen Figuren der Blut-und-Boden-Ideologie nutzbar zu machen, erhielt er nach seiner Verweigerung Ausstellungs- und Berufsverbot. Schließlich wurden zwei seiner Werke im Schweriner Museum als „entartet" ausgesondert. Andere Museen blieben verschont. Arbeitsverbot erhielten auch Kate Diehn-Bitt und Bruno Gimpel (1886–1943), der in den Freitod ging. Vereinnahmt wurde ohne eigenes Engagement Richard Wossidlo, dessen gegenständliche Sammlungen 1937 im Schweriner Schloß in einem propagandistisch großangelegten „Bauernmuseum" gezeigt wurden. Thingstätten wurden überall errichtet und Sonnenwendfeiern abgehalten, wobei die germanische „Lichtsehnsucht" mystifiziert mit Fackeln und Lagerfeuern dargestellt wurde. Der 125. Todestag von Theodor Körner sollte Anlaß sein, in Wöbbelin eine entsprechende Gedenkhalle mit Aufmarschstraßen und Weihestätte zu bauen, die dem nationalistischen Gedanken Rechnung trug. In Güstrow wurde die 1430 gestiftete Gertrudenkapelle als erste Ahnenhalle Deutschlands in einen „Tempel des Blutes" umgewandelt und 1937 übergeben. Gleichzeitig mußte Barlachs „Schwebender" aus dem Dom entfernt werden.

Durch die Einberufungen für den am 1. September 1939 begonnenen Krieg entstand ein erheblicher Mangel an Arbeitskräften sowohl in der Stadt wie auf dem Lande. Dem wurde mit dem Einsatz von Kriegsgefangenen und ausländischen Zwangsarbeitern begegnet. Sie bildeten 1943 etwa die Hälfte aller Beschäftigten. Besonders hart war es für die russischen Kriegsgefangenen, während z.b. Franzosen und Belgier Unterstützung aus der Heimat erhielten. Hier entwickelten sich besonders in kleineren Betrieben menschliche Beziehungen, die sich in humaner Behandlung der Kriegsgefangenen, Nachrichtenvermittlung und zusätzlicher Versorgung mit Lebensmitteln und Tabak äußerten. Bei Kriegsende hat diese Haltung vielen dieser Deutschen das Leben gerettet.

In der Rüstungsindustrie wurden Häftlinge aus den Konzentrationslagern Buchenwald, Neuengamme, Ravensbrück und Sachsenhausen eingesetzt, die Außenlager in Boizenburg, Krakow, Neubrandenburg, Neustadt/Glewe, Rechlin, Rövershagen und Wöbbelin einrichten mußten. Allein in Neubrandenburg befanden sich 1945 etwa 6.500 Frauen. Das größte Lager entstand in Barth für die Ernst-Heinkel-Flugzeugwerke. Für diesen Konzern arbeiteten etwa 6.000 Häftlinge. Das führte auch zu verschiedenen Sabotage-Aktionen gegen die Rüstung, die bei Entdeckung in der Regel die Todesstrafe zur Folge hatten.

Die ersten drei Kriegsjahre verliefen für die Bevölkerung im Land ohne größere Beeinträchtigung ihres Lebensstandards. Die Versorgung in der Rüstungsindustrie war sehr gut und auch auf dem Lande litt man keine Not. Juden waren in Mecklenburg kaum noch vorhanden, und ihr Elend wurde nur noch von wenigen bemerkt. 1942 gab es zwei Aktionen zur Deportation von Juden in Mecklenburg. Die erste führte im Juli von Ludwiglust mit 67 Menschen nach Auschwitz und im November von Neustrelitz mit 50, überwiegend älteren Menschen, nach Theresienstadt.

Der Krieg fand in fernen Ländern statt und wurde durch die Berichterstattung glorifiziert. Auch erste Luftangriffe auf Wismar im Juni 1940 und Rostock im September 1941, bei denen mindestens 24 Menschen starben, führten noch nicht zum Umdenken. Das änderte sich im Frühjahr 1942 nach dem Scheitern der Blitzkriegsstrategie im Osten. Gefallenenmeldungen häuften sich, denen neue Einberufungen folgten und Lebensmittel wie Brot, Fleisch, Fett und Kartoffeln wurden rationiert.

Mecklenburg wurde seit 1942 verstärkt von Bombern der Royal Air Force angegriffen. Ziele waren in erster Linie Zentren der Rüstungsindustrie, aber auch die dazugehörigen Wohnsiedlungen, um eine demoralisierende Wirkung zu erreichen. Rostock war das erste Opfer dieser Flächenbombardierungen in Mecklenburg. Die Stadt erlebte im April 1942 einen viertägigen Angriff. Die Menschen begannen schon nach der ersten Nacht aus der Stadt zu fliehen, bis der Gauleiter Hildebrandt durch die Verhängung des Ausnahmezustandes das Verlassen nur noch mit Sondergenehmigung gestattete. Zwei Tage später wurde diese unmenschliche Anordnung aufgehoben und Frauen und Kinder in die umliegenden Dörfer und Ferienheime evakuiert. 18 Personen wurden auf bloße Verdächtigungen hin als Plünderer standrechtlich erschossen. Das Resultat der Bombardierungen waren etwa 220 Tote und 800 Verletzte, knapp 2.000 zerstörte Wohn- und andere Häuser, 150 zerstörte He 111 (etwa eine Monatsproduktion) und etwa 35.000 Obdachlose. Kate Diehn-Bitt komprimierte dieses Entsetzen auslösende Erlebnis trotz Arbeitsverbots in ihrem Bild „Schreckensnacht 1942". Heinkel begann seine Produktion auf 40 verschiedene Standorte in der näheren Umgebung und bis nach Oranienburg zu dezentralisieren. Die Forschungsabteilung wurde nach Wien verlegt. Rostock war zu diesem Zeitpunkt die am schwersten bombardierte Stadt Deutschlands. Gasversorgung und Nahverkehr waren zum Erliegen gekommen. Da den Briten das Ausmaß der Zerstörung nicht ausreichte, wurde im Mai ein erneuter Angriff auf militärische Ziele in Warnemünde geflogen. Die Opfer des Luftkriegs insgesamt betrugen in Rostock 610 Tote, wobei der Anteil von etwa 20% Kriegsgefangenen und Zwangsarbeitern sehr hoch ist, was an den unzureichenden Schutzmöglichkeiten für diese Menschen lag. Der Zugang zu den Bunkern war ihnen beispielsweise verwehrt. Im September 1942 gab es die ersten größeren Zerstörungen in Wismar mit 67 Toten.

Die schwersten Angriffe fanden 1944 und noch im April 1945 statt, wobei besonders die historische Altstadt und das Industriegelände der Dornier-Werke getroffen wurden. Die Bilanz nach 12 Bombardierungen waren 313 Tote, zu 80% zerstörte Produktionsanlagen und 28% zerstörter Wohnraum. Beide Städte waren über die gezielten Bombardierungen hinaus aber auch durch ihre gut zu ortende Lage an der Ostsee häufig Ausweichziel besonders für die US Air Force, wenn andere vorgesehene Städte wegen schlechter Witterungsbedingungen verfehlt wurden. Weitere Orte Mecklenburgs wurden im Rahmen dieser Angriffe eher zufällig getroffen. Zur wirksameren Verteidigung wurden seit 1943 Schüler als Luftwaffen- und Marinehelfer eingesetzt. Zunächst waren es etwa 250 Jungen aus Güstrow, Rostock, Schwerin und Wismar, die zum Einsatz kamen. Im Herbst waren es bereits 1.100.

Obwohl diese direkten Kriegsauswirkungen vornehmlich die größeren Städte betrafen, entwickelte sich, bedingt auch durch die Evakuierung von ausgebombten Hamburgern und Berlinern nach Mecklenburg, allmählich eine allgemeine Demoralisierung. Die „Goldfasane" der NS-Spitze verloren an Glaubwürdigkeit und Kriegsmüdigkeit griff um sich. Nach dem Attentat auf Hitler verstärkte sich auch der illegale Widerstand. 1944 mußten in Mecklenburg dafür 32 Menschen ihr Leben lassen. Unter ihnen befanden sich überwiegend wieder Kommunisten und Sozialdemokraten, wie Willi Schröder (1897–1944) und Willi Döbler (1897–1944), aber auch der katholische Pfarrer Bernhard Schwentner (1891–1944) aus Neustrelitz. Andere wurden in die Wehrmachtsstrafdivision 999 gezwungen. Einerseits belegt das die Brutalität des Systems, andererseits aber auch die Geringfügigkeit des überwiegend individuellen Widerstandes.

Anfang 1945 erreichten die ersten Flüchtlinge aus Ostpreußen Mecklenburg und trugen durch ihre Berichte über die vordringende Rote Armee zu einem weiteren Vertrauensverlust gegenüber den nationalsozialistischen Führern bei. Flüchtlinge in größerer Zahl kamen auch über den Seeweg nach Rostock und Wismar. In den letzten Kriegstagen, als die Rote Armee schon in Mecklenburg stand, wurden über die Häfen Wismar und Rostock noch 25.000 Flüchtlinge, 7.000 Verwundete und 30.000 Soldaten mit Schiffen der Kriegsmarine und Handelsschiffen nach Schleswig-Holstein abtransportiert. Als der Kapitän des Rostocker Schiffes „Friedrich" sich weigerte, statt der Verwundeten hohe NS-Parteiführer nach Holstein zu bringen, wurde er von der SS erschossen. Unter großen Mühen und Opfern gelang es, die notwendigste Versorgung aufrecht zu erhalten. Volkssturm und Hitler-Jugend wurden in dieser Zeit mit oft unsinnigen Methoden auf den Kampfeinsatz vorbereitet, wobei in den meisten Fällen ehemalige und verwundete Frontsoldaten die Ausbildung vornahmen, deren verklärte „Frontgeschichten" besonders auf die Jungen großen Eindruck machten und erheblich zur Kampfmotivation beitrugen. Obwohl die immer dichter werdenden Flüchtlingsströme aus dem Osten und seit April auch vor der Front fliehende Soldaten keinen Zweifel mehr am Ausgang des Krieges lassen konnten, wurde überwiegend in den Städten zur Verteidigung aufgerufen. Rostock und Wismar wurden zu Festungen erklärt und an Ortseingängen Panzersperren errichtet, die aber westlich von Bad Sülze-Teterow-Malchow nicht mehr besetzt wurden. In diesen Wochen wurden auch immer wieder Kolonnen von KZ-Häftlingen durch das Land in Richtung Nordwesten getrieben, wobei besonders der Leidensweg von 25.000 Menschen aus dem Lager Sachsenhausen in Richtung Schwerin als „Todesmarsch" in die Geschichte eingegangen ist. Bei Raben-Steinfeld konnten die überlebenden etwa 18.000 Häftlinge durch Panzer der Roten Armee befreit werden.

Eine Tragödie besonderer Art war die Versenkung des Schiffes „Cap Arcona" am 3. Mai 1945 durch die britischen Bomber. Fast 6.000 Häftlinge des KZ Neuengamme, die sich an Bord befanden, starben. Allein 128 Leichen trieben am Poeler „Schwarzen Busch" an Land. In verschiedenen Städten, wie Bützow, Dassow, Grabow, Grevesmühlen, Güstrow, Neustadt-Glewe, Ribnitz, Rostock und Wismar, wurde dem Befehl der Verteidigung oder Sprengung von Brücken und anderen Objekten keine Folge geleistet. In Neustrelitz forderte eine Gruppe von 200 Frauen vor dem Rathaus die Einstellung der Verteidigungsvorbereitungen. Es konnten dadurch teilweise weitere Opfer und Zerstörungen verhindert werden. Wo sich der Roten Armee Widerstand entgegenstellte, erhielten die Orte schweren Beschuß. Das traf besonders den Strelitzer

Landesteil, den die Truppen zuerst erreichten. Friedland und Neubrandenburg wurde durch die Wehrmacht verteidigt und am 29. April 1945 durch die Rote Armee erobert. Dabei brannte die Innenstadt fast völlig ab. Alt Strelitz wurde einen Tag später noch zu 65% zerstört. Das Schloß und das Theater sowie zahlreiche Gebäude in Neustrelitz gingen in Flammen auf. Mirow büßte 25% seiner innerstädtischen Gebäude ein.

Ein Sprengungsbefehl besonderer Art wurde in Sophienhof bei Waren durch die SS ausgeführt. In dem dortigen Gutshaus lagerten nicht nur die Bestände des Warener Heimat- und Naturkundemuseums, sondern auch Teile des Berliner Schloßmuseums und des Pergamonmuseums.

Innerhalb von fünf Tagen wurde Mecklenburg bis zum 3.5.1945 von der Roten Armee und britischen Truppen ohne nennenswerten Widerstand eingenommen. Die Alliierten trafen sich etwa auf der Linie östlich Wismar-Schweriner See-Ludwigslust-Dömitz. Am 2. Mai kapitulierte in diesem Gebiet der Kommandierende General der 21. deutschen Armee, von Tippelskirch, vor den Briten und Amerikanern und führte etwa 150.000 Soldaten in die Kriegsgefangenschaft der Westalliierten. Alle Gefangenen mußten ihre Wertsachen als Beute abliefern.

Wismar rückte am 7. Mai 1945 in die Schlagzeilen der Weltpresse, als sich Feldmarschall Bernard Law Montgomery of Alamein (1887–1976), Oberbefehlshaber der 21. britischen Heeresgruppe, und Marschall Konstantin Rokossowski (1896–1968), Chef der 2. Belorussischen Front, offiziell als Sieger in dieser Stadt trafen.

Besatzungsmacht und Neubeginn 1945–1952

Die Besetzung traf Bewohner, Wehrmachtsangehörige und Flüchtlinge auf dem Territorium Mecklenburgs in unterschiedlichster Verfassung. Desinformation, Angst und die Hoffnung auf das wirkliche Ende des Krieges mischten sich mit Panik und Gewalt. Vergewaltigungen und Plünderungen durch die Rote Armee waren trotz schwerer Strafandrohungen an der Tagesordnung. Besonders hart wurde Malchin getroffen, wo die Besatzer die Stadt nach der Eroberung in Brand setzten. Viele Menschen ertrugen die Ungewißheit und die Peinigungen nicht und begingen Selbstmord. Allein für Neubrandenburg betragen die Schätzungen etwa 3.000, darunter besonders Frauen und Kinder. Gewalttätige Übergriffe aus der disziplinarischen Kontrolle geratener Soldaten waren noch bis 1947 zu verzeichnen. Allein in den Monaten September bis November 1946 wurden 43 Tötungsdelikte registriert.

Die bis Kriegsende geradeso aufrechterhaltene Notversorgung der Bevölkerung und der Flüchtlinge brach nun völlig zusammen. Chaos und Seuchen bestimmten das Bild. Im August 1945 brach eine Typhus-Epidemie aus, der bis zum Jahresende bereits etwa 4.000 Menschen zum Opfer fielen und die erst 1947 unter Kontrolle gebracht werden konnte. Erst 1947/48 gelang es, die Lebensbedingungen wieder in ruhigere und sicherere Bahnen zu lenken.

Erschwerend kam hinzu, daß Mecklenburg das Land mit den meisten Flüchtlingen war. Die Bevölkerungszahlen stiegen um knapp die Hälfte. 1946 wurden in Mecklenburg-Vorpommern 2.140.000 Bewohner registriert. Obdachlosigkeit und Massenarbeitslosigkeit waren die Folge. Nur für 42% dieser Menschen standen Arbeitsplätze zur Verfügung. In Barackenlagern versuchte man die Flüchtlinge unterzubringen. Teilweise wurden sogar wie in Malchow und Neubrandenburg ehemalige Konzentrationslager dazu genutzt. Etwa 30.000 Kinder schlugen sich elternlos durch das Land.

Die britischen Truppen zogen bis zum 1. Juli 1945 aus Mecklenburg ab und übergaben diesen Landesteil an die Rote Armee.

Die obersten Verwaltungen waren zunächst die Orts- und Kreiskommandanturen mit Stützpunkten in den Dörfern. Am 8. Juli 1945 wurde als vorgesetzte Einrichtung die „Sowjetische Militäradministration in Mecklenburg" gebildet, die auf der Basis von Befehlen regierte. Die vorpommerschen Gebiete waren dieser Region zugeordnet worden. Teile der Verwaltung, wie Wasser-, Energie- und Wohnungswirtschaft oder die Versorgung mit Lebensmitteln, durften durch deutsche Dienststellen wahrgenommen werden. Der mecklenburgische Kommunist Hans Warnke (1896–1985) gehörte zu den entscheidenden politischen Persönlichkeiten der Nachkriegsentwicklung. Er kam am 6. Mai 1945 als Mitglied des Nationalkomitees Freies Deutschland aus der Sowjetunion zurück und war maßgeblich an der Einsetzung von etwa 400 Bürgermeistern und Landräten beteiligt. Später übernahm er das Innenressort im Lande. Im Juni und Juli erhielten KPD, SPD, CDU und die Liberal-Demokratische Partei Deutschlands (LDPD) ihre Zulassung. Am 4. Juli 1945 wurde die Landesverwaltung offiziell in deutsche Hände gelegt. Ihr erster Präsident wurde der Sozialdemokrat Wilhelm Höcker (1886–1955). Damit wurde der zahlenmäßigen Stärke und der langen Tradition der SPD in Mecklenburg Rechnung getragen. Neben SMA, Kommandanturen und Selbstverwaltungen, in denen in vielen Fällen eine aufopferungsvolle Arbeit zur Normalisierung des Lebens geleistet wurde, bestanden noch die Dienststellen des NKWD (Volkskommissariat für Innere Angelegenheiten der UdSSR), die Funktionen einer politischen Polizei wahrnahmen. Über diese Stellen erfolgten die Inhaftierungen von ehemaligen Mitgliedern der NSDAP, der SS und sonstiger politischer Verbände des Dritten Reichs, Gutsbesitzern, Unternehmern aber auch von kritischen Sozialdemokraten, Kommunisten und anderen Menschen, die dann in die Lager Alt-Strelitz oder Neubrandenburg-Fünfeichen unter KZ-ähnlichen Bedingungen verbracht wurden. Das „Speziallager 9, Fünfeichen" bestand bis zum Spätsommer 1948 und erreichte als Höchstbelegung die Zahl 12.500, darunter zwischen 2–3.000 Jugendliche und 600 Frauen. Aus dem Lager heraus fanden Deportationen nach Sibirien statt. Die anderen Insassen wurden zu verschiedenen Arbeiten auf dem Feld und in technischen Werkstätten herangezogen. Durch Entkräftung, Epidemien und andere Krankheiten starben im Lager nach jüngsten Schätzungen etwa 7.500 Menschen.

Im Herbst 1945 erfolgte die „Beschlagnahme allen Eigentums des deutschen Staates, der NSDAP und ihrer Organisationen, der Verbündeten des Nazireichs und ..." anderer Personen, die nicht näher benannt wurden. Das betraf alle Rüstungsbetriebe, die, soweit noch nutzbar, völlig demontiert wurden. Dazu gehörten in erster Linie die Heinkel-Flugzeugwerke, während die Boizenburger Schiffswerft, die Lederwerke Neustadt/Glewe und die Tuchfabrik Malchow nach der Enteignung in Volkseigentum weitergeführt wurden. Die Neptunwerft in Rostock und die Plattenfabrik Boizenburg entgingen der Demontage durch Überführung in sowjetisches Eigentum mit der Aufgabe, für die Reparationen zu produzieren.

Für Mecklenburg-Vorpommern besonders gravierend war in der gleichen Zeit die von allen Parteien des Landes mitgetragene Bodenreform, die Flüchtlinge, Landarbeiter (die zukünftigen „Neubauern") und Kleinbauern größtenteils begrüßten. Bedenken gab es nur von einzelnen Mitgliedern der Parteien. So warnte z. B. Albert Schulz (1895–1974), der Kreisvorsitzende Rostock der SPD, der sich später auch massiv gegen die Vereinigung mit der KPD wehrte, vor überstürzten Handlungen in diesem Zusammenhang. Von einer siebenköpfigen Landesbodenkommission geleitet (3 KPD, 2 SPD und 2 anderer Parteien), der wiederum Kreis- und Gemeindekommissionen unterstanden, wurden 2.007 Güter enteignet. Damit wurde knapp die Hälfte der landwirtschaftlichen Fläche aufgeteilt. Die Zahl der bäuerlichen Kleinbetriebe bis 20 Hektar erhöhte sich schlagartig von etwa 57.000 auf 222.000. Der Bestand von etwa 13.000 mittel- und großbäuerlichen Wirtschaften bis 100 Hektar blieb erhalten. Die 333 nicht aufgeteilten Güter wurden in Staatsgüter umgewandelt. In die leerstehenden Gutshäuser zogen in den meisten Fällen Flüchtlinge ein. Die enteigneten Familien sollten in andere Gegenden der Sowjetischen Besatzungszone umgesiedelt werden, wobei viele Menschen unter

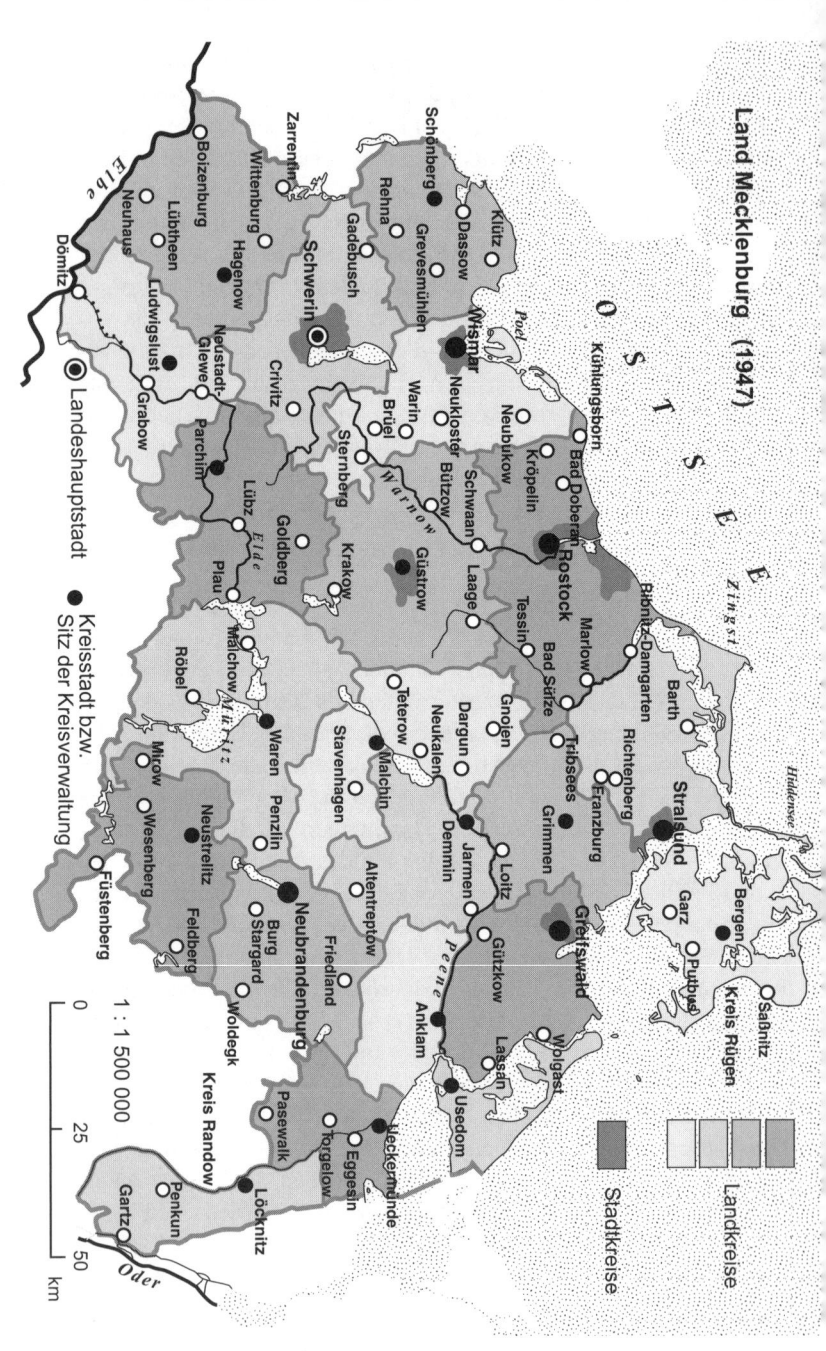

Land Mecklenburg (1947)

◉ Landeshauptstadt

● Kreisstadt bzw.
Sitz der Kreisverwaltung

Stadtkreise

Landkreise

1 : 1 500 000

0   25   50 km

oft dramatischen Umständen in die Westzonen flüchteten. Die weitgehend stillgelegte Industrie erholte sich sehr langsam. Zunächst begannen durch Eigeninitiativen von Arbeitern Aufräumungsarbeiten und die Herstellung von lebensnotwendigen Dingen wie Kochtöpfen, Streichhölzern, Spaten, Sensen oder „Kochhexen" z. B. in der Neptunwerft, bevor sie 1946 in sowjetisches Eigentum überging. Zahlreiche Menschen wurden bei Demontagearbeiten besonders von Schienen (dem zweiten Gleis) und anderen Eisenbahnanlagen, beim Holzeinschlag oder Aufräumungsarbeiten in den Städten eingesetzt. Schwerwiegend wirkte sich die Demontage von Sägereien aus, die seit 1946 allmählich wieder aufgebaut wurden. Langsam kamen die Energie- und Wasserbetriebe sowie die Nahrungsmittelindustrie wieder in Gang. Molkereien, Zuckerfabriken, Mühlenwerke, auch Brennereien und Tabakfabriken, wie „Unitas" in Schwerin, gehörten zu den ersten. Daneben etablierten sich sehr schnell überwiegend durch Initiativen von Flüchtlingen auch wieder etwa 5.000 Handwerksbetriebe. Der Anteil der Selbständigen betrug 1946 in Mecklenburg-Vorpommern über 30%. Alle Produkte wurden über ein Bezugsscheinsystem verkauft, wobei parallel dazu ein weitverzweigter Schwarzmarkt florierte. Prostitution und Kriminalität in den Städten gehörten zum Alltag. Nach 25 Jahren wurde auch der industrielle Torfabbau reaktiviert, wo 1946 rund 5.000 Menschen beschäftigt waren.

Mit einem ungeheuren Aufwand erfolgte 1946 die Schulreform. Sämtliche alten Schulbücher waren eingezogen und 500.000 neue im Land verteilt worden. In Schnellkursen erfolgte eine „Neulehrerausbildung". Besonders der politischen Bildung der Pädagogen im Sinne des Marxismus-Leninismus wurde viel Aufmerksamkeit gewidmet. Die Gliederung erfolgte in Grund- und Oberschulen, wobei die einklassigen Dorfschulen aufgelöst wurden. Die Wiedereröffnung von Kinos, Theatern und Museen war ein besonderes Anliegen der SMA Mecklenburg-Vorpommerns und der Landesverwaltung. Mit Hilfe der Ortskommandanturen erfolgte in verschiedenen Fällen die Rückführung von ausgelagertem Kulturgut aus Gutshäusern und Dorfkirchen in die Städte. In einigen Fällen waren hier größere Verluste durch Plünderungen von Soldaten und Flüchtlingen eingetreten, aber auch in Unkenntnis etliche Stücke einfach verheizt worden. Der Edelmetallbestand des Rostocker Museums, der im Tresor der dortigen Stadtkasse lagerte, verschwand als Kriegsbeute. Größere Verluste entstanden dem Schweriner Museum im Rahmen der großangelegten professionellen Requirierungen durch die „Trophäenkommission" der Roten Armee. Die großherzogliche Bibliothek, wertvolle Gemälde und auch die wissenschaftliche Datei der ur- und frühgeschichtlichen Sammlungen wurden in die UdSSR verbracht. Eine „Entmilitarisierung" der Kulturgüter fand nur in den Bibliotheken statt, während die Museen weitgehend verschont blieben.

In Rostock konnte andererseits bereits im Herbst 1945 im Städtischen Museum im Rahmen einer Kulturwoche auf Anregung des Verlegers und Besitzers des Hinstorff Verlages Peter E. Erichson (1881–1963) eine Ernst-Barlach-Gedächtnisausstellung eröffnet werden. Das Rostocker Theater gab aus diesem Anlaß das Stück „Nathan der Weise" mit Paul Wegener (1874–1948) in der Hauptrolle. Auch die anderen Theater in Schwerin, Güstrow und Wismar wandten sich dem klassischen Erbe zu aber auch verstärkt sowjetischer Gegenwartsdramatik. Zu einem bedeutenden Kulturereignis gestaltete sich der Auftritt des russischen Staatschores in Schwerin. Das Schweriner Museum zeigte 1946 Arbeiten von Käthe Kollwitz (1867–1945), und 1949 wurde mit einer Fritz-Reuter-Gedenkstätte in Stavenhagen das erste Nachkriegsmuseum des Landes eröffnet. Eine differenzierte Rolle spielte der „Kulturbund zur demokratischen Erneuerung Deutschlands", wo einerseits versucht wurde, reglementierend zu wirken und andererseits bildungsbürgerlicher Vereinsgeist humanistischer Prägung neu auflebte. Restriktive Eingriffe fanden hier aber nicht statt, da durch die massenhafte Abwanderung der Intelligenz in den Westen bereits ein erheblicher Mangel in fast allen Bereichen eingetreten war und in diesen Arbeitsgruppen eine der letzten legalen Möglichkeiten der Treffen von Menschen außerhalb der privaten Sphäre mit gleichen intellektuellen Interessen bestand. Eine völlig neue Kulturform wurde seit Ende 1946 mit dem mobilen Landfilm gefunden, der im Kreis Güstrow erstmals organisiert wurde. 1947 konnten 150 Bibliotheken auf dem Lande registriert werden.

Die Rostocker Universität begann mit dem Frühjahrssemester

1946 wieder ihren Vorlesungs- und Studienbetrieb. Als Rektor war der Jurist Erich Schlesinger (1880–1956) eingesetzt worden, der zuvor als Leiter der Justizabteilung der Landesverwaltung maßgeblich an der „Entnazifizierung" mitgewirkt hatte.

Politisch konzentrierte sich die KPD auf eine Vereinigung mit der SPD. Dieses Bestreben wurde von vielen Sozialdemokraten mitgetragen, die bereits 1945 übertraten. Kritiker sahen sich in etlichen Fällen der Verfolgung und Internierung ausgesetzt. Trotzdem war die SPD noch im März 1946 zahlenmäßig mit etwa 72.500 Mitgliedern die stärkste Partei im Lande, wobei Rostock mit 11.000 an der Spitze lag. Viele traten nach der Vereinigung enttäuscht über die kommunistische Dominanz in der SED aus der Partei aus. Die Ergebnisse der Kommunalwahlen 1946 spiegelten nach einer umfangreichen Wahlkampagne beide Tendenzen wieder. 70% der Stimmen im Lande erhielt die SED, wobei sie sich stark auf die Neubauern stützen konnte, und 27% erhielten die bürgerlichen Parteien, die sich in Wahlkundgebungen in Schwerin u.a. gegen die Enteignungen der Gutsbesitzer wandten. Die CDU kämpfte teilweise unter der Losung „Christentum oder Marxismus". In Rostock gab es eine sehr knappe Entscheidung. Dort erhielt die SED 30 Sitze und die bürgerlichen Parteien 29 Sitze. Die Mehrheit für die SED war aber durch einen Sitz für den Antifaschistischen Frauenausschuß gesichert. Einen Rückgang der Wählerstimmen erlebte die SED bei den Wahlen zum ersten mecklenburg-vorpommerschen Landtag am 20. Oktober 1946, wo sie bei 85% Wahlbeteiligung nur noch 49,5% der Stimmen erhielt, während die CDU 34,1% und die LDPD 12,5% auf sich vereinigen konnten. Die Entscheidung wurde durch 3,9% der Stimmen für die Vereinigung der gegenseitigen Bauernhilfe (VdgB) zugunsten der SED getroffen. In Schwerin und Rostock lagen dabei die für die bürgerlichen Parteien abgegebenen Stimmen bereits über 50%. Das Kabinett bestand aus drei Ministern der SED, drei CDU-Ministern, wovon der Minister für Landwirtschaft und Forsten von der VdgB nominiert wurde, und einem Minister der LDPD. Ministerpräsident wurde Wilhelm Höcker (SED). Im Januar 1947 wurde die Verfassung des Landes Mecklenburg im Parlament beschlossen, in der nach Auflösung des Staates Preußen durch

Sitzungsbericht
der 1. Vollsitzung vom Dienstag, dem 19. November 1946
15 Uhr

	Spalte
Eröffnung des Landtages	
Landespräsident Höcker	3—7
Wahl des Alterspräsidenten	
Alterspräsident Lüben	7—8
Begrüßung des Landtages durch den Vertreter der SMA	
General Stoffprew	8—11
Namentlicher Aufruf der Abgeordneten	
Alterspräsident Lüben	11
Wahl des Präsidenten	
Abg. Bürger (SED)	11
Präsident Moltmann	11—12
Wahl des ersten Vizepräsidenten	
Vizepräsident Dr. Lobedanz	12
Wahl des zweiten Vizepräsidenten	
Präsident Moltmann	13
Vizepräsident Kröning	13
Wahl des dritten Vizepräsidenten	
Präsident Moltmann	13
Vizepräsident Geffke	13

	Spalte
Wahl des ersten Schriftführers	
Präsident Moltmann	13
1. Schriftführer Wehmer	13
Wahl des zweiten Schriftführers	
Präsident Moltmann	14
2. Schriftführer v. Harlem	14
Wahl des dritten Schriftführers	
Präsident Moltmann	14
3. Schriftführer Glückauf	14
Antrag der vier Fraktionen betr. Weiterführung der Geschäfte der Landesverwaltung bis zur Wahl einer Regierung	
Festsetzung der Ausschüsse	
Verlesung von Begrüßungen	
Erklärung des Landtages Mecklenburg-Vorpommern über die Demokratisierung Deutschlands	
Präsident Moltmann	14—17
Abg. Bürger (SED)	17
Abg. Jöhren (CDU)	11—19
Abg. Dr. Scheffler (LDP)	19—21
Abg. Goldenbaum (VdgB)	21—22

Sitzungsbericht des Landtags 1946

Alliierten Kontrollratsbeschluß der Zusatz „Vorpommern" weggelassen wurde. SED und CDU hatten getrennte Entwürfe für das Grundgesetz eingereicht, wobei der Vorlage der SED Priorität eingeräumt und der CDU-Vorschlag als Zusatzantrag behandelt wurden. Nach dem knappen Wahlsieg für die SED unternahm die Partei im Laufe der kommenden Jahre verstärkte Anstrengungen, ihre Position zu festigen. Das geschah einerseits durch Wirtschaftsförderung und Sozialaufbau, andererseits durch rigorose Ausschaltung Andersdenkender. Nicht nur die Auswanderung von Gemaßregelten, sondern auch eigenen Parteifunktionären in die Westzonen war die Folge. Andere wurden interniert, worunter sich auch Schüler befanden. Besonders drastisch war die Verhaftung von 23 Jungen einer Schweriner Abiturklasse, die 1948 wegen „Spionage und faschistischem Gedankengut" verurteilt wurden. Einige verstarben bereits in der Untersuchungshaft des NKWD vor dem Urteilsspruch. Die Stimmung unter den Abiturienten in dieser Zeit wurde sehr anschaulich von Uwe Johnson (1934–1984) in seinem Roman „Ingrid Babendererde" geschildert, wobei die Handlung in Güstrow angesiedelt ist, wo er selbst die Oberschule besuchte. 1949 statuierte das NKWD an der Rostocker Universität, die seit 1946 wieder geöffnet war, ein Exempel an 14 Studenten. Ein Todesurteil wurde vollstreckt, und in acht Fällen wurden je 25 Jahre Zwangsarbeit ausgesprochen. Auch Regierungsvertreter der bürgerlichen Parteien standen seit 1948 verschärft in der Kritik. 1948 trat der Minister für Landwirtschaft und Forsten Otto Möller (1892–1978) (CDU) nach einer heftigen öffentlichen Kritik zurück. Seinen Posten übernahm Bernhard Quandt (1903–1999), der schon 1932 kommunistischer Landtagsabgeordneter war. Seit 1948 war Wirtschaftsminister Siegfried Witte (1897–1961), der als Mitglied der CDU einen christlichen Sozialismus in einem geeinten Deutschland anstrebte, schweren Angriffen ausgesetzt. Als mecklenburgischer Vertreter in der Deutschen Wirtschaftskommission, lehnte er den von der SED vorgelegten Zweijahrplan mit einer eindeutigen Orientierung auf den volkseigenen Bereich ab und reichte ein alternatives Wirtschafts- und Sozialprogramm ein, in dem dem privaten Sektor der Wirtschaft mehr Spielraum zugestanden werden sollte. Im Januar 1950 wurde an ihm die letzte große, öffentliche Abrechnung mit der Opposition vollzogen. Rücktritt, Ausschluß aus der inzwischen angepaßten CDU und kurzzeitige Verhaftung waren das Ende dieser auf Ausgleich angelegten Politik Wittes. Er flüchtete in den Westen. Die seit 100 Jahren bestehende „Chemische Fabrik Friedrich Witte" in Rostock wurde in den VEB Pepton umgewandelt. Anfang 1950 fand dann auch in den eigenen Reihen der SED eine großangelegte „Säuberungsaktion" im stalinistischen Sinne statt, bei der zahlreiche „Parteifeinde, Karrieristen, Fragebogenfälscher und kriminelle Elemente" ausgeschlossen wurden.

Im industriellen Bereich hatte sich die Werftindustrie in wesentlich größerem Ausmaß als vor dem Kriege entwickelt. Neben der Neptunwerft entstanden in Warnemünde die Warnowwerft und in Wismar die Matthias-Thesen-Werft mit einer ganzen Reihe von Zulieferbetrieben. Sie arbeiteten bis in die 1950er Jahre überwiegend im Reparatursektor an Aufträgen im Rahmen der Reparationsleistungen für die UdSSR und stellten gehobene Wracks wieder seetüchtig her. Hafen und Schiffahrt befanden sich als Deutsch-Russische Transportgesellschaft (DERUTRA) ebenfalls in der Hand der Siegermacht.

Das Bauwesen nahm nach den ersten Aufräumungsarbeiten seit etwa 1947 einen ungeheuren Aufschwung und entwickelte als Großbetriebe die VEB Bau-Union in verschiedenen Städten. Die allgemeine Erscheinung im Land blieben aber die Klein- und Mittelbetriebe, die sich unter der Leitung oft unerfahrener neuer Direktoren in vielen Fällen nur zögerlich entwickeln konnten. Etwa 60% dieser Werke wurden von ehemaligen Arbeitern und Angestellten, dagegen nur 4% von früheren Direktoren geleitet.

Seit 1948 begann auch langsam wieder ein Badeleben an der Ostseeküste. Heiligendamm konnte in diesem Jahr 40 „Aktivisten der ersten Stunde" in völlig rekonstruierten Häusern des staatlichen „Kur- und Erholungsheims für Werktätige" begrüßen. Als sich aber in anderen Badeorten ein „Seebäderverband" der privaten Vermieter organisierte, wurde er als „illegaler Unternehmerverband" aufgelöst.

In den ersten Monaten nach der Bodenreform überwog in der Landwirtschaft die harte traditionelle Arbeit. Bei Nichterfüllung des Ablieferungssolls drohte im schlimmsten Fall die Todesstrafe, wie z. B. für Hans Lietz (geb. 1914) aus Spornitz. Zahlreiche Neubauern hatten Schwierigkeiten bei der Bestellung ihrer Felder durch Mangel an allen Stellen. Dringendstes Problem waren Wohnungen und Stallungen für Zug-, Milch- und Mastvieh. Etwa 30.600 Bauern benötigten in Mecklenburg-Vorpommern 115.000

neue Gebäude. Aus diesem Grunde erließ die SMAD im Herbst 1947 den Befehl 209 für ein „Neubauern-Bauprogramm". Holz, Lehm und in einigen Fällen Abbruchziegel waren die Baumaterialien. In einigen Dörfern wurden die Gutsgebäude für diesen Zweck abgerissen. Die so entstandenen kombinierten Wohn- und Stallgebäude waren wenig dauerhaft, genügten aber erst einmal den bescheidenen Ansprüchen. Der Schwierigkeit fehlender Technik wurde durch Maschinenausleihstellen und Maschinenhöfe zu begegnen versucht. Sie wurden 1948 in 124 Maschinen-Ausleihstationen zusammengefaßt.

Trotzdem konnten insgesamt die Ablieferungspflichten nicht erfüllt werden. Zahlreiche Kleinbauern gaben auf. 1951 waren deshalb 87.000 Hektar unbewirtschaftet. Mittel- und Großbauern erreichten dagegen in der Regel gute Ergebnisse. Seit 1950 wurde ihnen aber das Ablieferungssoll willkürlich heraufgesetzt und bei Nichterfüllung als Sabotage ausgelegt. Das hatte einen passiven Widerstand zur Folge, der nicht im Interesse der Regierenden lag. Statt dessen wurden 1950 die „Meisterbauern" und „Freie Spitzen" kreiert, eine umfassende Entschuldung durchgeführt und somit die Leistung noch einmal gesteigert.

Trotzdem konnte insgesamt 1951 die Zielstellung bei tierischen Erzeugnissen nur mit 89,7% und bei pflanzlichen Produkten mit 82,9% erreicht werden. Das wurde mit der Zersplitterung der Flächen begründet und damit erste öffentliche Überlegungen zur Kollektivierung angestellt.

Beschaffungs- oder weiterverarbeitende Aufgaben übernahmen die fortbestehenden Einrichtungen der ehemaligen Raiffeisengenossenschaften. An über 1.300 Genossenschaften im Land waren 1948 etwa 182.000 Mitglieder beteiligt, darunter aber nur 16.355 Neubauern. Das kennzeichnet die Kontroverse zwischen Alteingesessenen und Neuen. Diese Genossenschaften arbeiteten immer noch nach marktwirtschaftlichen Gesichtspunkten, was 1950 zum spektakulär aufgemachten „Raiffeisen-Prozeß" führte, in dessen Folge auch diese alten Strukturen zerschlagen wurden und die VdgB das Monopol in diesem Bereich übernahm.

Nach weitgehender Ausschaltung oppositioneller Kräfte in allen Bereichen konnten nach mehrfachen Verschiebungen 1950 Neuwahlen in einer einzigartigen Aktion gleichzeitig für die Volkskammer der 1949 gegründeten DDR, den Landtag, die Kreistage, die Stadtverordnetenversammlungen und die Gemeindevertretungen ausgeschrieben werden. Insgesamt standen damit in Mecklenburg fast 20.000 Frauen und Männer zur Wahl. Die Situation hatte sich auch politisch durch die Gründung von BRD und DDR im Herbst 1949 stark verändert. Immer noch vorhandene parlamentarische Vorbehalte besonders aus der CDU gegen ein gemeinsames Wahlprogramm aller Parteien wurden in „Funktionärskonferenzen" in den Kreisen Grevesmühlen, Güstrow, Hagenow und Waren in agitatorischer Form ausgeräumt. Besonders hartnäckig war der Widerstand in Rostock, wo sich in Erinnerung an Siegfried Witte auf einer entsprechenden Konferenz mit 800 Teilnehmern keine Einstimmigkeit für das Wahlprogramm der „Nationalen Front" und gemeinsame Kandidatenlisten erzielen ließ. Die Sitzaufteilung wurde durch diese Einheitslisten bereits vor der Wahl weitgehend festgelegt. Für die 80 Sitze des Landtags kandidierten 44 Mitglieder der SED, 11 je von CDU und LDPD, 5 der Nationaldemokratischen Partei Deutschlands (NDPD) und 6 der Demokratischen Bauernpartei Deutschlands (DBD). Die beiden Letzteren waren 1948 auf Anregung der SED gegründet worden und weitgehend von ihr abhängig. Drei weitere Sitze waren für Massenorganisationen wie Gewerkschaft, Kulturbund, Frauenbund, VdgB oder FDJ vorbehalten. Eine Wahl der einen oder anderen Gruppierung war damit nicht mehr möglich. Eine Protesthaltung war nur noch durch Verweigerung oder ungültige Stimmen deutlich zu machen. 99,1% stellte die höchste Wahlbeteiligung aller Länder in der DDR dar. Bei 1.360.123 gültigen abgegebenen Stimmen hatten nur 1.536 gegen die Kandidaten der Nationalen Front gestimmt. Der ehemalige Sozialdemokrat Wilhelm Höcker wurde als Ministerpräsident bestätigt, aber im Juli 1951 mit Vollendung seines 65. Lebensjahres „aus gesundheitlichen Gründen von seinem Amt entlastet". Nachfolger wurde der bisherige erste Sekretär der Landesleitung der SED, Kurt Bürger (1894–1951), der nach zehntägiger Amtszeit plötzlich starb. Ihm folgte als letzter Ministerpräsident Bernhard Quandt, der am 25. Juli 1952 das „Gesetz über die weitere Demokratisierung des

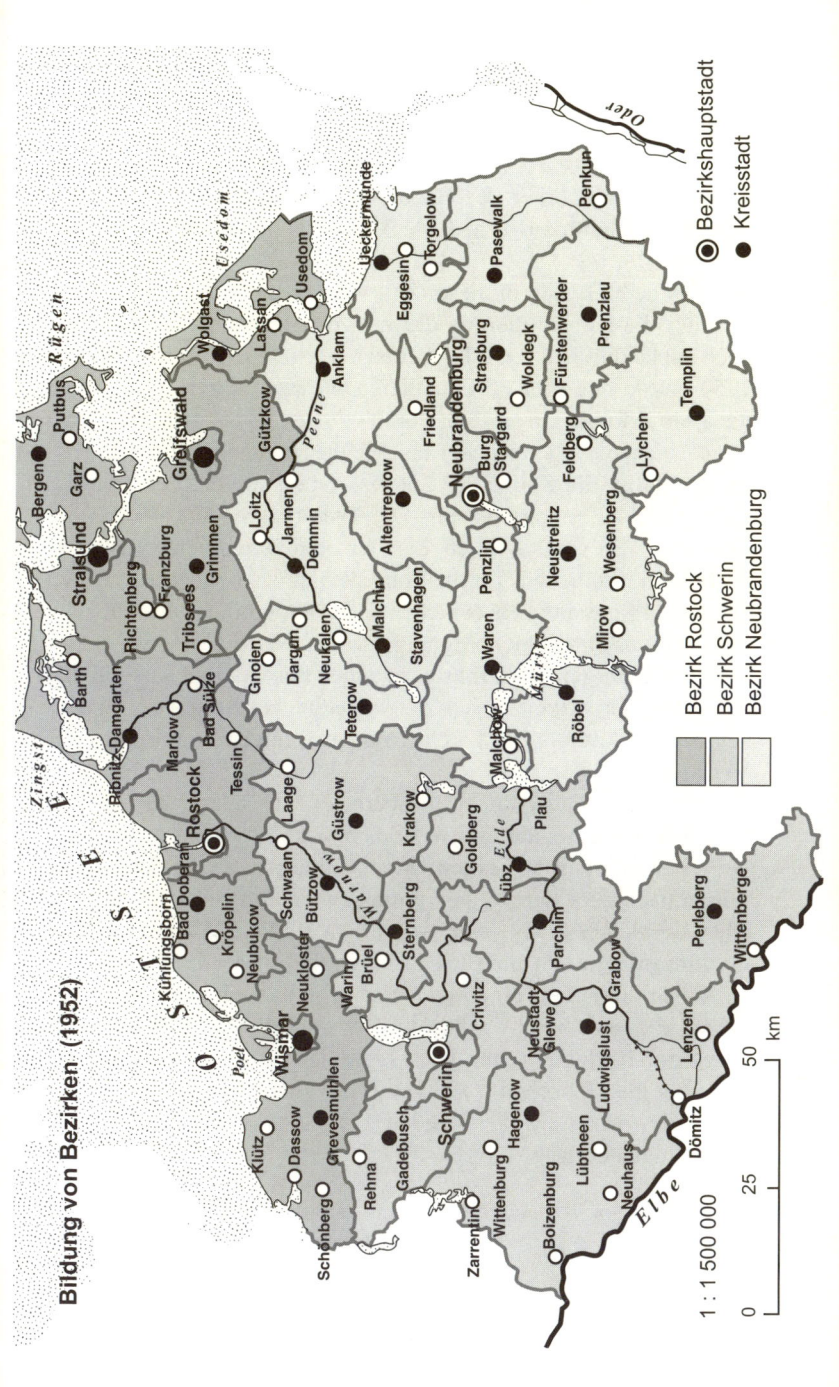

Bildung von Bezirken (1952)

Bezirkshauptstadt
Kreisstadt

Bezirk Rostock
Bezirk Schwerin
Bezirk Neubrandenburg

1 : 1 500 000

0   25   50   km

Oder

Usedom

Rügen

Putbus *Garz*
Bergen
Stralsund
Barth *Zingst*
Richtenberg Franzburg
Tribsees Grimmen
Bad Sülze
Ribnitz-Damgarten
Marlow
OSTSEE
Poel
Rostock Tessin
Bad Doberan
Kühlungsborn
Kröpelin Neubukow
Wismar Neukloster
Schwaan Bützow
Warin *Brüel*
Grevesmühlen
Dassow *Klütz*
Schönberg Rehna
Gadebusch
Schwerin
Zarrentin *Wittenburg* Hagenow
Boizenburg *Lübtheen* *Neuhaus*
Elbe Dömitz Lenzen
Wittenberge Perleberg
Ludwigslust Grabow
Neustadt-Glewe
Parchim *Crivitz*
Sternberg *Goldberg*
Lübz Plau
Krakow Güstrow Laage
Teterow *Dargun* *Gnoien*
Neukalen Malchin
Stavenhagen
Altentreptow
Demmin *Jarmen* *Loitz*
Greifswald *Gützkow*
Wolgast *Lassan* *Usedom*
Anklam
Ueckermünde
Eggesin
Torgelow
Pasewalk
Penkun
Penzlin
Waren *Röbel*
Müritz
Malchow
Neubrandenburg
Burg Stargard
Friedland
Strasburg *Woldegk*
Feldberg *Fürstenwerder*
Prenzlau
Neustrelitz
Wesenberg *Mirow*
Lychen Templin

Peene
Warnow
Elde

Aufbaus und der Arbeitsweise der staatlichen Organe im Lande Mecklenburg" verkündete, durch das die Auflösung des Landtages von Mecklenburg und mit Wirkung vom 1. August 1952 die Bildung der Bezirke Rostock, Schwerin und Neubrandenburg beschlossen war. Hinter der Bezirksbezeichnung war noch einige Monate in Klammern „Land Mecklenburg" als Orientierungshilfe zu lesen.

Die Kirche hielt sich in dieser Zeit weitgehend zurück, kümmerte sich um die Konsolidierung der inneren Strukturen und sah sich auch nicht durch die CDU politisch vertreten. Bei den Wahlen 1950 wurde nur über 30 opponierende Pastoren berichtet. Durch die 1946 erfolgte Einsetzung von Niklot Beste als evangelischem Landesbischof war auch ein als Nazigegner ausgewiesener Kirchenmann an die Spitze der Landeskirche getreten, der politisch nicht so leicht angreifbar war. Die Theologische Fakultät an der Rostocker Universität blieb erhalten und bildete den dringend benötigten Nachwuchs für die Pfarrerschaft des Landes aus. Durch die Flüchtlinge aus den östlichen Gebieten erhöhte sich aber in einem bisher in Mecklenburg ungekannten Maße der Anteil katholischer Gläubiger. Das führte zu einer besonderen Ausprägung ökumenischer Arbeit durch die doppelte Nutzung von Gotteshäusern, da katholische Kirchen nur in wenigen Kommunen zur Verfügung standen.

Die wenigen zurückgekehrten überlebenden Juden bildeten eine neue Landesgemeinde und widmeten sich besonders dem Erhalt jüdischer Erinnerungsstätten. Mecklenburg hatte in den sieben Jahren nach dem Krieg einen umfassenden politischen Wandel in allen Bereichen erlebt, eine wesentlich stärkere Ausprägung der maritim orientierten Industrie erfahren und in der Landwirtschaft nach Jahrhunderten eine klein- und mittelbäuerliche Struktur erhalten, die aber bereits schon wieder in Auflösung und auf dem Wege zur Kollektivierung war. Trotz der Bezirksbildung fühlten sich aber die Menschen in diesem Territorium weiterhin als Mecklenburger, was sich überwiegend auch auf die neuangesiedelten Flüchtlinge übertrug.

Die Nordbezirke in der DDR 1952–1989

Planwirtschaft und Sozialismus 1952–1971

Die Reform der Verwaltungen 1952 in Gestalt der Bezirksstrukturen nahm die DDR-Führung überstürzt vor und war auf Länderebene nicht besprochen. Der Ministerpräsident Bernhard Quandt versuchte persönlich noch gegen die vorgenommene Aufteilung in die Bezirke Rostock, Schwerin und Neubrandenburg zu opponieren, aber die Entscheidung stand in Berlin bereits fest. Auch die neue Kreiseinteilung erfolgte aus zentraler Sicht. Die neuen politischen Machtzentren auf Bezirksebene – die Bezirksleitungen der SED und der anderen Parteien, die Bezirkstage und die Räte der Bezirke wurden sehr schnell etabliert. Die Umstrukturierung der übrigen Bereiche dauerte aber etwa 10 Jahre an. Der Verband Bildender Künstler konstituierte sich noch 1957 in Schwerin als Regionalleitung für die drei Nordbezirke. In einigen Fällen, wie z. B. in der Denkmalpflege oder der Archäologie, überlebte die alte Länderstruktur Mecklenburgs bis 1989. Hauptplanungs- und Kontrollorgan für die regionale Entwicklung wurden die Bezirksleitungen der SED mit einer starken Abhängigkeit von den zentralen Beschlüssen in Berlin.

Wirtschafts- und verwaltungslenkend agierten die Räte der Bezirke, wobei es verschiedene hierarchische Strukturen gab. Fachliche Anleitung erfolgte durch die zuständigen Ministerien. Politische Anleitung gab es von den zentralen Einrichtungen der SED in Berlin wie auch von den Bezirksleitungen der SED. Koordinierend entstanden schließlich noch 1958 die Wirtschaftsräte der Bezirke und die Bezirkslandwirtschaftsräte. Die Vereinigungen Volkseigener Betriebe (VVB) für bestimmte Wirtschaftszweige übten wiederum eine Planungs- und Kontrollfunktion unterhalb der Ministerien, aber bezirksübergreifend, aus. Die VVB waren dezentral in den Ballungszentren des jeweiligen Produktionszweiges angesiedelt, durchliefen aber auch mehrfache Umstrukturierungen.

Die politischen Entscheidungen wurden zwar in Berlin getroffen, es gab aber auf der Ebene der Bezirke durchaus Handlungsspielräume. Zu einer internationalen politischen Veranstaltung entwikkelte sich seit 1958 unter dem Motto „Die Ostsee muß ein Meer des Friedes sein" die jährliche Ostseewoche im Bezirk Rostock. Zentraler Bestandteil waren die Arbeiterkonferenz und die Frauenkonferenz der Ostseeländer, Norwegens und Islands. 1966 kamen die Parlamentarierkonferenzen hinzu. Begleitend etablierten sich kulturelle Höhepunkte wie ein Schlagerfestival oder Theateraufführungen und sportliche Wettkämpfe. Hintergrund war das Streben der DDR nach internationaler Anerkennung, das dadurch besonders in den skandinavischen Ländern stark gefördert wurde.

Eine Ausnahmesituation und politische Nagelprobe stellte die innerdeutsche Grenze dar. Die Kreise entlang der „Demarkationslinie zwischen der DDR und den westlichen Besatzungszonen Deutschlands" erhielten durch eine Verordnung vom Mai 1952 eine 5-km-Sperrzone, aus der im Juni alle Personen, die eine „Gefährdung der antifaschistisch-demokratischen Ordnung" hätten sein können, in der Aktion „Ungeziefer" zwangsausgesiedelt wurden. In erster Linie traf es Groß- und Mittelbauern – allein im Kreis Hagenow 164 bäuerliche Betriebe. Insgesamt wurden etwa 2.000 Personen in östlich gelegene Kreise Mecklenburgs umgesiedelt. Eine zweite Aktion dieser Art war die 1961 im Zusammenhang mit der Grenzschließung stehende Aktion „Festigung". Den Bezirk Schwerin mit drei Grenzkreisen wählte man als Testgebiet für die übrigen DDR-Grenzkreise aus, weil hier der geringste Widerstand erwartet wurde. Am 30. 8. 1961 hatten 162 Personen ihre Wohnorte zu verlassen. Ein Ministerratsbeschluß dazu folgte acht Tage später. Die eigentliche Aktion fand erst am 1./2. 10. 1961 statt. Aus den Bezirken Schwerin und Rostock traf es 920 Personen.

Die Planwirtschaft sollte besonders den industriellen Sektor entwickeln. 1953 war aber absehbar, daß die Ziele des ersten Fünfjahrplans der DDR (1951–1955) in großen Teilen nicht erreicht würden. 1952 wurden deshalb Technische Arbeitsnormen (TAN) eingeführt, die eine optimale Auslastung der Produktionszeiten beabsichtigten. Am 28. 5. 1953 erhöhte die Regierung diese Normen willkürlich um 10%. Versorgungsengpässe und Repressalien gegen private Unternehmer führten ebenfalls zu Unzufriedenheit. Einen einmalig ungeheuerlichen Vorgang der Enteignung und Kriminalisierung in der privaten Wirtschaft stellte die „Aktion Rose" vom 10. 2. bis 1. 3. 1953 dar, besonders im Bereich der Küste. Ziel war die Enteignung der Inhaber von Hotels, Pensionen und zuliefernden Wirtschaftsbetrieben. Ihnen wurden unter meist unhaltbarer Beweisführung Schwarzhandel, Verfüttern von Speisekartoffeln, Horten von Lebensmitteln und andere Wirtschaftsvergehen vorgeworfen, gegen die die Beschuldigten kaum eine Chance der Verteidigung hatten. Durchgeführt wurde die Aktion unter der Leitung der Deutschen Volkspolizei, die 621 Ferienobjekte, Konten, Wertgegenstände und Kraftfahrzeuge beschlagnahmte und 527 Ermittlungsverfahren einleitete. Der Gesamtwert (ohne Fahrzeuge) bezifferte sich auf etwa 32 Millionen DM. 447 Personen waren verhaftet worden, und am Kreisgericht Bützow bildete man eigens zu diesem Zweck Strafkammern.

Die Kirche und insbesondere die Junge Gemeinde, der in den drei Nordbezirken etwa 25.000 junge Menschen angehörten, wurden im Frühjahr 1953 öffentlich als „staatsfeindlich" diskreditiert und die Gottesdienste überwacht. Teilweise mußten (wie in Schwerin) Mitglieder der jungen Gemeinde die Oberschulen verlassen.

Die Gesamtsituation drohte zu eskalieren, die SED-Führung verkündete am 9.6.1953 den „Neuen Kurs": Die Repressalien nahm sie weitgehend zurück, zahlreiche politische Häftlinge entließ man. Doch die Normerhöhung blieb. Bereits am 16. 6. forderten in Güstrow etwa 400 Personen die Freilassung des Möbelfabrikanten Bruchhäuser, worauf Bernhard Quandt an den Ort des Geschehens eilte und in einer Ad-hoc-Ansprache die Demonstranten zur Ordnung rief. Vor allem an den Schiffbaustandorten Rostock, Stralsund, Wismar und Boizenburg wurden dann am 17. und 18. 6. in Betriebsversammlungen freie Wahlen, die Zurücknahme der Normerhöhungen, Streik oder die Freilassung von Häftlingen gefordert. Sowjetische Panzer und Warnschüsse hielten die Arbeiter von weiteren Aktionen zurück. In der Stralsunder Volkswerft übermalte man den Namenszug am kurz zuvor auf „Walter Ulbricht" getauften Schiff mit schwarzer Farbe. In Teterow, wo etwa 200 Menschen die Freilassung von Gefangenen forderten, sorgte eine MG-Salve von einem sowjetischen Panzer über die Köpfe der Demonstranten wieder für „Ruhe". Vom 17. bis zum 20. 6. 1953 dauerte der von der SMAD verhängte Ausnahmezustand. Zahlreiche „Rädelsführer" wurden verhaftet. Allein in Neubrandenburg waren es 60 Personen, von denen 31 ins Gefängnis mußten.

Mit der Schaffung der Kasernierten Volkspolizei (KVP), aus der später die Nationale Volksarmee (NVA) hervorging, wurde der Bereich VP-See für die Ostsee mit seinem Kommandositz in Rostock eingerichtet. Als die NVA 1956 gegründet worden war, entstanden als deren Teil zunächst die Seestreitkräfte, die am 3. 11. 1960 in Erinnerung an den Kieler Matrosenaufstand von 1918 den Namen „Volksmarine" erhielten. Aus diesem Anlaß fand auf dem Greifswalder Bodden eine Flottenparade statt. Zu den Aufgaben dieser Verbände gehörte in der Ostsee auch die Räumung von Minenfeldern des Zweiten Weltkrieges. Daneben etablierte 1953 das Ministerium für Staatssicherheit (MfS) den Bereich Grenzpolizei und Grenzpolizei-See, der mehrfach umorganisiert wurde. Als paramilitärische Gruppierungen entstanden im Juli 1953 die Kampfgruppen in den Betrieben. Seit 1958 gab es die Grenzbrigade Küste mit drei selbständigen Grenzbereitschaften und Bootsgruppen bzw. Bootskompanien auch im Bereich der Elbgrenze. Operativ ordnete man diesen Bereich 1961 der Volksmarine zu. Für den „Grauschiffbau" wurde die Peene-Werft Wolgast entwickelt, die v. a. Torpedoschnellboote für die Marine der Staaten des Warschauer Vertrages produzierte. 1961 erfolgte die Eingliederung der Deutschen Grenzpolizei als „Grenztruppen der NVA" in die Armee. Im Bezirk Schwerin lagen zwei Regimenter mit den Stäben in Grabow und Schönberg. Im Zuge der Wiener Verhandlungen über die gegenseitige Reduzierung der Streitkräfte und Rüstungen wurden die Grenztruppen 1972 wieder aus der NVA herausgelöst. Das MfS verwaltete die Grenzübergänge.

Zu einem wesentlichen Standortfaktor bildete sich die NVA im Bezirk Neubrandenburg heraus. Besonders im Raum Eggesin, Pasewalk, Torgelow sowie in Neubrandenburg selbst waren Konzentrationen zu verzeichnen. Die Rote Armee (später: Sowjetarmee) hatte ihre Truppen etwa 30 km östlich der deutsch-deutschen Grenze angeordnet mit größeren Standorten wie Ludwigslust und Schwerin. Die Flugplätze Laage und Parchim wurden für militärische Zwecke ausgebaut.

Die industrielle Struktur in den drei Nordbezirken konzentrierte sich in den 1950er Jahren stark auf den Schiffbau. In diese Industrie wurde am meisten investiert. Die Werften mit der angeschlossenen Zulieferindustrie dominierten die Produktion. Nach dem Abschluß der Reparationszahlungen an die UdSSR 1954 folgten die ersten Schiffsneubauten in Serie mit Küstenmotorschiffen („Kümos") von je 500 Tonnen. 1957 lieferte die Warnowwerft das erste Typ-IV-Schiff mit 10.000 Tonnen aus, dem bis 1961 11 weitere im Auftrag der Deutschen Seereederei (DSR) folgten. Schiffe dieser Größe machten einen Hafenausbau dringend erforderlich. Deshalb wurde 1960 der Rostocker Überseehafen in Betrieb genommen. Die 10.000-Tonner blieben über zehn Jahre unter den Serienbezeichnungen X und XD im Programm und bestimmten das Bild der DDR-Handelsflotte. Hauptexportland für die Schiffe aus den Werften der DDR war die UdSSR. Die Fischfang- und -verarbeitungsschiffe aus der Volkswerft Stralsund wurden fast zu 90% in die Sowjetunion geliefert.

Im Rang folgte die wesentlich dezentralere Nahrungs- und Genußmittelindustrie. Hier lagen die Bezirke Schwerin und Rostock in der Bruttoproduktion etwa gleichauf, während der Bezirk Neubrandenburg mit seiner schlechteren Infrastruktur nur die Hälfte produzierte. Neben den bestehenden Betrieben in der Milch-, Zucker- und Fleischverarbeitung sowie den Brauereien und Brennereien etablierte sich völlig neu die Fischverarbeitung mit Betrieben in Rostock, Barth, Saßnitz und Schwaan. Diese Industrie, zu der auch die Fischfangflotte gezählt werden muß, verlagerte sich seit 1960 mit dem Bau des ersten Fang- und Verarbeitungsschiffes auf der Matthias-Thesen-Werft Wismar zum Teil direkt an die Fangplätze. Die private Küstenfischerei wurde seit 1954 in Fischereiproduktionsgenossenschaften zusammengeschlossen.

Doch auch in Kreisstädten verbesserte sich die industrielle Infrastruktur langsam. 1955 nahm z. B. in Ribnitz-Damgarten das neue Faserplattenwerk die Produktion auf.

Die Bruttoproduktion insgesamt war 1955 im Bezirk Rostock genauso hoch wie in den beiden anderen Bezirken zusammen. Diese Diskrepanz blieb in den Folgejahren trotz infrastruktureller Veränderungen erhalten. Bei der Verteilung der Industrie nach Eigentumsformen standen 1955 in den drei Bezirken 558 volkseigene Betriebe (VEB) 732 privaten Unternehmen gegenüber. Die Bruttoproduktion der VEB betrug aber bereits das Fünffache der Privaten. Der genossenschaftliche Sektor war noch zu vernachlässigen, obwohl schon der Druck auf das Handwerk zur Gründung von Produktionsgenossenschaften (PGH) eingesetzt hatte. 1958 wurde die staatliche Beteiligung in Höhe von 50% und damit die volle Integration der privaten Betriebe in die Planwirtschaft begonnen. Erster Betrieb dieser Eigentumsform im Norden war die Baufirma Meißner in Stralsund. Für 1968 standen 401 VEB noch 138 halbstaatliche Unternehmen und 115 Privatbetriebe in den drei Nordbezirken gegenüber. Die Konzentration der Produktion lag im volkseigenen Sektor. Die Halbstaatlichen erwirtschafteten 5% der Bruttoproduktion, und die Privaten hatten nur noch einen Anteil von 0,8%. 1973 wurden die letzten privaten Produktionsstrukturen verstaatlicht. Dazu gehörten auch Traditionsbetriebe, wie die Spirituosenfabrik Lehment oder die Wilhelm Scheel KG Chemische Fabrik in Rostock. Die früheren Besitzer behielten in vielen Fällen die Betriebsleitung.

Rostock zählte zu den ersten vier Städten der DDR mit einer städtebaulichen Planung. In einem für die drei Nordbezirke einmaligen Projekt wurde 1952 der Bau der Langen Straße als „Straße des Nationalen Aufbauwerks" beschlossen. Die Leitung oblag dem 27jährigen Schweriner Architekten Joachim Näther. Es entstand bis 1969 eine Magistrale nach Moskauer Vorbild, was die Dimensionen angeht, aber mit unverkennbar norddeutschen Zügen, was die Bauausführung betrifft. Parallel dazu nahm der Plan für das Nationale Aufbauwerk (NAW) Gestalt an, durch den 1954 das Ostseestadion übergeben werden konnte und der für die Lange Straße allein 180.000 freiwillige Stunden vorsah. Der Baufortschritt lieferte 1959 andererseits aber auch die Begründung für den Abriß der Ruine der gotischen Jakobikirche. Ein vergleichbares Projekt setzte man in Schwerin nicht um, doch sind die 1952 errichtete Landesparteischule der SED (heute Wirtschaftsministerium) und das Ingenieurpädagogische Institut Paulshöhe (heute Landwirtschaftsministerium) ganz in diesem Geist gehalten. Die schwer zerstörte Innenstadt Neubrandenburgs erhielt dagegen seit

1952 eine eher schmucklose Wohn- und Geschäftsbebauung, die 1968 mit dem dominanten Kulturzentrum einen vorläufigen Abschluß erfuhr.

Um den Wohnungsbau zu forcieren, gründete man seit 1954 durch Großbetriebe Arbeiterwohnungsbaugenossenschaften (AWG).

Durch überzogene Planungen ernüchtert, wurde die Bauwirtschaft 1954 reorganisiert und mit der Einführung der Großblockbauweise industrialisiert. Den Beginn im Norden markierte ein landwirtschaftlicher Produktionsbau 1956 im Kreis Greifswald. 1959 verließen die ersten Betonplatten das Plattenwerk Rostock-Reutershagen. In dieser Zeit begann der planmäßige Bau von Wohnsiedlungen: die Südstadt in Rostock, Lankow in Schwerin oder Datzeberg in Neubrandenburg. Typisierte Wohnungen wie z. B. die WBS 70 (Wohnungsbauserie 1970) machten eine Fließfertigung möglich, ließen aber wenig Spielraum für Architekten oder Individualität. In keinem anderen Bereich wurde so oft umstrukturiert wie in der Bauwirtschaft. Der enorme Bedarf an Neubauten in allen Bereichen führte 1968 zur Trennung bzw. Zentralisierung von Wohnungsbau und Industriebau in jeweils eigenen Kombinaten der Bezirke.

Für die Landwirtschaft ergab sich 1952 bereits wieder eine grundlegende Veränderung. Die Führung der SED hatte die Entwicklung von Landwirtschaftlichen Produktionsgenossenschaften (LPG) beschlossen. Die Bestätigung der ersten LPG erfolgte noch in den letzten Tagen des Landes Mecklenburg am 22. 7. 1952 in Wichmannsdorf bei Wismar. Ministerpräsident Bernhard Quandt übergab persönlich die Urkunde und das Statut. Gegründet wurden aber bereits vorher die LPG Mestlin und die LPG Pleetz bei Neubrandenburg. Offiziell galt zunächst das Prinzip der Freiwilligkeit, doch gab es bereits politischen Erfolgsdruck, z. B. bei Funktionären auf Kreisebene. Die größeren landwirtschaftlichen Betriebe und besonders die „Meisterbauern" standen aber den LPG skeptisch gegenüber, weil es sich zunächst um die wirtschaftlich Schwachen handelte, die sich zusammenschlossen. Zur Förderung der LPG garantierte man zwei Jahre Steuerfreiheit und ein niedrigeres Ablieferungssoll. Den Einzelbauern wurden bei Nichterfüllung des Solls schwerste Strafen angedroht und diese auch durchgesetzt. Das führte zu Verhaftungen und 1952/53 zu einer ersten großen Fluchtwelle in den Westen. Spektakulär gestaltete sich der „Lübzer VEAB-Prozeß" (Volkseigener Erfassungs- und Aufkaufbetrieb), bei dem zur Abschreckung hohe Haftstrafen ausgesprochen wurden. Straffreiheit erhielten Bauern, wenn sie sich für den Eintritt in die LPG entschieden. Mit der Aktion „Industriearbeiter auf's Land" sollte der Arbeiteranteil auf den Dörfern gestärkt werden. Eine Stimulierung zur Gründung von LPG bildete die Entscheidung zur Schaffung von je einem „Beispieldorf" pro Bezirk, die Benennung von „Zentraldörfern" und „Nebendörfern", wobei sich die Zentraldörfer u. a. über die Existenz von LPG definierten. Sie bekamen bevorzugt Geld zum Ausbau der kommunalen Infrastruktur.

Das Neubauernbauprogramm wurde Ende 1953 beendet und in ein Programm für „Baumaßnahmen in der LPG" übergeleitet. Zum „Sozialistischen Musterdorf" in den drei Nordbezirken kürte man Mestlin. Die LPG „Neues Leben" entwickelte sich ungewöhnlich gut. 1957 wurde der Ausbau des Dorfes durch ein Kulturhaus gekrönt, in dem sich ein Saal mit 400 Plätzen, Bibliothek, Kino und eine Dorfakademie befanden.

1957 beschloß der V. Parteitag der SED, die „Vollgenossenschaftlichkeit" auf dem Lande bis 1964 durchzusetzen. 1959 war erst etwa die Hälfte der Anbaufläche genossenschaftlich bewirtschaftet. Karl Mewis (1907–1987) als Erster Sekretär der Bezirksleitung Rostock der SED entschied in Absprache mit Walter Ulbricht einen vorgezogenen Termin für 1960 entgegen der Haltung von Bernhard Quandt in Schwerin. Anfang 1960 gab Mewis die Parole „De Appel is riep", aus und nach dem Einsatz von 500 Parteiaktivisten in „Werbe- und Kampfbrigaden" auf den Dörfern wurde schließlich im Zuge der Zwangskollektivierung am 4. 3. 1960 die Vollgenossenschaftlichkeit im Bezirk Rostock verkündet. Ende 1961 hatte der Bezirk Neubrandenburg 1.134, der Bezirk Rostock 1.183 und der Bezirk Schwerin 1.425 LPG. Etwa die Hälfte davon bewirtschaftete Flächen unter 200 ha. Nur 18 LPG lagen in den drei Bezirken über 2.000 ha.

Zu einem erheblichen Wirtschaftsfaktor entwickelte sich in den 1950er Jahren das Erholungswesen in den Bereichen „Feriendienst der Gewerkschaft", betriebseigene Einrichtungen und staatliche Campingplätze. Hinzu kamen fünf Jugendherbergen. Eine Grauzone bildeten die Privatquartiere. Daran partizipierte in erster Linie der Bezirk Rostock, besonders mit der vorpommerschen Ostseeküste, geprägt durch Darß, Rügen und Usedom. Bis 1972 erreichte die jährliche Zahl der Erholungssuchenden allein im Ostseebezirk die 2-Millionen-Grenze.

Die Strukturentwicklung konzentrierte sich auch außerhalb der Wirtschaft stark auf den Bezirk Rostock. Die Bezirksstadt etablierte 1959 den Hörfunk, der sich mit der „Ferienwelle" zum größten regionalen Programm der DDR entwickelte, und 1962 mit dem Ostseestudio Rostock für die drei Nordbezirke auch das Fernsehen. Während die Schulen sich nach den zentralen Weisungen des Ministeriums für Volksbildung flächendeckend strukturierten und 1954 die beiden letzten einklassigen Dorfschulen im Kreis Wolgast aufgelöst wurden, blieben die Studieneinrichtungen weiter im Bezirk Rostock konzentriert. Die Universitäten in Rostock und Greifswald, Fachschulen (Fachhochschulen) in Wismar, Heiligendamm, Rostock und Wustrow profilierte man besonders im technischen Bereich. Dazu gehörten die Neubauten der Fachschule für Schiffbautechnik in Warnemünde 1953 und der Schiffbautechnischen Fakultät in der Rostocker Südstadt 1961. In Stralsund wurde eine Marineoffiziersschule eingerichtet. Im Bezirk Schwerin waren lediglich eine Pädagogische Hochschule in Güstrow und eine Fachschule für Maschinenbau in Schwerin etabliert.

Zu einem Studentenstreik und anschließenden Verhaftungen führte die Umwandlung der Medizinischen Fakultät in eine Militärmedizinische Sektion an der Universität Greifswald. Im März 1955 gab es erste Gerüchte. Bei einer Studentenversammlung in der Aula, abgeriegelt von der KVP, erfolgte die Verhaftung von etwa 260 Studenten. Fünf Studenten wurden wegen „Militärspionage" verurteilt. 500 von 600 Medizinstudenten verließen die Greifswalder Universität. 580 Studenten der Militärmedizin nahmen im Oktober 1956, wenige Tage vor dem 500jährigen Bestehen der alma mater, ihre Plätze ein. Der Rektor und Medizinprofessor Gerhardt Katsch hatte mehrfach versucht, die Freilassung der Verurteilten zu erwirken. 1959 verließ er die Universität und widmete sich ab 1960 der Leitung eines weltweit einmaligen Projektes – einer Internatsschule für an Diabetes erkrankte Kinder auf der Insel Rügen.

Zum Beginn der 1970er Jahre gab es nicht nur eine Veränderung in der Führung der SED in Berlin mit der Ablösung Walter Ulbrichts durch Erich Honecker (1912–1994). Insgesamt hatte sich in der DDR-Führungselite ein Wechsel vollzogen, durch den die überwiegend in der Weimarer Republik kommunistisch geprägten und oft einseitig politisch geschulten Kader durch neue, bereits in der DDR an Partei- und anderen Hochschulen ausgebildete Politiker ersetzt wurden. Die mitunter autokratisch agierenden „alten Genossen" vom Schlage eines Bernhard Quandt (1. Sekretär der Bezirksleitung Schwerin der SED) oder Harry Tisch (1927–1995; 1. Sekretär der Bezirksleitung Rostock der SED) waren 1974/75 durch jüngere Genossen abgelöst worden. Nur in Neubrandenburg blieb Johannes Chemnitzer (geb. 1929), der die Funktion des 1. Sekretärs der Bezirksleitung seit 1961 innehatte, bis zum Ende der DDR im Amt.

1973 erfolgte eine wirtschaftliche Umstrukturierung, wobei die bisherigen Aufgaben der VVB an Kombinate übertragen wurden. Der wesentliche Unterschied bestand darin, daß die Kombinatsleitungen nicht mehr neben der Produktion agierten, sondern als Leitung eines „Stammbetriebes" in die Produktion integriert waren. Generell hatte nicht mehr die extensive Erweiterung der Produktion durch Neubauten Priorität, sondern die Intensivierung vorhandener Kapazitäten.

Im Bezirk Rostock wurde der maritime Sektor weiter ausgebaut und konzentriert. An erster Stelle stand das Schiffbaukombinat mit sechs Werften in Wismar, Rostock, Stralsund, Wolgast und Boizenburg. Die größten Zulieferbetriebe innerhalb dieses Kombinates waren das Dieselmotorenwerk in Rostock, das Klement-Gottwald-Werk in Schwerin und der VEB Schiffselektronik Rostock. Doch auch sechs Betriebe außerhalb der drei Nordbezirke gehörten zu diesem Verbund. Am Ende der DDR waren im Bereich der Werften etwa 32.000 Menschen beschäftigt. Mit den Zulieferbetrieben und Forschungseinrichtungen betrug die Anzahl der Beschäftigten 56.000.

1973 wurde das „Kombinat Seeverkehr und Hafenwirtschaft"
(KSH) gebildet, dem die Deutfracht/Seereederei, die Ostseehäfen
Rostock, Wismar und Stralsund, die Bagger-, Bugsier- und Ber-
gungsreederei (BBB) sowie Dienstleistungsbereiche angehörten.
Der Rostocker Überseehafen erfuhr im Bereich Schüttgut und
Erdöltanklager eine erhebliche Erweiterung. Eng damit verbunden
war die Fertigstellung der Autobahn Berlin-Rostock 1978. 80%
des wirtschaftlichen Gesamtergebnisses im KSH erbrachte die
Reederei. 1989 fuhren in ihrem Auftrag weltweit 180 Schiffe. Das
Kombinat beschäftigte zuletzt etwa 20.000 Menschen.
1974 nahm in Lubmin bei Greifswald das Kernkraftwerk Nord seinen Betrieb auf. In Ribnitz-Damgarten wurde 1979 das Faserplattenwerk Stammbetrieb des Möbelkombinats. Ihm gehörten 33 Betriebe in den drei Nordbezirken an.
Zur Verbesserung der industriellen Infrastruktur und auch unter dem
Blickwinkel, mehr Arbeitsplätze für Frauen zu schaffen, entstanden
nach 1971 eine Reihe neuer Großbetriebe. Schwerin erhielt in seinem Stadtteil Süd mit der Einrichtung eines Plastmaschinenwerkes,
eines Plastverarbeitungswerkes und eines Lederwerkes eine völlig
neue Industriestruktur. Das Molkerei- und Dauermilchwerk wie
auch die Brauerei wurden umfassend modernisiert. Ziel war der
Wandel vom Agrar- zum Industrie-Agrar-Bezirk. In Parchim etablierte sich der VEB Hydraulik. In Güstrow erfolgte der extensive
Ausbau der Zuckerfabrik und des Landmaschinenwerks. Der Anteil
der in der Industrie Beschäftigten stieg bis zum Beginn der 1970er
Jahre im DDR-Vergleich unverhältnismäßig schnell um etwa 6%.
Zu den wenigen neuen Betrieben im Norden der DDR nach 1978
gehörten das Pharmawerk in Neubrandenburg, der 1986 eröffnete
Fährhafen Mukran, der wegen der veränderten politischen Situation in Polen den Handel der DDR mit der Sowjetunion über den
kürzesten Seeweg sicherte, der VEB Jugendmode in Rostock, der
1978 die Produktion aufnahm, und das 1981 gebaute Düngemittel-
werk Poppendorf als Joint-Venture-Projekt mit französischer Hilfe.
Das größte Bauvolumen wurde aber in das Wohnungsbaupro-
gramm investiert, das nach Maßgabe des VIII. Parteitages der SED
1971 bis zum Jahre 1990 beendet sein sollte. Besonders um die
Bezirksstädte und die Seestädte Wismar, Stralsund und Greifswald

herum entstanden ständig neue Plattenbausiedlungen mit den Folgeeinrichtungen wie Schulen, Kindereinrichtungen, Ambulanzen und Kaufhallen. Rostock lieferte dazu einen eigenen Beitrag mit der WBR 83 (Wohnungsbaureihe 1983). Hintergrund dafür war die anhaltende Abwanderung aus den ländlichen Gebieten in die Städte. Das größte Wachstum erreichte Neubrandenburg, wo sich die Einwohnerzahl bis 1989 auf 91.000 erhöhte. Rostock blieb größte Stadt der Region und erreichte 253.000 Einwohner. Zweite Großstadt im Norden wurde 1972 Schwerin. Die Zahl der Einwohner dort stieg bis 1989 bis auf 129.000.

Die Denkmalpflege erhielt im Norden einen Schub durch die Regionaltagung der internationalen Denkmalpflegeorganisation ICOMOS 1977 in Rostock. 1984 folgte dann die Generalversammlung dieser Organisation in Dresden und Rostock. Bauten wie das Kloster zum Heiligen Kreuz, die Nikolaikirche, die Wokrenter Straße in Rostock, das Doberaner Münster und die Pavillons auf dem Kamp in Doberan, die Stralsunder Frankenstraße 28 oder das Johanniskloster, der Markt in Wismar mit der Wasserkunst oder die Neubrandenburger Stadttore profitierten davon. Nach der Restaurierung des Güstrower Schlosses konnten in Schwerin erste fürstliche Repräsentationsräume zugänglich gemacht werden. Vom Ehrgeiz der Kommunalpolitiker künden die im Vergleich zu den Plattensiedlungen aufwendiger ausgebauten Innenstädte. Diskutiert wegen der Abrißmentalität und bewundert wegen der gestalterischen Freiheiten wurden das 1983 begonnene Rostocker Hafenviertel und die abschließende Bebauung des Universitätsplatzes. In Schwerin fielen derartigen Intentionen innerstädtisch im Bereich Großer Moor in Vorbereitung auf das Stadtjubiläum 1985 etliche Altbauten zum Opfer. In Greifswald wurde zeitgleich ähnlich verfahren. Teilweise konnten andererseits Sanierungen denkmalgeschützte Objekte erhalten.

In hierarchischer Durchsetzung entstanden unter einem entsprechenden zentralen Rat 1968 Räte für Landwirtschaft und Nahrungsgüterwirtschaft (RLN) der Bezirke, die besonders für die Verknüpfung der landwirtschaftlichen Produktion und der Verarbeitung ihrer Produkte Verantwortung trugen, da sich durch die Entwicklung industriemäßiger Methoden in der Landwirtschaft eine konkurrierende Situation zur Nahrungs- und Genußmittelindustrie entwickelt hatte.

Mitte der 1960er Jahre begann mit der Industrialisierung die letzte Umstrukturierung der Landwirtschaft, die zum Beginn der 1970er Jahre flächendeckende Wirkung erreichte. Mehrere LPG wurden, spezialisiert auf Tier- oder Pflanzenproduktion, zu Großbetrieben in Kooperationsgemeinschaften zusammengeschlossen. Bis 1989 entstanden so inklusive der Volkseigenen Güter (VEG) in den drei Nordbezirken 325 Betriebe der Pflanzenproduktion und 782 im Bereich der Tierproduktion. Die bewirtschafteten Flächen pro Betrieb lagen bei der Mehrzahl zwischen 4.000 und 6.000 ha. Die höchste Stufe bildeten die Agrar-Industrie-Vereinigungen (AIV). In der Landwirtschaft waren 1989 22% der Erwerbstätigen der drei Nordbezirke beschäftigt, im Bezirk Neubrandenburg sogar 27%, etwa doppelt so viele wie in der übrigen DDR.

Der Fremdenverkehr wuchs bis 1988 allein im Ostseebezirk auf über 3 Millionen Jahresgäste, wobei die Infrastruktur nur geringfügig ausgebaut wurde. Größere Neubauten entstanden in Binz und Heringsdorf an der Ostsee sowie in Klink an der Müritz. Alle drei Bezirksstädte erhielten repräsentative neue Hotels im Range von „Interhotels". 1972 eröffnete am Schweriner Bahnhof das „Hotel Stadt Schwerin". In Neubrandenburg entstand das Hotel „Vier Tore". Rostock erhielt bereits 1968 das „Warnow-Hotel". Zum eigentlichen Prestigeobjekt avancierte aber das 1971 eröffnete Hotel „Neptun" in Warnemünde.

Die international sehr beachtete Ostseewoche fand 1975 letztmalig statt. Die Arbeiterkonferenzen wurden durch die Gewerkschaften weiter getragen. Bleibende Aktivitäten waren die Ostseemesse, die Rostocker Sommerfesttage, die Biennale moderner Kunst, der Musikantentreff Ostsee oder der Buchbasar. Teilweise übernahm das Pressefest der Ostsee-Zeitung diese Veranstaltungen. Analog dazu gab es im Bezirk Schwerin das Pressefest der Schweriner Volkszeitung und im Bezirk Neubrandenburg das Pressefest der Freien Erde. Einen erheblichen Aufschwung erlebte in dieser Zeit die Kultur. Zu international und national beachteten Spielstätten entwickelten sich das Volkstheater in Rostock mit Stücken von Peter Hacks (1928–2003) oder Rolf Hochhuth (geb. 1931) sowie das Mecklenburgische Staatstheater in Schwerin mit seinen Antikerezeptionen oder den Stücken kritischer DDR-Gegenwartsautoren wie Ulrich Plenzdorf (geb. 1934) oder Brigitte Reimann (1933–1973). Die 1969 und 1970 durch eine konkurrierende Situation von Kreisleitung und Bezirksleitung der SED in Rostock neu gegründeten Museen für Schiffbau und Schiffahrt, der Ausbau des Klosters zum Heiligen Kreuz zum Kulturhistorischen Museum, die Neugründung eines Historischen Museums in Schwerin oder der Aufbau der Traditionsstätte der sozialistischen Landwirtschaft in Dorf Mecklenburg sind nur einige Beispiele. Sie knüpften an die Erfolge des Meeresmuseums in Stralsund, des Agrarhistorischen Museums in Alt Schwerin oder des Polytechnischen Museums in Schwerin an. Eine besondere Bedeutung kam dem Neubau einer Kunsthalle in Rostock zu, die, 1969 eröffnet, durch die Biennale der Ostseeländer starke europäische Ausstrahlung erlangte. In den Kontext einer neu auslegbaren Auffassung von Erbe und Tradition gehören auch die Personalmuseen für Heinrich Schliemann in Ankershagen und Otto Lilienthal in Anklam.

Nachdem in Rostock im Norden in einem letzten offenen kirchenfeindlichen Akt 1971 die Christuskirche auf dem Vögenteichplatz gesprengt wurde, um einer großzügigen Kreuzungslösung Platz zu schaffen, suchten danach die DDR-Staatsführung wie auch Teile der evangelischen Kirche eine Gesprächsbasis. Das führte zu einer in der DDR einmaligen Annäherung zwischen der Evangelischen Landeskirche Greifswald (um die Bezeichnung „Pommern" zu umgehen) und des Staates. Führender Kopf war dabei der Landesbischof Horst Gienke (geb. 1930), der sich dadurch innerkirchlich schwerer Kritik aussetzte. Im Zentrum seiner Kirchenpolitik stand die Konfliktvermeidung. Dazu suchte und fand Bischof Gienke seit Mitte der 1970er Jahre Kontakt zu staatlichen Stellen, zur SED-Bezirksleitung Rostock und zum Ministerium für Staatssicherheit, während andere Kirchenführungen in der DDR zwar das Gespräch suchten, sich aber in der Praxis gegenüber dem Staat eher verweigerten. Der Sonderweg wurde schließlich zur „Greifswalder Linie" bzw. zum „Greifswalder Weg", der in der Teilnahme Erich Honeckers an der international stark beachteten Wiedereinweihung des Greifswalder Doms am 11. 6. 1989 gipfelte, während einer Zeit bereits schwerer innerer Krisen in der DDR. Am 13. 11. 1989 trat Gienke von seinen Ämtern zurück, nachdem die Synode ihm das Vertrauen entzogen hatte.

Aufbruch, Demokratie und Ankunft in der Bundesrepublik Deutschland 1989–2000

Der Herbst 1989 bedeutete für viele Menschen seit der Besetzung der Prager Botschaft, der Flucht über Ungarn, den Ereignissen in Berlin und Leipzig einen rasanten Umdenkungsprozess. Ziel war eine Reformation der DDR im Sinne von Glasnost und Perestroika. Eine erste öffentliche Demonstration im Norden fand am 19. 10. 1989 in Rostock im Anschluß an ein Friedensgebet statt. Für Schwerin hatte das Neue Forum zur Demonstration am 23. 10. 1989 aufgerufen. Die SED-Bezirksleitung organisierte eine Gegenkundgebung am selben Platz. In der Folge etablierten sich die Schweriner „Montagsgespräche". Seit Ende Oktober fanden Demonstrationen auch in Neubrandenburg, Güstrow, Ribnitz-Damgarten, Neustrelitz, Parchim, Ludwigslust oder Bützow statt. Am 3.11.1989 trat der 1. Sekretär der Bezirksleitung Schwerin der SED, Heinz Ziegner (geb. 1928), zurück. Eine Woche später folgte Ernst Timm (geb. 1926) in Rostock. Die Überstürzung der Ereignisse spiegelt die Entwicklung des 1. Sekretärs der Bezirksleitung Neubrandenburg der SED, Johannes Chemnitzer, in diesen Tagen wider: Am 8. 11. 1989 stieg er in das Sekretariat des Zentralkomitees und als Kandidat in das Politbüro der SED auf. Zwei Tage später wurde er seiner Funktionen enthoben und am 13. 12. 1989 aus der SED ausgeschlossen. Das Neue Forum bildete seit September 1989 flächendeckend sehr lose Strukturen. Parallel dazu entwickelten sich neue politische Organisationen. In Stralsund etablierte sich am 18. 10. 1989 der erste SPD-Verband der drei Nordbezirke. Schnell entstanden neue Parteien: Von den Alternativen Linken bis zum Demokratischen Aufbruch oder zur Deutschen Biertrinkerunion reichte die Palette. Zum Ende des Jahres entstanden Bürgerbewegungen auf kommunaler Ebene. Das Signal zur Auflösung der Stasi-Verwaltungen kam aus Rostock, als spontan in der Nacht vom 4. zum 5. 12. 1989 die Bezirksverwaltung besetzt wurde. Das wirksamste demokratische Forum bildeten die kommunalen Runden Tische. Im Selbstverständnis gaben sie sich sehr verschieden. In Malchow verstand der Runde Tisch sich als Beratungsorgan, in Stralsund, Röbel, Gadebusch und Waren als Kontrollorgan. Im Juni 1990 nach den Kommunalwahlen war diese einmalige demokratische Instanz bereits obsolet geworden.

Bei den Überlegungen zu einem neuen Bundesland Mecklenburg-Vorpommern kamen verschiedene gegensätzliche Standpunkte zum Tragen. Aus Vorpommern gab es Stimmen, ein eigenes Bundesland oder zumindest den Status eines eigenen Regierungsbezirks zu erhalten. Realität wurde ein Bundesland ohne die vorher zum Bezirk Schwerin gehörende Prignitz und die zum Bezirk Neubrandenburg gehörende Uckermark, die wieder an Brandenburg fielen. Sehr emotional geladen war die Frage der Landeshauptstadt diskutiert worden. Rostock und Schwerin standen zur Debatte. Auch Güstrow stellte sich zur Verfügung. Kreise und kreisfreie Städte votierten schließlich für Schwerin.

Die Bevölkerung, die 1988 mit 1.978.826 die höchste Dichte erreicht hatte, nahm seit 1989 durch Abwanderung junger Menschen und einen dramatischen Geburtenrückgang kontinuierlich ab. 2001 betrug sie in Mecklenburg-Vorpommern noch etwa 1,76 Millionen. Rostock als einzige Großstadt fiel auf unter 200.000 Einwohner, Schwerin hatte den Großstadtstatus verloren. Zu den Städten mit über 50.000 Einwohnern gehörten noch Neubrandenburg, Stralsund und Greifswald.

Das Ländereinführungsgesetz vom 22. 7. 1990 legte die Grenzen des Bundeslandes Mecklenburg-Vorpommern endgültig fest, die mit dem 3. 10. 1990 wirksam wurden. In dem Zusammenhang erhielt das Land die Mindestzahl von 3 Stimmen im Bundesrat. Die Bezirksverwaltungen wurden aufgelöst und die zweigliedrige Verwaltungsstruktur in Landesbehörden und Kommunalverwaltungen wie 31 Kreise und 6 kreisfreie Städte, Ämter und Kommunen gegliedert. Am 14. 10. 1990 wählten 64,7% der Wahlberechtigten 66 Abgeordnete für den Landtag, der sich am 26. 10. 1990 konstituierte. Die CDU hatte mit 30 Mandaten die Mehrheit. Sie stellte den Ministerpräsidenten Alfred Gomolka (geb. 1942) und regierte gemeinsam mit der FDP, die 4 Mandate erhielt. In der Opposition waren die SPD mit 20 Sitzen und die Linke Liste/PDS mit 11 Abgeordneten. Ein Abgeordneter blieb fraktionslos. Im März 1992 übernahm das Amt des Ministerpräsidenten Berndt Seite (CDU; geb. 1940), der es auch nach der Landtagswahl 1994 in der Regierungskoalition aus SPD und CDU weiterführte. In dieser Wahl hatten die SPD und besonders die PDS Stimmen hinzugewonnen, während die FDP nicht mehr vertreten war.

Zu einem politischen Eklat, der das Land Mecklenburg-Vorpommern auf viele Jahre stigmatisierte, wurden im August 1992 die ausländerfeindlichen Ausschreitungen in Rostock-Lichtenhagen, als politisch rechte Gruppierungen weitgehend ungehindert von der Polizei Brandsätze gegen das zentrale Asylbewerberheim im „Sonnenblumenhaus" warfen und das Gebäude belagerten. Fehleinschätzungen und Kompetenzprobleme der Polizei, politisches Versagen und das Applaudieren von Zuschauern hatten zur Eskalation geführt. Fernsehstationen aus aller Welt berichteten live über das Geschehen.

1994 wurden in einer weitgehenden Kreisgebietsreform die kommunalen Strukturen erneut verändert, die 31 Kreise in 12 Landkreise zusammengefaßt, während die 6 kreisfreien Städte erhalten blieben.

Die Landespolitik war unter der Führung der CDU bis 1998 in erster Linie mit dem Ausbau der Landesverwaltung und wirtschaftlichen Umstrukturierung befaßt, die schnell erkennen ließ, daß die optimistischen Prognosen der Wendezeit nicht eingehalten werden konnten. Die Arbeitslosenzahlen stiegen im Schnitt auf etwa 20%. Interne Auseinandersetzungen mit dem Regierungspartner SPD belasteten die Landespolitik. Für bundesweites Aufsehen sorgte 1998 die erste Rot-Rote Koalition eines Landesparlaments aus SPD und PDS. Ministerpräsident wurde Harald Ringstorff (geb. 1939; SPD). Diese Koalition setzte sich 2002 fort.

Einen rasanten Aufschwung erlebte das Land im Bereich der Telekommunikation und im Straßenbau. Die Autobahn A 20 wurde als Prestigeobjekt zwar mit einigen Verzögerungen, aber trotzdem zielstrebig vorangebracht. Die Planung einer Transrapidstrecke konnte dagegen nicht verwirklicht werden. Wirtschaftlich begann ein Auseinanderdriften zwischen einer relativ starken Küstenregion, wo es besonders in Wismar gelang, produzierendes Gewerbe neu anzusiedeln und an der Ostsee den Tourismus zu entwickeln, einer westmecklenburgischen Region, die von einer günstigen Verkehrsinfrastruktur zu den benachbarten westlichen Bundesländern zehrte, und der wirtschaftlich schwächsten südöstlichen Inlandregion, wobei noch ein West-Ost-Gefälle verzeichnet werden muß. Allen gemeinsam ist das Wegbrechen der Großindustrie außer einem Teil der Werften und eine nur zögerliche Entwicklung von produzierenden Klein- und Mittelbetrieben. Die Schiffbauindustrie wurde zunächst in die „Deutsche Maschinen- und Schiffbau AG" überführt, wovon die Matthias-Thesen-Werft (nun Meerestechnik-Werft) und die Neptunwerft vom Bremer Vulkan übernommen wurden. Mißmanagement und falsche Förderpolitik waren in der traditionsreichen Rostocker Neptunwerft die Ursachen für das Scheitern des Unternehmens. Hier wurden die Gelder widerrechtlich eingesetzt, um den Bremer Vulkan vor einem Konkurs zu retten. Erfolgreich entwickelte sich die Meerestechnik-Werft Wismar (MTW) nach der Übernahme durch die dänische Åker-Werft, die sich nach dem Fährenbau seit 1991 auf den Tankerbau spezialisierte und damit weltmarktfähig blieb. Die Warnowwerft nahm nach der Übernahme durch den Kvaerner-Konzern den Bau von Kreuzfahrtschiffen auf. Die Peenewerft in Wolgast blieb im Grauschiffbau aktiv. Als Hoffnungsschimmer gilt die Biomedizintechnik mit ihren Zentren in Rostock, Greifswald, Teterow und Schwerin. Unter dem Marketingnamen Bioconvalley wurde hier ein Zusammenschluß geschaffen, der die internationalen Marktchancen der überwiegend neuen Betriebe erhöhen soll. In verkleinerten personellen Dimensionen ist die Nahrungs- und Genußmittelindustrie im Lande ansässig geblieben und hat auch Impulse durch Neuansiedlungen bekommen. Eine besondere Erfolgsgeschichte stellt die Entwicklung der Mecklenburgischen Brauerei Lübz GmbH dar, die als Tochter der Holsten-Gruppe auch überdurchschnittlich aktiv im Sponsoring-Bereich für Sport und Kultur in Mecklenburg-Vorpommern tätig wird.

Den stärksten Aufschwung erlebte die Tourismuswirtschaft, die jährliche Zuwachsraten über 10% verzeichnen konnte und bis 2000 über 50.000 feste Arbeitsplätze sowie noch einmal so viel in der Saison schuf. Die Anzahl der jährlichen Gäste stieg auf etwa 4,5 Millionen. Unter großen Schwierigkeiten organisierte sich das Beherbergungs- und Gastronomiegewerbe wieder privatwirtschaftlich. Zu den herausragenden Ergebnissen staatlicher Förderpolitik gehört die Instandsetzung der Bäderarchitektur vor allem auf den Inseln Rügen und Usedom sowie die Wiederbelebung des ersten deutschen Seebades Heiligendamm. Einen wichtigen Stellenwert erreichte auch der Gesundheitstourismus. Beigetragen zur touristischen Entwicklung hat die umfangreiche Unterschutzstellung von Naturräumen 1990 durch die letzte Volkskammer der DDR. In Mecklenburg-Vorpommern entstanden drei Nationalparks, ein Biosphärenreservat, drei Naturparks, 261 Naturschutzgebiete und 84 Landschaftsschutzgebiete mit einer Gesamtfläche von etwa 774.000 ha – ca. ein Viertel der Gesamtfläche des Landes.

Erschwert wurde die wirtschaftliche Neustrukturierung aus Sicht der Landespolitik durch die nur geringfügige Einflußmöglichkeit auf Entscheidungen der Treuhandanstalt.

Als Beispiele für verfehlte Wirtschaftspolitik im Lande stehen die Firmen Bestwood GmbH in Ribnitz-Damgarten, die Nordbräu Neubrandenburg GmbH oder die Neptunwerft unter der Regie der Vulkan AG. Die Dramatik der Privatisierung des VEB Faserplattenwerk in Ribnitz-Damgarten war geprägt durch die Mischung von Politik und Wirtschaft. 1990 schon privatisiert, hatte der Betrieb bereits nach vier Jahren erhebliche Probleme. Die Landespolitik entschied sich zu einer Beteiligung an dem heruntergekommenen Unternehmen mit drei Vierteln. Der Fast-Staatsbetrieb sollte aber 1996 nach einem EU-Verbot der Staatsstützung doch in Liquidation gehen. Beinahe auf den Tag ein Jahr lang hielten die Arbeiter den Betrieb besetzt und die Produktion aufrecht. 1997 erfolgte die Schließung. Der Landtag beschäftigte sich in Parlamentarischen Untersuchungsausschüssen über zwei Legislaturperioden mit dem Thema. Dramatisch war die Entwicklung in den ländlichen Gebieten. Durch die Auflösung der LPG, die EU-Agrarrichtlinen und die Rechtsunsicherheit, die Ergebnisse der Bodenreform betreffend, hatte die Beschäftigung in der Landwirtschaft die größten Verluste zu verzeichnen. Wiedereinrichter und neue Kooperativen konnten nur einen kleinen Teil der Arbeitnehmer auffangen. Bis auf den Standort Saßnitz ist auch die Fischfang- und fischverarbeitende Industrie völlig zusammengebrochen. Erhalten hat sich in Resten die Küstenfischerei.

Die Hochschulstandorte blieben weiterhin in der Küstenregion besonders in den Hansestädten konzentriert. Während die Pädagogischen Hochschulen wegfielen, wurden in Stralsund, Güstrow und Neubrandenburg neue Fachhochschulen etabliert. In Schwerin richtete die Bundesanstalt für Arbeit eine Fachhochschule ein. Dramatisch war die Reduzierung im Forschungsbereich. Durch Personalkürzungen und Schließungen baute man bis 1993 etwa 80% des Forschungs- und Entwicklungspotentials in Mecklenburg-Vorpommern ab. Konkret sank die Zahl von etwa 141.000 Beschäftigten 1989 auf 25.000 im Jahre 1992. Die industrienahe Forschung wurde fast völlig liquidiert.

Eine wesentliche Verbesserung hat die kulturelle Infrastruktur erfahren. Besonders der technische Ausbau bereits bestehender Theater, Musikschulen und Museen hat die überwiegend unter Denkmalschutz stehenden Gebäude in einen modernen Zustand versetzt. Zu den herausragenden Leistungen zählt die Kombination von Sanierung und Neubau des Katharinenstifts in Rostock für die Hochschule für Musik und Theater. Nach zahlreichen Diskussionen und Irritationen auch mit den polnischen Nachbarn erhielt das Pommersche Landesmuseum einen umfassenden Neubau in Greifswald. Die Barlach-Gedenkstätte in Güstrow entwickelte sich durch den Neubau einer Ausstellungshalle mit einem angeschlossenen Grafikkabinett zu einem Personalmuseum von internationalem Rang. Das Staatliche Museum Schwerin und das Deutsche Meeresmuseum in Stralsund wurden im Zuge einer Evaluation durch das Bundeskulturministerium in die „Blaue Liste" der 21 wichtigsten Kulturstätten in den neuen Bundesländern aufgenommen. Zu Zuschauermagneten entwickelten sich Veranstaltungen wie Musiksommer M-V, die Vineta- und Störtebeker-Festspiele auf Usedom und Rügen sowie die Open-Air-Aufführungen des Mecklenburgischen Staatstheaters.

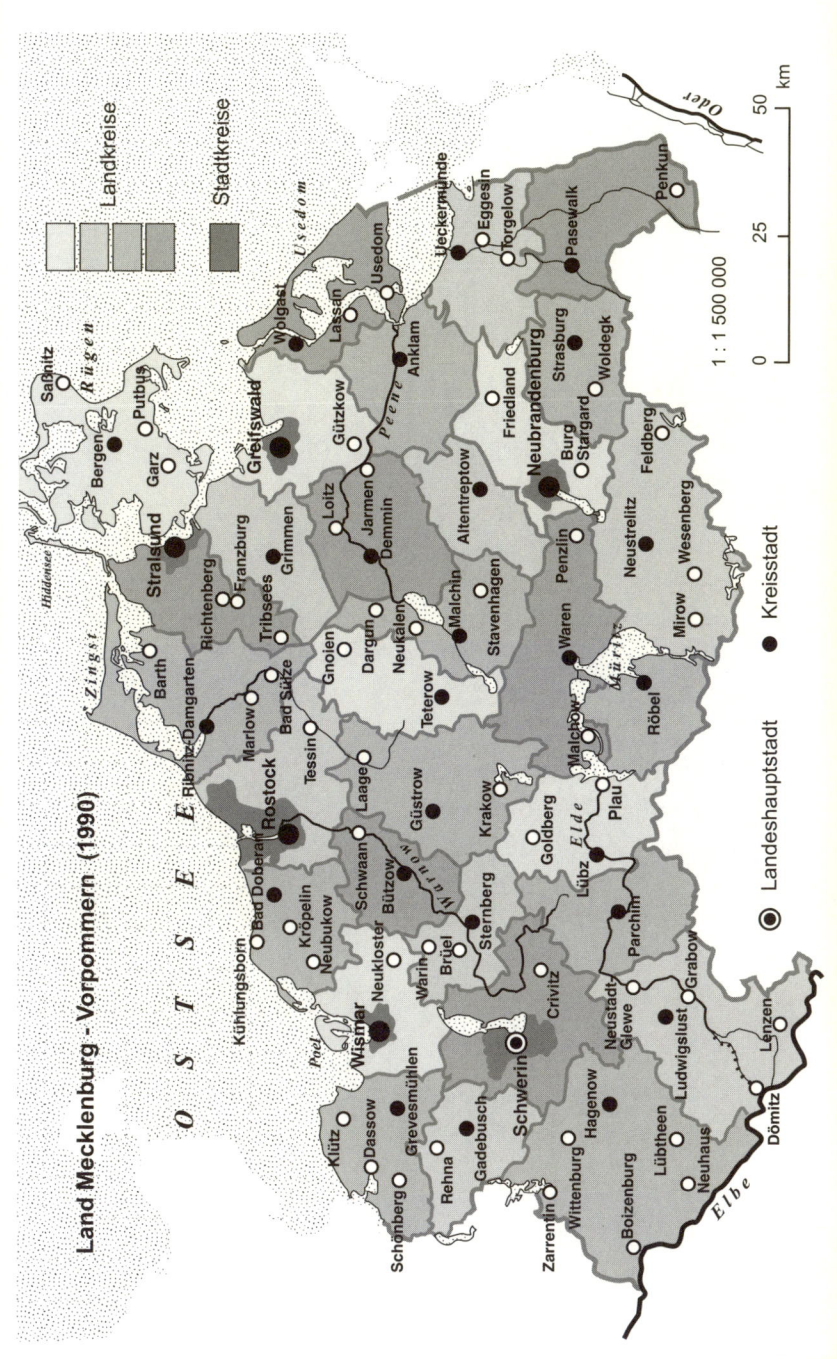

Land Mecklenburg-Vorpommern (1990)

1 : 1 500 000

Landkreise

Stadtkreise

◉ Landeshauptstadt ○ Kreisstadt ● Kreisstadt

0   25   50 km

O S T S E E

Zingst
Hiddensee
R ü g e n
Saßnitz
Bergen
Putbus
Garz

Usedom
Wolgast
Lassan
Usedom
Ueckermünde
Eggesin
Torgelow
Penkun
Pasewalk

Greifswald
Gützkow
Anklam
Friedland
Strasburg
Woldegk
Stargard
Burg
Neubrandenburg
Feldberg

Stralsund
Franzburg
Grimmen
Loitz
Jarmen
Demmin
Altentreptow
Penzlin
Neustrelitz
Wesenberg
Mirow

Richtenberg
Tribsees
Gnoien
Dargun
Malchin
Stavenhagen
Waren
Röbel

Barth
Bad Sülze
Neukalen
Teterow
Malchow

Ribnitz-Damgarten
Marlow
Tessin
Laage
Güstrow
Krakow
Goldberg
Plau
Lübz

Rostock
Bad Doberan
Kröpelin
Neubukow
Schwaan
Bützow
Sternberg
Parchim

Kühlungsborn
Neukloster
Warin
Brüel
Crivitz

Wismar
Grevesmühlen
Gadebusch
Schwerin
Neustadt-Glewe
Grabow
Lenzen
Dömitz

Klütz
Dassow
Schönberg
Rehna
Wittenburg
Hagenow
Ludwigslust
Lübtheen
Neuhaus
Boizenburg
Zarrentin

E l b e
E l d e
M ü r i t z
W a r n o w
P e e n e
Oder

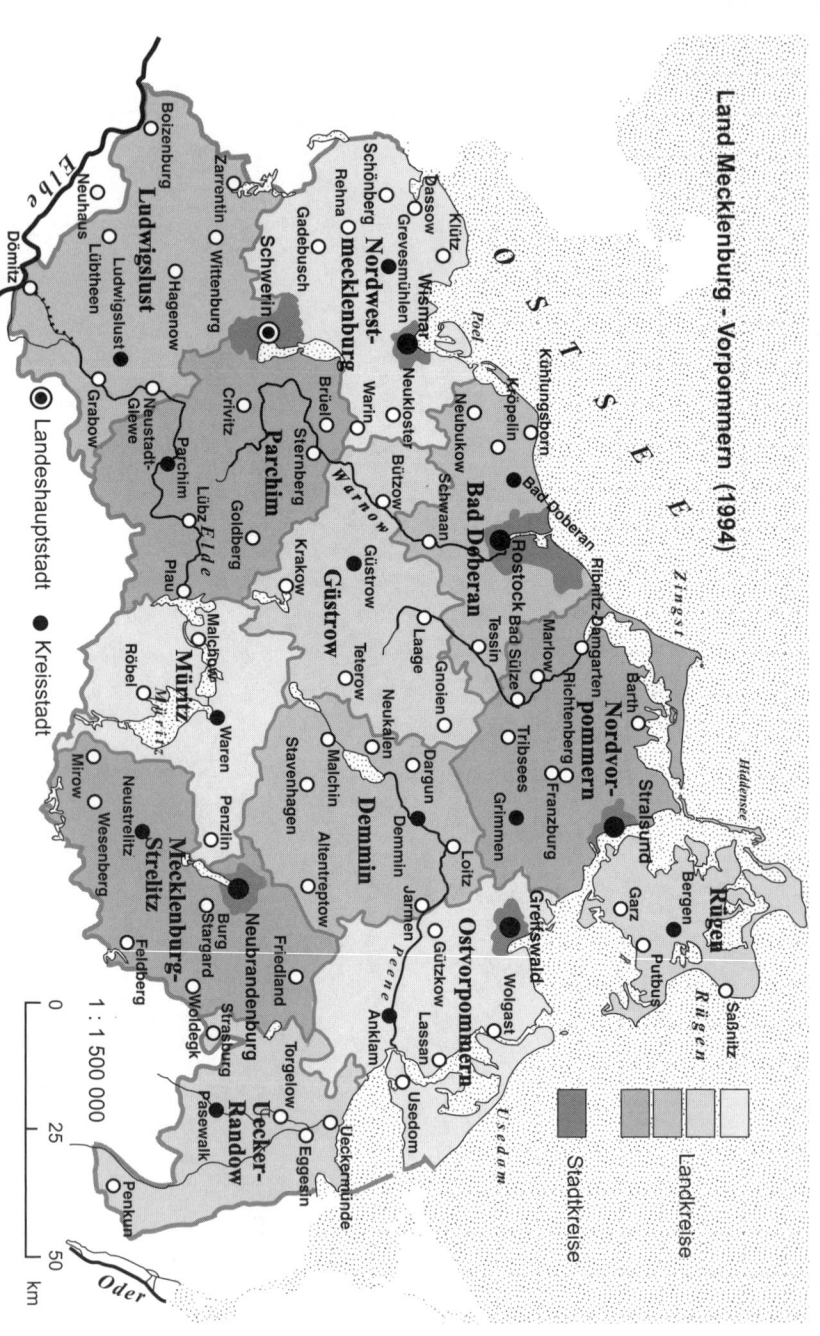

Land Mecklenburg - Vorpommern (1994)

◉ Landeshauptstadt

● Kreisstadt

1 : 1 500 000

0 — 25 — 50 km

Stadtkreise

Landkreise

Stammtafel

Stammbaum der mecklenburgischen Fürsten
aus: Otto Vitense, Mecklenburgische Geschichte.
Berlin und Leipzig 1912.

Stammbaum der mecklenburgischen Fürsten.

Niklot † 1160[1]).

Pribislaw 1167—78.

Heinrich Burwy I. 1179—1227[2]).

(Heinrich Burwy II.)

Johann 1227—64, Herr zu Mecklenburg (Hauptlinie).	Nikolaus, Fürst zu Wenden. (Werle-Güstrow.) (Linie erlischt 1436.)	Heinrich Burwy III., Herr zu Roftock. (Linie erlischt 1314.)	Pribislaw † 1272, Herr zu Parchim. (Das Land fällt schon vor seinem Tode um 1256 an die anderen Linien.)

Heinrich I. der Pilger, 1264—1302.

Heinrich II. der Löwe 1302—29.

Albrecht II. der Große, Herzog von Mecklenburg 1329—79.	Johann, Herzog von Stargarb[3]). (Linie erlischt 1471 mit Herzog Ulrich.)

Heinrich III. 1379—84.	Albrecht III. 1379—1412[4]).	Magnus I. 1379—84[5]).	
Albrecht IV. † 1388.	Albrecht V. 1417—23.	Johann IV. 1395—1422.	Johanns Witwe Katharina Regentin 1423—86. Johann V. † 1443. Heinrichs IV. Sohn, Albrecht VI., † 1483.
		Heinrich IV. der Dicke 1436—77.	
		Magnus II. 1477—1503.	

Heinrich V. der Friedfertige 1503—52.	Albrecht VII. 1503—47.

Johann Albrecht I. 1547—76.	Ulrich 1555—1603.	Karl 1603—10[6]).

Johann VII. 1585—92.

Adolf Friedrich I. von Mecklenburg-Schwerin 1592—1658.	Johann Albrecht II. von Mecklenburg-Güstrow 1611—36[7]). (Linie erlischt 1695 mit Gustav Adolf.)

Christian I. (Louis) 1658—92.	(Friedrich.)	Adolf Friedrich II. von Mecklenburg-Strelitz[8]) 1701—08.

Friedrich Wilhelm, 1692—1713.	Karl Leopold 1713—47.	Christian II. Ludwig 1747—56.	Adolf Friedrich III. 1708—52.	(Karl Ludwig Friedrich.)
Friedrich der Fromme 1756—85.	(Ludwig.)		Adolf Friedrich IV. 1752—94.	Karl II., Großherzog 1794—1816.
	Friedrich Franz I., Großherzog 1785—1837.			Georg 1816—60[9]).
	Friedrich Ludwig.			Friedrich Wilhelm 1860—1904.
	Paul Friedrich 1837—42.			Adolf Friedrich V. seit 1904 Gem.: Elisabeth von Anhalt.
	Friedrich Franz II. 1842—83.			Adolf Friedrich[12]).

Friedrich Franz III[10]). 1883—97.	Johann Albrecht, Regent 1897—1901.
Friedrich Franz IV. seit 1897 (1901)[11]). Gem.: Alexandra v. Cumberland.	
Friedrich Franz geb. 1910.	

Zeittafel

8. Jahrtausend v. u. Z.
mittelsteinzeitliche Siedlungen
im späteren Mecklenburg

3000 v.u. Z.
neolithische Revolution – jungsteinzeitliche Trichterbecherkultur

2. Jahrtausend v. u. Z.
Bronzezeit

600 v. u. Z.–6. Jahrhundert
Germanen in vorrömischer und römischer Eisenzeit

4.–6. Jahrhundert
Völkerwanderung – Germanen verlassen das spätere Mecklenburg

6.–7. Jahrhundert
Besiedlung Mecklenburgs durch die Nordwestslawen
(besonders Obotriten und Wilzen)

10. Jahrhundert
zeitweilige Unterwerfung und Anfänge
der Christianisierungsversuche gegenüber Obotriten
und Wilzen/Lutizen durch die Herrscher aus
dem sächsischen Hause

983/990
Lutizenaufstand/Obotritenaufstand – Abschüttelung der
sächsisch-ottonischen Herrschaft

995
urkundliche Ersterwähnung der „Michelenburg"

1066
Slawenaufstand
gegen den Obotritenfürsten Gottschalk

1127
Tod des königgleichen Obotritenfürsten Heinrich

1142/43
Ende der slawischen Herrschaft in Wagrien und Polabien

1147
Wendenkreuzzug

1154
Bischof Evermod von Ratzeburg

1160
Tod des Obotritenfürsten Niklot; Eroberung durch Heinrich den
Löwen; Gründung Schwerins; Verlegung des Bistums von
Mecklenburg nach Schwerin

1167
Pribislaw (Sohn Niklots) wird von Heinrich dem Löwen
als Fürst von Mecklenburg belehnt

1171
Gründung des Klosters Althof (später Doberan)

1179
letzter großer Slawenaufstand in Mecklenburg

1218
Stadtrechtsbestätigung für Rostock

1223
Entführung des dänischen Königs
durch den Grafen von Schwerin

1229
Erste mecklenburgische Hauptlandesteilung
(Mecklenburg, Rostock, Parchim-Richenberg, Werle-Güstrow)

Ende des 13. Jahrhunderts –
Rostock und Wismar werden wichtige Mitgliedsstädte der Hanse

Anfang 14. Jahrhundert –
Unter Heinrich II. dem Löwen erwirbt die Teilherrschaft
Mecklenburg die Länder Stargard und Rostock

1348
Karl IV. erhebt Albrecht II. und Johann I. zu Reichsfürsten
und verleiht ihnen die Herzogswürde

1363
Albrecht III. wird König von Schweden

1389
Schlacht bei Falköping – Scheitern der „Nordischen" Politik der
mecklenburgischen Herzöge

1419
Gründung der Universität Rostock

1436
Fürstentum Wenden (Werle) fällt an das Herzogtum Mecklenburg

1442
Erbverbrüderung mit Brandenburg (Wittstocker Vertrag)

1471
Tod des letzten Stargarder Herzogs ––
Heinrich IV. der Dicke erwirbt Stargard

1487/91
Rostocker Domfehde

1523
Union der mecklenburgischen Landstände

1520er Jahre
Wirken Joachim Slüters in Rostock –
Anfänge der Reformation in Mecklenburg

1549
Sternberger Landtag –
Bekenntnis zur Lutherischen Lehre

1552
Aufhebung der Mehrzahl der mecklenburgischen Klöster

1563
Neugestaltung der Universität Rostock –
Formula concordiae

1572
Sternberger Reversalen – weiterer Aufstieg der Landstände

1621
Zweite mecklenburgische Hauptlandesteilung
(Mecklenburg-Schwerin und Mecklenburg-Güstrow)

1618–1648
Dreißigjähriger Krieg

1621–1695
Güstrow ist Residenz
von Mecklenburg-Güstrow

1627–1631
Wallensteins Truppen in Mecklenburg

1629
Belehnung Wallensteins
mit Mecklenburg durch den Kaiser

1630
Scheitern der Berufung des Astronomen Johannes Kepler an die
Rostocker Universität durch dessen Tod

1634
Ermordung Wallensteins

1645
Verabschiedung der Gesindeordnung

1648
Westfälischer Frieden – Wismar, Poel und das Amt Neukloster
werden schwedisch – die Bistümer Schwerin und Ratzeburg
gehen an Mecklenburg-Schwerin

1654
Gesindeordnung mit Verankerung der Leibeigenschaft

1674–1675
Brandenburgisch-schwedischer Krieg in Mecklenburg

1685
Aufhebung des Ediktes von Nantes –
französische Hugenotten gehen in die Emigration und siedeln sich
ab 1703 in Bützow an

1692
Herzog Christian I. (Louis) stirbt ohne männliche Nachkommen
in Holland – Auslösung neuer dynastischer Kämpfe

1695
Erlöschen der Güstrower Herzogslinie mit dem Tod Herzog
Gustav Adolfs

1700
Einführung der Holsteinschen Koppelwirtschaft durch Friedrich
von der Lühe auf seinem Gut Panzow

1700–1721
Nordischer Krieg

1701
Dritte Hauptlandesteilung in Mecklenburg-Strelitz und
Mecklenburg-Schwerin durch den Hamburger Vergleich

1711
Beginn der Verschleppungen von Mecklenburgern in die preußische Armee

1733
Aufbau von Neustrelitz als Residenz

1746
Christian Ludwig II. begründet mit dem Bau eines
Galeriegebäudes die Schweriner Gemäldesammlung

1752
Erfindung des Blitzableiters durch Franklin

1753
Gründung der ersten deutschen Schauspielerakademie in
Schwerin durch Konrad Ekhof

1755
Landesgrundgesetzlicher Erbvergleich

1756–1763
Siebenjähriger Krieg

1760–1789
Mecklenburgs zweite Universität in Bützow

1762
Hamburger Frieden zwischen Preußen und Schweden unter
mecklenburgischer Beteiligung

1764–1837
Ludwiglust – Residenz von Mecklenburg-Schwerin

1769
Aufhebung der Folter in Mecklenburg

1771
Einführung der Schulordnung im
Domanium Mecklenburg-Schwerins

1785
erste Zuchtversuche mit Merinos

1785–1837
Regentschaft von Friedrich Franz I. in Mecklenburg-Schwerin

1788
Grundgesetzlicher neuer Erbvertrag zwischen
dem Landesherren und Rostock

1789–1795
Französische Revolution

1793
Forderung bürgerlicher Gutsbesitzer zur Gleichstellung mit dem
Adel auf den Landtagen (Indigenatsstreit)

1793
Gründung von Heiligendamm als erstes deutsches Seebad

1795

Baseler Frieden zwischen Frankreich und Preußen – Befreiung
Mecklenburgs von Kontingentsersatzzahlungen – Zahlung eines
Schutzgeldes an Preußen

1795

Erhebung von Handwerksgesellen in Rostock und Schwerin

1800

„Butterrevolution"
in Rostock und Güstrow

1803

Reichsdeputationshauptschluß –
Pfandvertrag mit Schweden zur Rückgabe von Wismar an
Mecklenburg

1806

Flucht Blüchers durch Mecklenburg

1806–1813

Franzosenzeit

1808

Beitritt Mecklenburgs zum Rheinbund

1810

Königin Luise von Preußen verstirbt auf
dem väterlichen Schloß Hohenzieritz

1813–1815

Befreiungskriege gegen Napoleon

1815

Wiener Kongreß – Mecklenburg-Schwerin und Mecklenburg-
Strelitz werden Großherzogtümer

1820
Beginn der Aufhebung der Leibeigenschaft

1827
Bau der ersten Chaussee in Mecklenburg

1836
Erste Landes-Gewerbeschau

1848/49
Revolution –
Wahl einer verfassunggebenden Versammlung und
Verabschiedung eines bürgerlich-demokratischen Grundgesetzes

1850
Freienwalder Schiedsspruch –
Auflösung des Parlaments und Aufhebung der Verfassung

1851
Bau des ersten eisernen Schraubendampfers Deutschlands
auf einer Rostocker Werft

1862
Gesetz über die Vererbpachtung der bäuerlichen Stellen
in den ritterschaftlichen und landständischen
Gütern Mecklenburg-Schwerins

1868
Beitritt Mecklenburgs
zum Deutschen Zollverein

1869
Gewerbegesetz des Norddeutschen Bundes –
Aufhebung des Zunftzwangs

1871
Gründung des
Deutschen Reichs

1871
Gründung der Mecklenburgischen Hypotheken- und Wechselbank
AG in Schwerin als Tochter der Deutschen Bank

1873
Gründung des größten privatkapitalistischen Unternehmens
„H. Podeus" Mecklenburgs in Wismar

1882
Fertigstellung des Museumsgebäudes am Alten Garten in
Schwerin nach Plänen von Hermann Willebrand

1890
Zusammenschluß verschiedener Rostocker Werften
zur Neptunwerft AG

1891–1895
Bau des Ständehauses in Rostock – Ausdruck der Machtposition
der Ritter- und Landschaft

1893
Verstaatlichung der Eisenbahnen und Zusammenschluß zur
„Friedrich-Franz-Eisenbahn" – Bildung des Landeseisenbahnrates
als erstes gemeinsames Gremium von Gutsbesitzern,
Unternehmern und Regierungsbürokratie

1903
Ablauf des Pfandvertrages mit Schweden und vollständige
Rückkehr Wismars und des Amtes Neukloster in
mecklenburgischen Besitz

1905/06
18wöchiger Streik der Neptunarbeiter
für höhere Löhne

1911
Gründung des Mecklenburgischen Verkehrsverbandes in Rostock –
Ausdruck des stark gewachsenen Fremdenverkehrs als
Wirtschaftsfaktor

1912
Sozialdemokratischer Wahlsieg in Mecklenburg für den Reichstag

1914–1918
Erster Weltkrieg

1918
Novemberrevolution – Abdankung des Großherzogs von
Mecklenburg-Schwerin und Verzicht auf den Thron beider
Häuser, Auflösung der Ritter- und Landschaft als Körperschaften
des öffentlichen Rechts – Gründung des Freistaates Mecklenburg -
Strelitz und Wahl eines verfassunggebenden Landtages unter
sozialdemokratischer Führung

1919
Gründung des Freistaates Mecklenburg-Schwerin und
Vorbereitung einer demokratischen Verfassung unter
sozialdemokratischer Führung

1920
Kapp-Putsch

1920–1923
Inflation – Massenentlassungen in der Industrie

1921/22
Streiks auf den Gütern unter der Leitung
des Landarbeiterverbandes

1922
Gründung der Ernst-Heinkel-Werke in Warnemünde

1931
Wahlsieg der NSDAP bei den Amtsvertreterwahlen in
Mecklenburg – Ermordung von drei kommunistischen Arbeitern

1932
Konkurs der Neptunwerft

1932
Wahlsieg der NSDAP in Mecklenburg-Schwerin und
Regierungsbildung – Koalitionsregierung von Deutschnationalen
und NSDAP in Mecklenburg-Strelitz

1933
Aufhebung der Mandate von Kommunisten und
Sozialdemokraten in den Landtagen – Verhaftungen von
Parteiführern – Ernennung von Friedrich Hildebrandt zum
Reichsstatthalter für Mecklenburg

1933
erster Pogrom gegen Juden
durch Geschäftsboykott

1933/34
Kirchenkampf in Mecklenburg

1933–1939
Ausbau der Flugzeugindustrie zum führenden
Erwerbszweig des Landes

1935
Rostock wird Großstadt

1937
Groß-Hamburg-Gesetz –

Gebietsaustausch von En- und Exklaven mit Preußen

1937
Abnahme des „Schwebenden" von Ernst Barlach im Güstrower
Dom – Einweihung der Gertruden-Kapelle in Güstrow als
„Tempel des Blutes"

1939
Ausbruch des Zweiten Weltkrieges –
Einrichtung von Gefangenen- und KZ-Außenlagern für die
Rüstungsindustrie in Mecklenburg

1942
Deportation mecklenburgischer Juden nach
Auschwitz und Theresienstadt

1942
erste Flächenbombardierung – Rostock wird die
schwerstzerstörte Stadt Deutschlands

1945
Besetzung Mecklenburgs durch Truppen
der Roten Armee und durch britische Einheiten –
Treffen von Montgomery und Rokossowski in Wismar

1945
Rückzug der Briten hinter die mecklenburgische Grenze –
Plünderung und Drangsalierung der Bevölkerung durch die Rote
Armee – Bildung der Sowjetischen Militäradministration in
Mecklenburg unter Einschluß Vorpommerns

1945
Enteignung von Industriebetrieben

1945
Bodenreform

1945–1948
Einrichtung des
„Speziallagers 9, Fünfeichen"

1946
Schulreform

1946
Wahlen zum Landtag Mecklenburg-Vorpommerns mit
knapper Mehrheit für die SED

1946
Wiedereröffnung der Rostocker Universität

1946–1952
Reparationsleistungen in der Schiffbauindustrie

1947
Bauprogramm für Neubauern auf Befehl der Sowjetischen
Militäradministration in Deutschland

1949
Vollstreckung von einem Todesurteil an Rostocker Studenten

1950
Vertreibung des CDU-Wirtschaftsministers Siegfried Witte

1950
Wahlen nach Einheitslisten zur Volkskammer der DDR,
zum Landtag, zu den Kreisvertretungen
und zu den Kommunalparlamenten

1952
Auflösung des Landes Mecklenburg und Bildung der Bezirke
Rostock, Schwerin und Neubrandenburg

1952
Einrichtung einer 5-km-Sperrzone an der Westgrenze und
Zwangsaussiedlung von etwa 2.000 Personen in der Aktion
„Ungeziefer"

1952
Beschluß zum Bau der Langen Straße in Rostock als Straße des
Nationalen Aufbauwerks

1952
Beschluß der 2. Parteikonferenz der SED zur Gründung von
Landwirtschaftlichen Produktionsgenossenschaften (LPG)

1953
Abschluß des Neubauernbauprogramms

1953
Enteignung von 621 privaten Ferienobjekten in der Aktion „Rose"

1953
Einstufung der Jungen Gemeinde als „staatsfeindlich"

1953
Aufstand gegen die willkürliche Normerhöhung in der Produktion
und die Verhaftung von politischen Gegnern der DDR

1954
Abschluß der Reparationszahlungen an die UdSSR

1954
Beginn der Bildung von Fischereiproduktionsgenossenschaften
(FPG) und Produktionsgenossenschaften des Handwerks (PGH)

1955
Studentenstreik und anschließende Verhaftungen wegen der Überführung der Medizinischen Fakultät der Greifswalder Universität
in eine Militärmedizinische Fakultät

1956
Gründung der Seestreitkräfte

1957
Auslieferung des ersten Typ-IV-Schiffes

1958
Gründung der Grenzbrigade Küste

1958
Beginn der staatlichen Zwangsbeteiligung an privaten
Produktionsbetrieben

1958–1975
Veranstaltung der Ostseewoche im Bezirk Rostock mit den
Arbeiterkonferenzen der Ostseeländer, Norwegens und Islands

1960
Verleihung des Namens „Volksmarine" an die Seestreitkräfte

1960
Bau des ersten Fang- und Verarbeitungsschiffes für den
Hochseefischfang

1960
Abschluß der Vollgenossenschaftlichkeit in der Landwirtschaft
durch Zwangskollektivierungen

1961
Grenzschließung nach Westen und Aussiedlung von etwa 1.100
Personen in der Aktion „Festigung" aus dem Grenzgebiet,
Bildung der Grenztruppen der NVA

1962
Einrichtung des „Ostseestudio Rostock" für den Fernsehfunk

1968
Bildung der Räte für Landwirtschaft und Nahrungsgüterwirtschaft (RLN) auf Bezirksebene als Koordinierungsorgane

1969
Eröffnung der neu erbauten Kunsthalle in Rostock

1971
Eröffnung des Hotels „Neptun" in Warnemünde

1971
Sprengung der Christuskirche in Rostock

1971
Beginn der Infrastrukturmaßnahmen mit dem Bau und Ausbau von Großbetrieben in strukturschwachen Regionen wie in Schwerin Süd, Parchim oder Neubrandenburg

1973
Abschluß der Verstaatlichung von privaten Betrieben

1973
Umstrukturierung der Wirtschaft mit der Überleitung der Vereinigungen Volkseigener Betriebe (VVB) in Kombinate

1973
Gründung des Kombinates Seeverkehr und Hafenwirtschaft

1974
Betriebsaufnahme des Kernkraftwerks Nord in Lubmin

1978
Fertigstellung der Autobahn Berlin-Rostock

1984
Generalversammlung der Internationalen Denkmalpflegeorganisation ICOMOS in Dresden und Rostock

1986
Eröffnung des Fährhafens Mukran auf der Insel Rügen zur
Umgehung des Handelsweges über Polen

1989
Wiedereinweihung des Greifswalder Doms unter Teilnahme von
Erich Honecker

1989
Gründung des Neuen Forums, erste öffentliche Demonstration im
Norden zur Wende am 19. 10. in Rostock

1989
Ablösung der 1. Sekretäre der Bezirksleitungen der SED in den
drei Nordbezirken, Stürmung der Bezirksverwaltungen des
Ministeriums für Staatssicherheit der DDR

1990
Auflösung der Runden Tische nach den Kommunalwahlen im
Juni

1990
Bildung des Landes Mecklenburg-Vorpommern und Wahl von
Alfred Gomolka (CDU) zum ersten Ministerpräsidenten

1990
Naturräumliche Unterschutzstellung von 774.000 ha des Landes

1992
Ausländerfeindliche Ausschreitungen in Rostock-Lichtenhagen

1994
Kreisgebietsreform mit der Bildung von 12 Landkreisen und
6 kreisfreien Städten

1994

Bildung einer Regierungskoalition von SPD und CDU unter
Ministerpräsident Berndt Seite (CDU)

1997

Schließung der Bestwood GmbH in Ribnitz-Damgarten

1998

Bildung einer Rot-Roten Koalition nach dem Wahlsieg von SPD
und PDS in Mecklenburg-Vorpommern, Harald Ringstorff (SPD)
wird Ministerpräsident

2002

Bestätigung der Rot-Roten Koalition

2003

Wiedereröffnung des Ersten deutschen Seebades Heiligendamm
durch die Fundus-Gruppe und das Kempinski-Grand-Hotel

Ortsregister

Ahrendsee	143
Ahrenshoop	139
Alt Gaarz	161
Althof	39
Alt Lübeck	21, 23
Altona	102, 113
Alt Schwerin	129, 194
Alt Strelitz	146, 158, 166, 168
Anklam	197
Auerstedt	112
Auschwitz	162
Barth	162, 185
Basel	108
Bayern	131
Behren-Lübchin	21
Berlin	126, 128, 135, 142, 145, 158
Berlin-Charlottenburg	114
Bezirk Neubrandenburg	181, 184, 185, 193, 196
Bezirk Rostock	181, 182, 185, 188, 189, 190
Bezirk Schwerin	181, 182, 185, 188, 193, 196
Bundesland Mecklenburg-Vorpommern	196, 197, 199
Binz	193
Boizenburg	27, 70, 116, 124, 151, 162, 169, 183, 190
Bornhöved	29
Brandenburg	37, 38
Bremen	135
Brüel	116
Brunshaupten	143
Buchenwald	162
Buchholz	121
Bütow	153
Bützow	29, 52, 63, 70, 88, 103, 106, 165, 183, 195

Bützow-Dreibergen	158
Crivitz	112
Damgarten	114
Dargun	39, 78
Darß	189
Dassow	53, 161, 165
Dobbertin	39, 64, 122
Doberan, Bad	33, 39, 107, 118, 156, 192
Dömitz	71, 74, 76, 88, 90, 114, 120,
	133, 134, 145, 151, 160, 166
Dortmund	142
Dresden	192
Eggesin	184
Elba	118
England	144
Everstorf	13
Fehrbellin	82
Feldberg	86, 112
Frankfurt	74
Freienwalde, Bad	127
Friedland	64, 117, 165
Friedrichsruhe	13, 20
Fürstenberg	161
Gadebusch	27, 112, 118, 196
Gnoien	149
Grabow	88, 116, 121, 124, 165, 184
Graal	143
Grambow	33
Greifswald	51, 65, 187, 189, 191, 192, 194, 196, 198
Greifswalder Bodden	184, 191
Grevesmühlen	165, 178
Groß Stömkendorf	23
Güstrow	35, 49, 58, 60, 72, 74, 85, 94, 96, 108, 120, 121, 124,
	125, 133, 134, 136, 137, 142, 145, 146, 147, 149, 154, 156, 161,
	165, 172, 175, 178, 183, 189, 191, 192, 195, 196, 200
Hagenow	95, 124, 156, 160, 178
Hamburg	76, 81, 85, 86, 123, 128, 135, 136, 140, 142, 152, 164

Harzgerode	71
Havelberg	37, 38
Heiligendamm	107, 135, 153, 161, 176, 189, 199
Heringsdorf	193
Hohen Viecheln	12
Hohenzieritz	115
Holthusen	146
Island	182
Japan	154
Jena	112
Kairo	31
Kammin	37
Karchow	99
Katelbogen	149
Kessin	17
Kiel	146
Kleinow	106
Klein Wehnendorf	124
Klink	193
Klütz	53, 161
Kopenhagen	51, 142
Kossow	121
Krakow	162
Kratzeburg	112
Kreis Hagenow	182
Kreis Wolgast	189
Krembz	156
Kröpelin	118
Kühlungsborn	143, 161
Laage	119, 184
Lankow	187
Lauenburg	119
Leipzig	117, 195
London	142
Lübeck	17, 35, 36, 38, 49, 60, 71, 86, 95, 101, 112, 118, 123, 135

225

Lubmin	191
Lübtheen	53, 161
Lübz	116, 152
Ludwigslust	96, 106, 117, 119, 124, 125,
	130, 134, 152, 159, 162, 166, 184, 195
Lüttich	144
Lutter	70
Magdeburg	73, 74
Malchin	69, 94, 101, 124, 139, 167
Malchow	39, 53, 64, 122, 145, 146, 160, 165, 167, 169, 196
Mannheim	145
Marlow	53
Matgendorf	150
Mecklenburg (Dorf)	19, 20, 23, 24, 26, 31, 34, 36, 38, 194
Mirow	76, 86, 158, 166
Moskau	116
Mukran	191
Münster	76
München	152
Müritz	143, 193
Nantes	88
Neubrandenburg	35, 71, 74, 77, 86, 94, 105, 117, 133, 136, 159,
	160, 162, 165, 167, 184, 186, 190, 191, 192, 195, 196, 200
Neubrandenburg-Fünfeichen	168
Neubukow	110, 118
Neuengamme	162
Neuhaus	119
Neuhof	150
Neu Kaliß	134, 151
Neukloster	39, 107, 130, 140, 161
Neustadt/Glewe	116, 133, 142, 143, 146, 151, 162, 165, 169
Neustrelitz	94, 96, 105, 120, 126, 131, 137, 145,
	146, 148, 154, 158, 162, 164, 165, 195
Niendorf	121, 149
Nördlingen	75
Norwegen	182
Nossentin	112

226

Oldenburg 20, 23, 36, 38, 39
Oliva 81
Oranienburg 163
Osnabrück 76
Pankelow 58
Panzow 109
Parchim 35, 70, 94, 116, 120, 124, 133, 147, 152, 184, 191, 195
Paris 82, 113, 118, 126
Pasewalk 184
Penzlin 53, 116, 121, 146
Plau 124, 142
Poel 70, 71, 76, 107, 165
Polen 191
Poltawa 87
Poppendorf 191
Prag 69, 71, 75, 195
Prüzen 110
Raben-Steinfeld 165
Raden 150
Ratikau 112
Ratzeburg 20, 27, 36, 38, 39, 64, 118
Ravensbrück 162
Rechlin 162
Rehna 95
Reric 23
Rerik 161
Rethra 21, 24, 37, 38
Retschow 118
Ribnitz 33, 39, 64, 122, 159, 165
Ribnitz-Damgarten 185, 191, 195, 199
Roggow 155
Rosenberg 118
Rostock 17, 23, 26, 31, 33, 35, 40, 47, 49, 50, 51, 55, 57,
58, 60, 63, 65, 66, 71, 72, 74, 75, 81, 86-91, 93-95,
103, 106-108, 114, 116-120, 123-125, 127-130,
133-137, 139-146, 149, 151, 153, 155-160, 162-165, 169,
172, 173, 175, 176, 178, 183, 185, 186, 187, 189-198, 200

Röbel	196
Rövershagen	162
Rügen	199, 200
Russow	155
Sachsenhausen	162
Saßnitz	185, 200
Schönberg	29, 52, 53, 63, 117, 148, 184
Schönfeld	33
Schutow	149
Schwaan	23, 118, 124, 139, 185
Schwerin	26, 34, 35, 37, 38, 49, 58, 60, 74, 82, 88, 90, 94, 96, 100, 101, 102, 107, 112, 113, 118, 120, 122, 124-126, 130, 131, 133, 135, 137, 139, 140, 142, 144-146, 149, 154, 156-159, 161, 163, 165, 166, 171-173, 175, 181, 184, 186, 188, 189, 190, 191, 193, 194, 196, 198, 200
Seddin	13
Severin	154
Sophienhof	166
Sowjetunion	191
Spornitz	176
Stavenhagen	78, 101, 139, 172
Sternberg	43, 44, 47, 65, 94, 121, 143
Stettin	123, 135, 145, 158
Stove	33, 52
Stralsund	35, 49, 71, 114, 183, 185, 186, 189-192, 194
Sülze, Bad	53, 156, 165
Swinemünde	135
Tarnow	116
Tauroggen	117
Teschenbrügge	121
Tessin	33, 158
Teterow	21, 116, 119, 139, 165, 183, 198
Theresienstadt	162
Torgelow	184
Tribsees	114
Tutow	159
UdSSR	185

Ungarn	195
Upsala	51
Usedom	74, 189, 199, 200
Waren	126, 137, 146, 149, 160, 166, 178, 196
Warin	29, 52, 63, 116, 154
Warnemünde	71, 75, 76, 113-116, 142, 143, 153, 159, 163, 176, 189, 193
Waschow	29
Waterloo	117, 118
Weimar	139
Wendisch-Priborn	121
Werle	26
Wesenberg	86, 158
Wichmannsdorf	187
Wien	88, 90
Wiligrad	154
Wismar	31, 35, 47-49, 55, 56, 60, 64, 66, 70, 71, 74-76, 87, 89, 90, 94, 95, 107, 118, 122-124, 133, 135-137, 140, 142, 143, 146, 149, 151, 152, 156, 159, 162, 163, 165, 166, 172, 176, 183, 187, 189, 190, 191, 192
Wittenburg	27, 70, 118, 124
Wöbbelin	118, 161, 162
Wolfshagen	150
Wolgast	184, 190, 198
Wolken	110
Wustrow	189
Zarnewanz	150
Zarrentin	161
Zielow	121

Personenregister

Adolf Friedrich I., Herzog von Mecklenburg (-Schwerin)
(1588–1658)   62, 69, 70, 71, 74, 76, 80
Adolf Friedrich II., Herzog von Mecklenburg-Strelitz
(1658–1708)   83, 85, 86
Adolf Friedrich III., Herzog von Mecklenburg-Strelitz
(1686–1752)   86, 87, 105
Adolf Friedrich IV., Herzog von Mecklenburg-Strelitz
(1783–1794)   101, 105, 106
Adolf Friedrich V., Großherzog von Mecklenburg-Strelitz
(1848–1914)   140
Adolf Friedrich VI., Großherzog von Mecklenburg-Strelitz
(1882–1918)   146
Adolf II., Graf von Holstein (gest. 1164)   21
Ahrens, Herbert (gest. 1914)   158
Alban, Ernst (1791–1856)   124
Albrecht der Bär, Markgraf von Brandenburg (1100–1170)   26
Albrecht II., Fürst bzw. Herzog von Mecklenburg (1318–1379)
                                          42, 43, 44, 45, 48
Albrecht III., Herzog von Mecklenburg und König von Schweden
(gest. 1412)   44, 45, 49
Albrecht VII., Herzog von Mecklenburg (1488–1547)   59, 62, 64
Alexandrine, Großherzogin von Mecklenburg-Schwerin
(1803–1892)   131
Bacmeister, Lucas d. Ä. (1530–1608)   65
Bacmeister, Lucas d. J. (1578–1608)   65
Badewide, Heinrich von, Graf von Ratzeburg (gest. um 1164)   21
Baner, Johann (1596–1641)   75
Barlach, Ernst (1870–1938)   144, 154, 161
Bartels, Rudolf (1872–1943)   139
Baumgarten, Michael (1812–1889)   130
Beck, Jakob (1761–1840)   120
Berno, Bischof von Schwerin (gest. 1191)   38, 39

Berringer, Gustav Wilhelm (1880–1934) 153
Berwald, Hugo (1863–1937) 139
Beste, Niklot (1901–1987) 159, 180
Bismarck, Otto Fürst von (1815–1898) 130, 131, 132
Blücher von Wahlstatt, Gebhard Leberecht Fürst (1742–1819)
112, 117, 119
Boll, Ernst (1817–1868) 125
Bosau, Helmold von (um 1120–um 1177) 25
Brandenstein, Joachim Freiherr von (1864–1941) 152
Brinckmann, John (1814–1870) 125
Bruchhäuser 183
Brunow, Ludwig (1843–1913) 139
Brunward, Bischof von Schwerin (gest. 1237) 40
Bunke, Franz (1857–1939) 139
Bürger, Kurt (1894–1951) 180
Carl II., (Groß)Herzog von Mecklenburg-Strelitz (1741–1816)
105, 106, 113, 115, 117, 118
Chatillon, Isabelle Angelique von, Herzogin von
Mecklenburg-Schwerin (1626–1695) 82
Chemnitzer, Johannes (geb. 1929) 190, 195
Christian I. (Louis), Herzog von Mecklenburg-Schwerin
(1623–1692) 80, 81, 82, 88, 89, 103
Christian IV., König von Dänemark (1577–1648) 70, 73
Christian Ludwig II., Herzog von Mecklenburg-Schwerin
(1683–1756) 90, 91, 96, 109
Chyträus, David (1531–1600) 65
Clement, Albert (1849–1928) 141
Demmler, Georg Adolph (1804–1886) 125, 127, 137
Diehn-Bitt, Kate (1900–1978) 154, 161, 163
Döbler, Willi (1897–1944) 164
Draewing, Peter Paul (1876–1940) 139
Erichson, Peter E. (1881–1963) 172
Evermod, Bischof von Ratzeburg (gest. 1178) 38, 39
Ferdinand II., Kaiser (1578–1637) 69, 71
Flörke, Heinrich (1764–1835) 124
Flotow, Freiherr Friedrich von (1812–1883) 137
Freyberg, von, Gutsbesitzer (gest. 1712) 99

Friedrich Barbarossa, Kaiser (1122–1190)   27
Friedrich, Herzog zu Mecklenburg (gest. 1688)   83
Friedrich II., König von Preußen (1712–1786)   100, 101
Friedrich der Fromme, Herzog von Mecklenburg-Schwerin
    (1717–1785)   92, 100, 101, 103, 105, 106, 107
Friedrich Franz I., (Groß)Herzog von Mecklenburg-Schwerin
    (1756–1837)   103, 105, 106, 107, 112,
                              115, 117, 119, 120, 122
Friedrich Franz II., Großherzog von Mecklenburg-Schwerin
    (1823–1883)   131, 134, 139
Friedrich Franz IV., Großherzog von Mecklenburg-Schwerin
    (1882–1945)   143, 147
Friedrich Wilhelm, Großherzog von Mecklenburg-Strelitz
    (1819–1904)   131, 136
Friedrich Wilhelm I., Kurfürst von Brandenburg
    (1620–1688)   76, 83
Friedrich Wilhelm I., König von Preußen
    (1688–1740)   87, 89, 99
Friedrich Wilhelm, Herzog von Mecklenburg-Schwerin
    (1675–1713)   83, 85, 86, 87, 88
Georg, Großherzog von Mecklenburg-Strelitz (1779–1860)   127
Gienke, Horst (geb. 1930)   194, 195
Gillhoff, Johannes (1861–1930)   127
Gimpel, Bruno (1886–1943)   155
Goebbels, Joseph (1897–1945)   154, 156
Goethe, Johann Wolfgang von (1749–1832)   119
Gomolka, Alfred (geb. 1942)   197
Gosselck, Johannes (1881–1941)   155
Gottschalk, Obotritenfürst (gest. 1066)   21, 38
Granzow, Walter (1887–1952)   156
Grebe, Fritz (1850–1920)   139
Gustav Adolf, Herzog von Mecklenburg-Güstrow
    (gest. 1695)   81, 83, 85, 96
Gustav Adolf, König von Schweden (1594–1632)   69, 74, 75
Hacks, Peter   193
Hagen, Theodor (1842–1919)   139
Haupt, Anton (1826–1889)   133

Heinkel, Ernst (1888–1958) 153
Heinrich, Obotritenfürst (gest. 1127) 21
Heinrich II., Kaiser (973–1024) 18
Heinrich Borwin I., Fürst von Mecklenburg
 (gest. 1227) 27, 29, 31
Heinrich der Löwe, Herzog von Sachsen und Bayern
 (1129–1195) 21, 25, 26, 27, 29, 34, 38
Heinrich II. Der Löwe, Herr von Mecklenburg (um 1266–1329)
 31, 32, 42
Heinrich III. Der Hänger, Herzog von Mecklenburg (gest. 1383)
 45
Heinrich IV. Der Dicke, Herzog von Mecklenburg (1417–1477)
 44, 46, 57
Heinrich V., Herzog von Mecklenburg (1479–1552) 59, 62, 64
Heinrich der Pilger, Herr von Mecklenburg (gest.1302) 31
Heinrich, Herr von Werle (gest. 1291) 31
Heinsohn, Alfred (1875–um 1915) 139
Herzfeld, Joseph (1853–1939) 137, 146
Hildebrandt, Friedrich (1898–1947) 157, 163
Hitler, Adolf (1889–1945) 152, 156, 164
Hochhuth, Rolf (geb. 1931) 193
Höcker, Wilhelm (1886–1955) 168, 174, 178
Hoffmann von Fallersleben, August Heinrich (1798–1874) 123
Honecker, Erich (1912–1994) 190, 194
Johann I. (Stargard), Herzog von Mecklenburg
 (gest. 1392/93) 42, 43, 45
Johann III., Herzog von Mecklenburg (gest. 1493) 45
Johann Albrecht, Herzog zu Mecklenburg (1857–1920) 137
Johann Albrecht I., Herzog von Mecklenburg
 (1525–1576) 60, 64, 65
Johann Albrecht II., Herzog von Mecklenburg-Güstrow
 (1590–1636) 62, 71, 74
Johann Georg I., Kurfürst von Sachsen (1585–1656) 75
Johann Georg, Herzog zu Mecklenburg (gest. 1675) 80
Johnson, Uwe (1934–1984) 175
Joseph I., deutscher Kaiser (1678–1711) 87
Karl, Herzog von Mecklenburg (1540–1610) 60

Karl, Herzog zu Mecklenburg (gest. 1670) 80
Karl der Große, Kaiser (742–814) 18, 21
Karl IV., Kaiser (1316–1378) 42
Karl VI., Kaiser (1685–1740) 89
Karl Leopold, Herzog von Mecklenburg-Schwerin (1678–1747)
88, 89, 90, 99, 103
Karsten, Franz Christian Lorenz (1751–1829) 122
Katharina, Herzogin von Mecklenburg (gest. 1448)
Katharina Iwanowna, Herzogin von Mecklenburg-Schwerin
(1692–1733) 89
Katsch, Gerhardt (1887–1961) 189
Katz, David (1884–1959) 157
Kepler, Johannes (1571–1630) 72
Kersting, Georg Friedrich (1785–1847) 125, 154
Kirchberg, Ernst von (vor 1335–um 1384) 48
Kliefoth, Theodor (1810–1895) 130, 134
Kollwitz, Käthe (1867–1945) 172
Körner, Theodor (1791–1813) 118, 161
Krüger, Friderike (1789–1848) 117
Krüger, Hans (1884–1933) 148
Kruto, Obotritenfürst (gest. um 1093) 21
Lemcke, Emil (1870–1946) 158
Leopold I., Kaiser (1640–1705) 87
Lettow-Vorbeck, Paul von (1870–1964) 149
Liebknecht, Karl (1871–1919) 146
Lisch, Friedrich (1801–1883) 125
Lietz, Hans (geb. 1914) 176
Lothar, Kaiser (1075–1137) 21
Ludwig XIV., König von Frankreich (1638–1715) 82, 106
Ludwig XV., König von Frankreich (1710–1774) 100, 106
Lühe, Friedrich von der 109
Luise, Königin von Preußen (1776–1810) 115, 131
Luther, Martin (1483–1546) 63
Magnus II., Herzog von Mecklenburg (gest. 1503)
57, 58, 59, 60, 64
Malchin, Carl (1838–1923) 139
Maltzan, Georg Ferdinand Reichsfreiherr von (1778–1849) 121

Margarete, Königin von Dänemark (1353–1412)   45, 49
Martin V., Papst (1368–1431)   50
Mewis, Karl (1907–1987)   188
Michels, Godeke (gest. 1401)   56
Möckel, Gotthilf Ludwig (1838–1915)   139
Möller, Otto (1892–1978)   175
Montgomery of Alamein, Bernard Law (1887–1976)   166
Moral, Hans (1886–1933)   157
Napoleon I., französischer Kaiser (1769–1821)   112, 113, 114,
115, 116, 117, 118, 119
Näther, Joachim (geb. 1935)   186
Nerger, Karl August (gcb. 1875)   144
Nitrot , Obotritenfürst (gest. 1160)   21, 25, 26, 27
Nikolaus, Fürst von Mecklenburg (gest. 1200)   27, 29
Oberländer, Emil (1885–1945)   154
Otto III., Kaiser (980–1002)   19
Oxenstierna, Axel (1583–1654)   75
Parr, Franziskus (gest. 1580)   60
Pauli, Simon d. Ä. (1534–1591)   65
Peter I., Zar von Rußland (1672–1725)   89
Peter III., Zar von Rußland (1728–1762)   102
Plenzdorf, Ulrich (geb. 1934)   194
Plessen, Leopold von (1769–1837)   120
Podeus, Heinrich (1832–1905)   133
Podeus, Paul (1869–1926)   151
Pogge, Carl (1763–1831)   122
Polentz, Julius (1821–1869)   127
Pribislaw, Obotritenfürst (gest. um 1156)   21
Pribislaw, Fürst von Mecklenburg (gest. um 1178)   26, 27, 39
Pries, Johann Friedrich (1859–1937)   155
Quandt, Bernhard (1903–1999)   175, 180, 181, 183,
187, 188, 190
Raabe, Wilhelm (1808–1858)   123
Reimann, Brigitte (1933–1973)   194
Reinhard, Ludwig (1805–1877)   127
Rendtorff, Henrich (1888–1960)   158
Reuter, Fritz (1810–1874)   105, 116, 120, 123, 125

235

Ringstorff, Harald (geb. 1939) 197
Rokossowski, Konstantin (1896–1968) 166
Rosenberg, Baron Oskar von 153
Schadow, Johann Gottfried (1764–1850) 119
Scheel, Margarete (1881–1969) 154
Schill, Ferdinand von (1776–1809) 114
Schlesinger, Erich (1880–1956) 173
Schlie, Friedrich (1839–1902) 139
Schlitz, Hans Graf von (1763–1831) 122
Schroeder, Paul (1875–1932) 152
Schröder, Willi (1897–1944) 164
Schultz, Walther (1900–1957) 158
Schulz, Albert (1895–1974) 169
Schwentner, Bernhard (1891–1944) 164
Seite, Berndt (geb. 1940) 197
Siemens, Georg von (1839–1901) 135
Slüter, Joachim (1491/92–1532) 63
Stella, Tilemann (1524/25–1589) 60
Stelling, Johannes (1877–1933) 150
Störtebeker, Klaus (gest. 1401) 56
Tettenborn, Friedrich Karl Freiherr von (1778–1845) 117
Thünen, Johann Heinrich von (1783–1850) 122
Tilly, Johann Tserclaes Graf (1559–1632) 69, 70, 71, 74
Timm, Ernst (geb. 1926) 195
Tippelskirch, Kurt von (1891–1957) 166
Tisch, Harry 1927–1995) 190
Tischbein, Albrecht (1803–1881) 128
Tolzien, Gerhard (1870–1946) 158
Türk, Karl (1800–1887) 127
Ulbricht, Walter (1893–1973) 183, 188, 190
Ulrich II. (Stargard), Herzog von Mecklenburg (gest. 1471) 47
Ulrich III., Herzog von Mecklenburg (1527–1603) 60
Vicelin, Bischof von Oldenburg (gest. 1154) 38, 39
Wachenhusen, Fitz (1859–1925) 139
Waldemar II., König von Dänemark (1170–1241) 29
Wallenstein, Albrecht Wenzel Eusebius, Herzog von Friedland
(1583–1634) 70, 71, 72, 73, 74, 80

Wandschneider, Wilhelm (1866–1942) 139
Warnke, Hans (1896–1985) 168
Wegener, Paul (1874–1948) 172
Wendorff, Hugo (1864–1945) 148
Wertislaw, Obotritenfürst (gest. 1164) 26, 27
Wiggers, Julius (1811–1901) 127
Wiggers, Moritz (1816–1894) 127
Wilbrandt, Christian (1801–1867) 127
Wilhelm I., deutscher Kaiser (1797–1888) 131
Willebrandt, Hermann (1816–1899) 137
Witte, Friedrich (1829–1893) 128, 133
Witte, Siegfried (1897–1961) 175, 176, 178
Wossidlo, Richard (1859–1939) 155, 161
Wullenwever, Jürgen (1494–1537) 60
Zeltz, Wilhelm (1819–1879) 128
Ziegner, Heinz (geb. 1928) 195

Sachregister

Aberglaube 12, 65, 116
Absolutismus 57, 80, 81, 86, 88, 90
Ackerbau 23, 77
Administrator 64
Agrarischer Dualismus 66
Aktion „Festigung" 182
Aktion „Rose" 183
Aktion „Ungeziefer" 182
Amt 39, 47, 52, 64, 67, 78, 92, 100, 106, 107
Arbeiter 120, 126, 136, 143, 146, 151
Arbeiterwohnungsbaugenossenschaften (AWG) 187
Archäologie 181
Architektur 48, 60, 62, 125, 138, 139, 153, 160
Aufsiedlung 150
Ausländerfeindliche Ausschreitungen 197
Auswanderung 121, 128, 136
Autobahn 197
Banken 124, 135, 142, 145
Baseler Frieden 108
Bauern 32, 40, 52, 53, 54, 67, 68, 78, 89, 90,
94, 108, 109, 116, 121, 128, 159, 169, 173, 177
Bauernlegen 67, 78, 109, 110
Bauhöfe 67
Bayerischer Geograph 17
Bezirke 180
Bildende Kunst 119, 125, 139, 154, 161, 163
Biomedizintechnik 198
Bistum 29, 37, 38, 64
Blaue Liste 200
Bodenreform 169, 176, 199, 200
Brandenburgisch-schwedischer Krieg 82
Britische Truppen 166, 168
Buchdruck 65
Büdner 109, 121, 147, 150
Burgwardensystem 18

„Butterrevolution"   108
Christlich Demokratische Union   168, 173, 175, 178, 180
Coloni   67
Conversi   39
Cives   34, 53
Denkmal   118, 139
Denkmalpflege   181, 192
Deutschvölkische Freiheitsbewegung   152
Deutsche Demokratische Partei   148, 149
Deutscher Bund   120
Deutsche Seereederei (DSR)   185
Deutschnationale Volkspartei   148, 149, 152, 156
Dreißigjähriger Krieg   62, 65, 66, 69, 73, 81, 91, 93, 95
Domanium   68, 92, 93, 94, 109, 120, 122, 136
Edikt von Nantes   88
Eisenbahn   124, 129, 133, 134, 145, 171
Eiszeit   12
Enteignung   169
Engerer Ausschuß   62
Erbhof   159
Erholungswesen   188
Erstgeburtserbfolge   83
Fachschulen   189, 200
Festung   71, 74, 90, 165
Fischereiproduktionsgenossenschaften (FPG)   185
Flüchtlinge   164, 165, 167, 169, 171, 180
Flugzeugbau   142, 153, 156, 159, 163
Franziskaner   40
Französische Besatzung   112, 113, 114, 115, 116, 117
Französische Revolution   107, 110
Freienwalder Schiedsspruch   127
Freikorps   117, 118, 149
Fremdenverkehr   143, 151, 153, 160, 161, 176, 193
Frieden von Oliva   81
Genossenschaften   134, 177
Gesindeordnung   78, 109
Glasnost   195
Grangien   39
Greifswalder Dom   194
Greifswalder Weg   194
Großblockbauweise   187

239

Grundgsetzlicher neuer Erbvertrag 103, 106
Gutswirtschaft 53, 65, 67, 68, 113, 128, 134, 150, 153, 169
Hamburger Frieden 102
Handelskammer 129, 141
Handwerk 22, 54, 95, 107, 123, 136, 143, 145, 151, 171
Hanse 35, 44, 45, 48, 49, 51, 55, 66, 69, 95, 96
Hauptlandesteilungen 29, 62, 81, 83, 85
Häusler 121, 147, 150
Heiratsregister 95
Herbst 1989 195
Hörfunk 189
Hotel 193
Hufen 23, 32, 33, 40, 41, 54, 67, 93, 109
Humanismus 65
Indigenatsrecht 104
Industrie 124, 128, 129, 133, 142, 143, 145, 151, 171, 176
Industrialisierung 193
Industrielle Infrastruktur 185
Industrielle Revolution 123, 133
Innerdeutsche Grenze 182
Jastorfkultur 14
Judentum 65, 122, 133, 157, 162
Junge Gemeinde 183
Justiz 66, 67, 94, 120, 122, 157
Kaiserhof 71, 103
Kalvinismus 62
Kapp-Putsch 149
Kasernierte Volkspolizei (KVP) 184, 189
Katholische Kirche 38, 39, 48, 62, 63, 64, 80, 130, 164, 180
Kessiner 17
Kieler Matrosenaufstand 184
Kirche 186, 194
Klöster 38, 39, 49, 64, 67, 94
Knappen 29
Koalitionskriege 108, 112
Kombinate 187, 190
Kombinat Seeverkehr und Hafenwirtschaft (KSH) 191
Kommunistische Partei Deutschlands 149, 152, 164, 168, 169, 173
Konservative 132, 140
Kontinentalsperre 113, 115, 117, 121

Kontributionen 81, 89, 93, 101, 102, 103, 118
Konzentrationslager 162, 165, 167
Kreisgebietsreform 197
Kriegsgefangene 147, 162, 163
Kriminalität 116, 171
Kulturelle Infrastruktur 200
Landarbeiter 110, 150, 169
Landarbeiterverband 141, 151
Landarbeitshaus 121
Ländereinführungsgesetz 196
Landesgrundgesetzlicher Erbvergleich 91, 92, 93, 94, 98, 99,
103, 105, 115, 120, 122, 127
Landesparteischule der SED 186
Landesverfassung 127, 132, 141, 146, 149
Landkasten 91, 92
Landmarschälle 30, 68, 94
Landräte 30, 68
Landstände 30, 35, 46, 47, 52, 57, 58, 62,
64, 66, 68, 69, 70, 72, 80, 81, 82,
90, 91, 92, 94, 95, 103, 104, 108, 115, 147
Landwirtschaftliche Produktionsgenossenschaften (LPG)
187, 188, 193, 199
Landtag 59, 81, 82, 85, 91, 93, 94, 104, 120, 148,
149, 152, 156, 173, 178
Lange Straße 186
Langobarden 14
Lehen 26, 30, 42, 73
Leibeigenschaft 65, 67, 78, 94, 95, 109, 110, 119, 121
Liberal-Demokratische Partei Deutschlands 168, 173, 178
Liberale 123, 126, 127, 129, 132, 140
Liga 69, 70
Limes Saxoniae 18
Linonen 17
Literatur 105, 123, 125, 126, 144, 175
Luftangriffe 163, 164
Lutizen (Wilzen) 16, 17, 18, 19, 20, 21, 22, 23, 24, 36, 37
Markensystem 18
Matthias-Thesen-Werft 185, 198
Mecklenburgisches Staatstheater 193, 194
Meeresmuseum 194, 200
Meierhöfe 67

241

Mesolithikum 12, 13
Mikrolithen 12
Militär 120, 131, 144, 198
Ministerium für Staatssicherheit (MfS) 184, 194, 196
Müritzer 17
Museum 113, 119, 125, 136, 137, 144, 154, 161, 166, 171, 172
Musik 106, 136, 137
Musikschulen 200
Nahrungs- und Genußmittelindustrie 185, 193, 198
Nationales Aufbauwerk (NAW) 186
Nationale Volksarmee (NVA) 184
Nationalsozialistische Deutsche Arbeiterpartei 152, 155,
156, 159, 168
Neolithikum 13
Neolithische Revolution 13, 32
Neptunwerft 198
Neubauern 169, 173, 177, 188
Neues Forum 195
Nordischer Krieg 87
Novemberrevolution 146, 147
Obotriten 16, 17, 18, 19, 20, 21, 22, 23, 24, 25, 26, 27, 36, 37
Ostseehäfen 191
Ostseestadion 196
Ostseestudio Rostock 189
Ostseewoche 182, 193
Pädagogische Hochschule 200
Patriotischer Verein 122, 124, 136
Peene-Werft 184, 198
Perestroika 195
Pflugdienste 67
Planwirtschaft 181, 182
Polaben 17, 20, 21, 37
Prämonstratenser 39
Produktionsgenossenschaften des Handwerks (PGH) 186
Protestantische Kirche 130, 133, 157, 158, 180
Radigost 24
Ratzeburger Zehntlehnregister 33
Redarier 17
Reichsdeputationshauptschluß 99, 108
Reichstag 130, 132
Reformation 56, 60, 62, 63, 64, 65

Reparationen 169, 176, 185
Residenz 94, 96, 106, 107, 121
Rheinbund 112, 114, 115, 117
Ritter 29, 53
Ritterschaft 46, 47, 52, 57, 58, 59, 60, 62, 66, 68, 78,
87, 88, 89, 90, 91, 92, 93, 94, 95, 104, 115,
121, 130, 131, 132, 139, 141,
143, 147
Rostocker Domfehde 58
Rostocker Überseehafen 185, 191
Rote Armee 164, 165, 166, 167, 168, 172, 184
Rot-Rote Koalition 197
Sachsen 14, 18
Säkularisation 64, 76, 78
Schifffahrt 123, 135
Schiffbau 128, 160, 176, 183, 185
Schiffbauindustrie 189, 198
Schiffbaukombinat 190
Schloß 166
Schollenbindung 67
Schulwesen 97, 98, 130, 133, 140, 153, 171
Semnonen 14
Siebenjähriger Krieg 99, 100, 103, 105, 106
Sozialdemokratische Partei Deutschlands 137, 140, 141,
148, 149, 155, 168, 173, 195
Sozialistische Einheitspartei Deutschlands 173, 174, 176, 178,
181, 183, 188
Sowjetische Militäradministration 168, 171, 184
Spirituosenfabrik Lehment 186
Staatsreform 115
Stadtrechtskreise 36
Stadtverfassungen 122, 133
Sternberger Reversalen 60, 81, 93
Straßen 105, 124
Straßenbau 186, 197
Suburbien 23
Svarozic 24
Technische Arbeitsnorm (TAN) 182
Telekommunikation 197
Terrae 29
Theater 88, 137, 140, 166, 171, 172

Tollenser 17
Tourismuswirtschaft 198, 199
Trichterbecherkultur 13
Union 69, 70
Union der Landstädte 57, 59, 85, 92, 93, 115
Universität 50, 51, 58, 64, 65, 72, 103, 106, 117, 119, 120, 127
130, 153, 156, 173, 175, 180, 189, 200
Vasallen 29, 32
Verband Bildender Künstler 181
Vereine 125, 126, 136, 143, 154, 160, 172, 178
Vereinigung der gegenseitigen Bauernhilfe 173, 178
Vereinigung Volkseigener Betriebe (VVB) 181, 190
Vererbpachtung 90, 121, 128
Verwaltungsreform 181
Viehhaltung 22, 23, 110, 111, 128
Vogteien 29
Volkseigene Betriebe (VEB) 186
VEAB 188
Volkskommissariat für Innere Angelegenheiten
der UdSSR 168, 175
Volkstheater Rostock 193
Volkswerft Stralsund 185
Vorderstadt 94
Wagrier 17, 20, 21, 23, 37
Warnen 14
Warnower 17, 20
Warnowwerft 185
Wendenkreuzzug 25
Werbungen 99, 100, 101, 102, 114
Werft 185, 190, 198
Widerstand gegen Nationalsozialismus 157, 158, 162, 164, 165
Wiener Kongreß 119, 120
Wilhelm Scheel KG Chemische Fabrik 186
Wirtschaftliche Umstrukturierung 197
Wirtschaftspolitik 199
Wissenschaft 122, 124, 125, 152
Wittstocker Vertrag 47, 87
Wohnungsbau 152, 187, 192
Zirzipanen 17
Zisterzienser 39
Zoll 107, 113, 115, 123

244

Zollverein 131
Zwangsarbeiter 162
Zwangskollektivierung 188

Autoren

Wolf Karge 1951 in Schwerin geboren. Studium Archivwesen in Potsdam und an der Humboldt-Universität zu Berlin Geschichte. An der Rostocker Universität Promotion mit einer regional- und sozialgeschichtlichen Arbeit zum 19. Jahrhundert. Einige Jahre Tätigkeit im Staatsarchiv Schwerin. 1978 Wechsel zum Kulturhistorischen Museum Rostock und dort vierzehn Jahre Tätigkeit als Wissenschaftler. Seit 1991 als Publizist freiberuflicher Autor für Hörfunk, Verlage und Zeitungen zu Themen der regionalen Kultur-, Kunst- und Sozialgeschichte. Geschäftsführer des Technischen Landesmuseums Mecklenburg-Vorpommern seit 1997.

Ernst Münch 1952 in Rostock geboren. Studium der Geschichte in Rostock und Moskau. Promotion 1980 über die mittelalterliche Agrargeschichte Altbayerns, Habilitation 1987 zur mecklenburgischen Agrargeschichte des Mittelalters. Wissenschaftlicher Oberassistent und Privatdozent für Geschichte des Mittelalters und Mecklenburgische Landesgeschichte an der Universität Rostock. 1998 Ernennung zum Professor. Veröffentlichungen zur mittelalterlichen Agrargeschichte und norddeutschen Regionalgeschichte.

Hartmut Schmied 1955 in Rostock geboren. Gelernter Vollmatrose. Fünf Jahre Seefahrt für die Fischereiforschung als Biologischer Assistent. Studium der Geschichte und Germanistik an der Universität Rostock mit Forschungsstudium und Promotion im Jahre 1989. In den 1990er Jahren Arbeit in und für Museen. Seit 1995 freier Historiker mit verschiedenen Denkmalsprojekten. 1999 Gründung des CRYPTONEUM Legenden-Museums (www.legenden-museum.de). Sammlungsschwerpunkt: deutsche Legenden. Zeigt als Legenden-Forscher in MULTI-VISIONS-SHOWS auch mecklenburgische Legenden.

Die Karten wurden von Gyula Pápay erarbeitet.